A BATALHA DO LIVRE COMÉRCIO

MARISA VON BÜLOW

A BATALHA DO LIVRE COMÉRCIO

A CONSTRUÇÃO DE REDES TRANSNACIONAIS DA SOCIEDADE CIVIL NAS AMÉRICAS

Tradução
Sonia Midori

editora
unesp

Título original: *Building Transnational Networks: Civil Society and the Politics of Trade.*

Fundação Editora da Unesp (FEU)

Praça da Sé, 108
01001-900 – São Paulo – SP
Tel.: (0xx11) 3242-7171
Fax: (0xx11) 3242-7172
www.editoraunesp.com.br
www.livrariaunesp.com.br
feu@editora.unesp.br

CIP – Brasil. Catalogação na publicação
Sindicato Nacional dos Editores de Livros, RJ

B954b

von Bülow, Marisa

A batalha do livre comércio: a construção de redes transnacionais da sociedade civil nas Américas / Marisa von Bülow; tradução Sonia Midori. – 1. ed. – São Paulo: Editora Unesp, 2014.

Tradução de: Building Transnational Networks
ISBN 978-85-393-0505-6

1. Ciência política. 2. Sociologia política. 3. Livre comércio. I. Título.

14-08344 CDD: 320
CDU: 32

Apoio:

Editora afiliada:

Para Carlos e Luisa.

Sumário

Lista de figuras

Lista de tabelas

Principais abreviaturas utilizadas

Abiaids – Associação Brasileira Interdisciplinar de Aids (Brasil)
ACJR – Alianza Chilena por un Comercio Justo y Responsable (Chile)
AFL-CIO – American Federation of Labor-Congress of Industrial Organizations (EUA)
AFSC – American Friends Service Committee (EUA)
AFSCME – American Federation of State, County and Municipal Employees (EUA)
Aladi – Associação Latino-Americana de Integração
ALAMPYME – Asociación Latinoamericana de Pequeños Empresarios/México
Alba – Aliança Bolivariana para os Povos da Nossa América
Alca – Área de Livre Comércio das Américas
AMI – Acordo Multilateral de Investimentos
Anamuri – Asociación Nacional de Mujeres Rurales e Indígenas (Chile)
Andes – Associação Nacional dos Docentes em Entidades de Ensino Superior (Brasil)

Anec – Asociación Nacional de Empresas Comercializadoras de Produtores del Campo (México)
ART – Alliance for Responsible (EUA)
ASC – Aliança Social Continental
Aslan – Associação de Nações do Sudeste Asiático
ASH – Aliança Social Hemisférica
Cafta – Central America Free Trade Agreement (EUA)
Capise – Centro de Análisis Político e Investigaciones Sociales y Económicas (México)
Caricom – Comunidade e Mercado Comum do Caribe
CCSCS Coordenadora de Centrais Sindicais do Cone Sul
Ceccam – Centro de Estudios para el Cambio en el Campo Mexicano (México)
CEDM – Centro Ecuménico Diego de Medellín (Chile)
CEE – Centro de Estudios Ecuménicos (Chile)
Celac – Comunidade de Estados Latino-Americanos e Caribenhos
Cemda – Centro Mexicano de Derecho Ambiental (México)
Cencos – Centro Nacional de Comunicación Social (México)
Cenda – Centro de Estudios Nacionales de Desarrollo Alternativo (Chile)
Cepal – Comissão Econômica para a América Latina e o Caribe
Cepis – Centro de Educação Popular do Instituto Sedes Sapientiae (Brasil)
Cetebes – Confederación de Trabajadores Bancarios (Chile)
CGT – Confederação Geral dos Trabalhadores (Brasil)
CGT – Confederación General del Trabajo (Argentina)
Ciel – Center for International Environmental Law (EUA)
Ciepac – Centro de Investigaciones Económicas y Políticas de Acción Comunitaria (México)
Cilas – Centro de Investigación Laboral y Asesoría Sindical (México)
Cioac – Central Independiente de Obreros Agrícolas y Campesinos (México)

CIOSL – Confederação Internacional de Organizações Sindicais Livres
Claes – Centro Latino-Americano de Ecologia Social
Clat – Central Latino-Americana de Trabalhadores
CLC – Canadian Labour Congress
Cloc – Coordinadora Latinoamericana de Organizaciones del Campo
CNB – Confederação Nacional dos Bancários (Brasil)
CNC – Confederação Nacional de Agricultores
CNI – Confederação Nacional da Indústria
CNM – Confederação Nacional dos Metalúrgicos (Brasil)
CNOC – Coordinadora Nacional de Organizaciones Cafetaleras (México)
COB – Central Obrera Boliviana
Codepu – Comité de Defensa de los Derechos del Pueblo (Chile)
Comiedes – Consejo Mexicano para el Desarrollo Sustentable (México)
Conadecu – Corporación Nacional de Consumidores y Usuarios (Chile)
Conieco – Consejo Nacional de Industriales Ecologistas (México)
Constramet – Confederación de los Trabajadores Metalúrgicos (Chile)
Contag – Confederação Nacional dos Trabalhadores na Agricultura (Brasil)
Coprofam – Coordenadora das Organizações de Produtores Familiares do Mercosul
CSA – Confederação Sindical das Américas
CSI – Confederação Sindical Internacional
CSN – Confederação dos Sindicatos Nacionais
CTC – Citizen's Trade Campaign (EUA)
CTM – Confederación de Trabajadores de México
CTW – Change to Win Coalition (EUA)

Cusfta – Canada-United States Free Trade Agreement
CUT-Brasil – Central Única dos Trabalhadores (Brasil)
CUT-Chile – Central Unitaria de Trabajadores (Chile)
CUT-Peru – Central Unitaria de Trabajadores (Peru)
CWA – Communication Workers of America (EUA)
Deca-EP – People's Team (México)
D-Gap – Development Group for Alternative Policies (EUA)
EPI – Economic Policy Institute (EUA)
Farn – Fundación Ambiente y Recursos Naturales
Fase – Federação de Órgãos para Assistência Social e Educacional (Brasil)
FAT – Frente Auténtico del Trabajo (México)
FDC – Frente Democrático Campesino de Chihuahua (México)
FOE – Friends of the Earth (EUA)
FSM – Fórum Social Mundial
Gatt – Acordo Geral Sobre Tarifas Aduaneiras e Comércio
HRW – Human Rights Watch (EUA)
IAM – International Association of Machinists ans Aerospace Workers
IATP – Institute for Agricultural and Trade Policy (EUA)
Ibase – Instituto Brasileiro de Análises Sociais e Econômicas (Brasil)
IBT – International Brotherhood of Teamsters (EUA)
ICFTU – Confederação Internacional de Organizações Sindicais Livres (EUA)
IEP – Instituto de Ecología Política (Chile)
Ifap – Federação Internacional de Produtores Agrícolas
ILRF – International Labor Rights Fund (EUA)
Inesc – Instituto de Estudos Socioeconômicos (Brasil)
IPS – Institute for Policy Studies (EUA)
Mercosul – Mercado Comum do Sul
MSF – Médicos Sem Fronteiras (Brasil)
MST – Movimento dos Trabalhadores Rurais Sem-Terra (Brasil)

Nafta – North American Free Trade Agreement
NFFC – National Family Farm Coalition (EUA)
NRDC – National Resources Defense Council (EUA)
NWF – National Wildlife Federation (EUA)
OCDE – Organização para a Cooperação e Desenvolvimento Econômico
OIC – Organização Internacional do Comércio
OIT – Organização Internacional do Trabalho
OMC – Organização Mundial do Comércio
ONG – Organização Não Governamental
Orit – Organização Regional Interamericana de Trabalhadores
OSC – Organização da Sociedade Civil
Pacs – Instituto Políticas Alternativas para o Cone Sul (Brasil)
PIT-CNT – Plenario Intersindical de Trabajadores – Convención Nacional de Trabajadores (Uruguai)
PO – Pastoral Operária (Brasil)
PSI – Public Services International
Rebrip – Rede Brasileira pela Integração dos Povos (Brasil)
Rechip – Red Chile de Acción por una Iniciativa de los Pueblos (Chile)
RMALC – Red Mexicana de Acción Frente al Libre Comercio (México)
SME – Sindicato Mexicano de Electricistas (México)
SOF – Sempreviva Organização Feminista (Brasil)
SPM – Serviço Pastoral dos Migrantes (Brasil)
STRM – Sindicato de Telefonistas de la República Mexicana (México)
Tuca – Trade Union Confederation of the Americas
UAW – United Auto Workers (EUA)
UE – United Electrical, Radio and Machine Workers (EUA)
Unasul – União das Nações Sul-Americanas
Unctad – Conferência das Nações Unidas para Comércio e Desenvolvimento

UNE – União Nacional dos Estudantes (Brasil)
Unite – Union of Needletrades, Industrial and Textile Employees (EUA)
Unorca – Unión Nacional de Organizaciones Regionales Campesinas Autónomas (México)
UNT – Unión Nacional de Trabajadores (México)
USAS – United Students against Sweatshops (EUA)
USBIC – United States Business and Industrial Council (EUA)
USBICEF – United States Business and Industrial Council Education Foundation
USTR – United States Trade Representative
USWA – United Steelworkers of America (EUA)
VC – Via Campesina
Wola – Washington Office on Latin America (EUA)

Apresentação à edição brasileira

As Organizações da Sociedade Civil (OSCs) do Brasil são atores cada vez mais presentes nas relações internacionais. Desde a década de 1990, tem havido um processo constante e crescente de transnacionalização dos movimentos sociais e ONGs do país, ainda que – como se ressalta neste livro – esse processo seja muito heterogêneo e haja grandes variações dependendo do ator e do tema pelo qual este se mobiliza. No caso dos acordos comerciais, foi no Brasil que a Campanha contra a Área de Livre Comércio das Américas (Alca) conseguiu mobilizar o maior número de pessoas. Até hoje não houve outra campanha que conseguisse ter o mesmo êxito.

Uma das chaves desse êxito foi a capacidade de reunir atores importantes e diversos da sociedade civil em torno de um mesmo objetivo, muitos deles organizados na Rede Brasileira pela Integração dos Povos (Rebrip). No entanto, tais alianças enfrentam muitas dificuldades para sobreviver ao longo do tempo, especialmente depois que a Alca deixou de ser percebida como uma ameaça e surgiram outras iniciativas regionais, como a União das Nações Sul-Americanas (Unasul), a Aliança Bolivariana para os Povos da Nossa América (Alba) e, mais recentemente, a Comunidade de Estados Latino-Americanos e Caribenhos (Celac). Nesse novo contexto, os membros da Rebrip têm sido forçados a pensar sobre que tipo de integração querem para a América Latina. Paradoxalmente, é uma fase na qual podem exercer maior capacidade propositiva, atuando para influenciar esses novos processos. No entanto, a dificuldade para alcançar consensos tem levado à fragmentação de ideias e iniciativas. Uma análise sobre a trajetória da Rebrip ao longo de quinze anos, que atualiza as informações apresentadas neste livro, foi publicada como capítulo de um livro dedicado a compreender os dilemas das OSCs que atuam simultaneamente nas escalas nacional e global (von Bülow, 2013).

Para entender como essa atuação através de escalas se dá na prática, a pesquisa feita para este livro mostrou que é fundamental analisar o papel de intermediários (*brokers*) nas redes da sociedade civil mapeadas.[1] Dada a tendência à criação de alianças extremamente heterogêneas, que vinculam não apenas atores de vários países, mas também muitos tipos de atores dentro do mesmo país, um desafio importante é institucionalizar formas de coordenação e espaços de negociação. A partir da análise apresentada aqui, escrevemos um artigo especificamente sobre os intermediários, publicado em 2011 na revista *Mobilization*. Nesse trabalho, propomos uma tipologia dos papéis de intermediação nas redes da sociedade civil e apresentamos uma análise mais detalhada sobre os dilemas enfrentados pelos atores que cumprem esses papéis (von Bülow, 2011).

A pesquisa deste livro foi feita quando o Facebook havia sido recém-inventado, o Twitter era uma peça de ficção, e *hashtag* uma palavra sem significado. Na época, o papel da internet na ação coletiva era muito mais limitado do que é hoje, em que pese a importância do correio eletrônico para a comunicação e a relevância das páginas virtuais das OSCs para a difusão das suas ideias. De fato, muitas dessas páginas são aqui citadas, como fonte importante de dados sobre as organizações, suas atividades e propostas. Apesar da ausência das redes sociais virtuais, foi possível que um grande grupo

1 A autora está à disposição dos leitores para fornecer maiores detalhes sobre o desenho metodológico e o questionário de redes utilizado neste trabalho. Favor entrar em contato pelo e-mail marisavonbulow@gmail.com.

de OSCs, espalhadas por todos os países das Américas, se juntasse em torno de metas comuns e coordenasse iniciativas conjuntas, construindo redes transnacionais de ação coletiva. Assim, quando se fala sobre análise de redes sociais nesta obra, referimo-nos a um fenômeno mais amplo do que o uso do Facebook: são os vínculos criados a partir de interações virtuais e cara a cara e que são a base a partir da qual os atores puderam se mobilizar conjuntamente.

Quando estávamos terminando de preparar a edição brasileira deste livro, uma onda de protestos sacudiu a Colômbia. Trabalhadores rurais pediam a renegociação dos acordos de livre comércio assinados pelo país com os Estados Unidos e com a União Europeia, de maneira muito similar a como já havia acontecido anos atrás no México, durante protestos dos movimentos camponeses daquele país contra o Tratado de Livre Comércio da América do Norte (Nafta).[2] O caso da Colômbia mostra como o tema dos acordos comerciais continua sendo fonte de insatisfações e certamente seguirá sendo motivo para ações coletivas ao longo do hemisfério.

A publicação deste livro no Brasil não teria sido possível sem o apoio do Instituto de Ciência Política da Universidade de Brasília e da Editora Unesp. Agradeço especialmente a paciência e a ajuda dos editores Jorge Pereira Filho e Jézio Gutierre.

Santiago, 30 de agosto de 2013.

2 Adotamos ao longo do livro as siglas habitualmente utilizadas para se referir a organizações, tratados ou acordos, mesmo que tenham origem em idiomas distintos do português. Para consultar a relação de abreviaturas utilizadas no livro, ver p.XV. (N. E.)

Agradecimentos

Comecei a me interessar sobre os temas discutidos neste livro há vinte anos. Conheci alguns dos principais informantes aqui citados nessa época, quando eles mesmos estavam começando a refletir sobre seu trabalho e suas organizações a partir de uma visão transnacional. A oportunidade que tive de testemunhar as mudanças nas formas como esses ativistas compreendiam a ação coletiva transnacional ao longo dos anos ajuda a explicar a preocupação teórica deste livro com os impactos do tempo, das incertezas e das escolhas.

No Brasil, Maria Sílvia Portella de Castro e Rafael Freire, da Central Única dos Trabalhadores (CUT), jamais recusaram minhas inúmeras solicitações de entrevistas e informações, feitas desde que eles começaram a formar redes transnacionais em torno dos acordos comerciais, primeiramente no Cone Sul e mais tarde em todo o hemisfério. No México, tive a oportunidade de conhecer alguns dos mais importantes atores dos debates sobre o Tratado de Livre Comércio da América do Norte (Nafta) no início da década de 1990. Bertha Luján, Héctor de la Cueva e muitos dos demais fundadores da Rede Mexicana de Ação Frente ao Livre Comércio concederam-me acesso irrestrito tanto a reuniões como a suas reflexões, em um período em que os atores da sociedade civil mexicana se esforçavam para encontrar seus caminhos para a transnacionalidade. Tive a oportunidade de me dedicar a analisar essas experiências tão diferentes de transnacionalismo quando fui aceita como doutoranda na Johns Hopkins University, em 2001. Sendo uma pesquisadora nascida nos Estados Unidos, criada no Brasil e com anos de moradia no México, resolvi propor uma ampla pesquisa sobre redes transnacionais que cruzasse as fronteiras Norte-Sul nas Américas. Sem dúvida, este livro não teria sido possível sem o firme apoio e o entusiasmo de Margaret Keck por um projeto tão ambicioso, um apoio que perdurou por anos após minha tese ter sido concluída.

Além de Mimi Keck, agradeço muito especialmente o encorajamento e a inspiração intelectual de Sidney Tarrow, Ann Mische e Mark Blyth. Esses extraordinários pesquisadores vão reconhecer o impacto das suas ideias ao longo de todo o livro. Espero que me perdoem se por acaso tiver falhado em fazer justiça às suas influências.

Rebecca Abers, Paula Duarte Lopes e Ricardo Gutiérrez foram fontes fundamentais de apoio emocional e também intelectual ao longo de cada etapa deste livro. Serei eternamente grata a sua amizade e admiradora do seu brilhantismo. Bill Smith, Jan Aart Scholte, L. David Brown, Boris Holzer, Daniel Kryder, Diana Tussie, Jonathan Fox, Velia Cecilia Bobes, Graciela Bensusán, Eduardo César Marques, Arnulfo Arteaga, Javier Iñón, Nizar Messari, Miguel Carter, Bilgin Ayata e Jack Spence ajudaram-me no percurso com comentários construtivos, ideias e sugestões de livros a ler e contatos a entrevistar. Dois revisores anônimos fizeram críticas importantes que contribuíram para refinar meus argumentos.

Também quero reconhecer a generosidade de pesquisadores que me ajudaram no esforço de aprender sobre análise de redes sociais. Ann Mische e Marc Boulay contribuíram com sugestões úteis às versões iniciais do questionário de redes. Peter Marsden abriu as portas de seu excelente curso de pós-graduação sobre análise de redes sociais na Universidade de Harvard. No Boston College, Steve Borgatti e seu formidável grupo de doutorandos acolheram-me em suas reuniões e me mostraram o quanto eu ainda tinha para aprender sobre o tema. Meus especiais agradecimentos vão para Inga Carboni, que se esforçou em entender aonde eu pretendia chegar.

Versões preliminares dos argumentos deste livro foram apresentadas em vários lugares da América do Norte, América do Sul e Europa: nas Mesas-Redondas sobre Transnacionalidade de Berlim, na Alemanha, em janeiro de 2004; no seminário Work-in-Progress realizado pelo Hauser Center for Nonprofit Organizations na Universidade de Harvard; no Centro de Estudos Sociais (CES) da Universidade de Coimbra; na Harvard Networks in Political Science Conference; no congresso em comemoração ao 50° aniversário da Faculdade Latino-Americana de Ciências Sociais do Equador; e em várias reuniões da Latin American Studies Association, da International Studies Association, da American Political Science Association e da Associação Brasileira de Relações Internacionais. Tanto os debatedores como o público participante deram sugestões importantes e contribuíram com ideias que me ajudaram a esclarecer mais meus argumentos, e sou grata a todos eles. Uma versão anterior da análise sobre o transnacionalismo sindical, apresentada nos capítulos 6 e 9, foi publicada em 2009 na revista *Latin American Politics and Society*. Agradeço também a William C. Smith, editor da *Laps*, pela permissão de uso desse material publicado.

Várias instituições apoiaram minha pesquisa ao longo dos anos. O Fulbright-Hays Doctoral Dissertation Research Award permitiu-me passar seis meses no Brasil, Chile e México. O Ministério da Educação brasileiro, por meio da Coordenação de Aperfeiçoamento de Pessoal de Nível Superior (Capes), ofereceu-me uma bolsa de estudos que pagou a maior parte dos custos da pós-graduação, bem como parte da pesquisa de campo. O Departamento de Ciência Política da Johns Hopkins University cobriu generosamente outros custos e a Universidade de Brasília concedeu-me licença remunerada pelos quatro primeiros anos do programa de doutorado. O Programa de Estudos Latino-Americanos da Johns Hopkins University também colaborou por meio de uma subvenção para passar um mês no México em agosto de 2004, e o Conselho Nacional de Desenvolvimento Científico e Tecnológico (CNPq) viabilizou uma viagem aos Estados Unidos para a realização de mais entrevistas em 2008.

Sou muito grata ao apoio de meus colegas do Instituto de Ciência Política (Ipol) da Universidade de Brasília, em especial de sua diretora, Marilde Loiola de Menezes. Meus alunos da UnB foram uma constante fonte de inspiração. Em particular, agradeço aos estudantes do Programa de Educação Tutorial (PET), do qual tive o prazer de ser a tutora enquanto escrevia este livro. Seu interesse entusiasmado pela pesquisa e suas perguntas incrivelmente perspicazes borraram as linhas que separam quem aprende de quem ensina. Também agradeço a José Roberto Frutuoso por sua ajuda em redigir o primeiro rascunho do índice e organizar a bibliografia.

Cada pessoa que entrevistei para este livro contribuiu de modo fundamental para aprimorar meu trabalho, e espero que me perdoem por não relacioná-las aqui. No Brasil, Maria Sílvia Portella, Rafael Freire, Gonzalo Berrón, Iara Pietricovsky, Átila Roque, Graciela Rodríguez, Luiz Vicente Facco e muitos outros não mediram esforços para me ajudar a obter as informações de que precisava. No Chile, Etiel Moraga e Coral Pey ajudaram-me a compreender a sociedade civil chilena e me forneceram todos os contatos para as entrevistas. No México, María Atilano e a equipe da Rede Mexicana de Ação Frente ao Livre Comércio novamente me deram acesso irrestrito a seus documentos, análises e opiniões. Nos Estados Unidos, Stan Gacek, Timi Gerson e Tom Loudon contribuíram para abrir muitas portas e me concederam entrevistas extraordinárias. Outras pessoas fizeram-me sentir em casa, em especial Marcela Fernández e seus amigos e Marcela Ríos e sua família no Chile; Velia Cecilia Bobes e seus amigos e Gabriela Balcazar e sua família no México; e Márcio Aith, Daniela Araújo e a pequena Marina em São Paulo.

Agradeço aos editores da Cambridge University Press, Eric Crahan e Jason Przybylski, por sua confiança entusiasmada nesta empreitada, sua eficiência e sua paciência. Também sou grata a David Anderson por aprimorar este livro com seu excelente trabalho de editoração.

Meu marido, Carlos, minha mãe, minhas irmãs e meus amigos apoiaram-me em meus momentos de pessimismo e compreenderam minhas ausências frequentes. Acima de tudo, Carlos enfrentou com resignação minha necessidade aparentemente infindável de fazer mais entrevistas em mais países, ao mesmo tempo que me incentivava a terminar o livro. Seu amparo e amor durante todos esses anos me ajudaram a percorrer esta maravilhosa jornada.

Este livro foi concluído enquanto esperávamos a chegada de nossa primeira filha. Ao lidar com enjoos e prazos de entrega, segui o caminho já trilhado por muitas de minhas colegas, que desejam, assim como eu, encarar os desafios e as recompensas de ser pesquisadora e mãe.

Brasília, abril de 2010.

Parte I
Organizações da sociedade civil e seus caminhos para a transnacionalidade

1
Introdução

A decisão das Organizações da Sociedade Civil (OSCs) de entrar no terreno das relações internacionais é carregada de incertezas. Além de não existirem modelos acabados sobre como atuar globalmente, operar em tal escala demanda competências e recursos que, para a maior parte dos atores, são escassos. Diversas escolhas são possíveis, e nem sempre a melhor é óbvia. Com frequência, os resultados são ambíguos, na medida em que os atores não se tornam nem locais, nem globais – ou, em alguns casos, tornam-se ambos simultaneamente. Este livro trata da incerteza e ambiguidade que permeiam a ação coletiva realizada em diferentes escalas, por meio da análise de quando e como os atores efetuam suas escolhas entre os múltiplos caminhos possíveis para a transnacionalidade.

Em 1969, James Rosenau destacou a necessidade de desenvolver uma *teoria da vinculação* a partir de uma agenda de pesquisa sobre fluxos de influência nacionais-internacionais. De acordo com o autor, a inexistência de tal teoria devia-se tanto à falta de comunicação entre os estudiosos de política doméstica e os especialistas em relações internacionais como à radical revisão da concepção usual da política que essa abordagem teórica implicaria (Rosenau, 1969a, p.8-10). Vinte e cinco anos mais tarde, outro destacado estudioso das relações internacionais, Robert B. J. Walker, fez um apelo similar, pela compreensão da *política de conexão* por meio das fronteiras físicas, e da *política de movimento*, que deveria levar em conta as mudanças dos contextos da ação política ao longo do tempo (Walker, 1994).

Uma das premissas fundamentais deste livro é que ainda não fomos capazes de atender a esses apelos por uma abordagem dinâmica, multidisciplinar e em diferentes escalas nos estudos sobre ação coletiva transnacional. Trata-se de uma tarefa importante ainda a ser realizada, mesmo considerando que, desde a publicação das primeiras análises sobre o transnacionalismo (Kaiser 1969, 1971; Keohane e Nye, 1971), essa área de pesquisa vem adquirindo sempre mais importância e sofisticação. O que teve início como uma tentativa de incorporar os papéis de atores não estatais – especialmente, na época, empresas multinacionais – ao estudo das relações internacionais acabou por dar origem a uma vasta literatura que engloba um conjunto cada vez mais variado de atores, estratégias e processos. As contribuições das últimas quatro décadas são inovações muito bem-vindas para a literatura de relações internacionais, tradicionalmente Estado-cêntrica.

Entretanto, a maior parte dessas análises tem se concentrado em tentar entender por que atores não estatais adquiriram tamanha relevância – o problema da origem – e que tipos de resultados geraram – o problema dos impactos. Ao enfatizarem a importância dos fatores estruturais na explicação do surgimento da ação coletiva transnacional e os seus efeitos em curto prazo, os pesquisadores deixaram de dar a devida atenção ao estudo de como esses atores decidem com quem estabelecer vínculos, da sustentabilidade ou fragilidade desses vínculos ao longo do tempo e dos dilemas que precisam enfrentar quando começam a atuar em diferentes escalas.

Este livro contribui para preencher essas lacunas. Seu principal objetivo é proporcionar uma melhor compreensão da variedade e da dinâmica da ação coletiva transnacional, apresentando os resultados de um estudo sobre como as OSCs críticas às negociações de acordos de livre comércio nas Américas vincularam as escalas de ativismo nacional e internacional. A obra abrange duas décadas de ação coletiva, o que me permite analisar a formação, o desenvolvimento e, em alguns casos, a extinção dos laços criados entre OSCs dentro e fora de fronteiras nacionais. Esse período abarca desde a incipiente transnacionalização das estratégias, redes e discursos dos atores, por ocasião dos debates sobre a constituição do Mercado Comum do Sul (Mercosul) e do Tratado de Livre Comércio da América do Norte (Nafta), até o repertório de ação mais diverso e institucionalizado, característico das mobilizações em torno das negociações hemisféricas da Área de Livre Comércio das Américas (Alca).

Como e por que uma gama tão ampla de atores, de pequenas organizações não governamentais (ONGs) a movimentos sociais e sindicatos com mais de um milhão de membros, de países com matrizes culturais tão diversas e graus tão distintos de desenvolvimento econômico, convergiram em uma mesma agenda e se mobilizaram conjuntamente? Serão essas alianças sustentáveis ao longo do tempo? Em que casos os atores mostram-se incapazes desse tipo de colaboração? O livro adota um marco teórico e metodológico que enfatiza dois aspectos da ação coletiva transnacional: suas potenciais transformações ao longo do tempo e sua variação no espaço.

O que é ação coletiva transnacional?

Quando OSCs desejam influenciar negociações internacionais, algumas procuram aliados de fora das fronteiras nacionais, lançam campanhas conjuntas e criam agendas comuns. Outras priorizam estratégias destinadas a influenciar instituições domésticas. Algumas OSCs procuram mudar o comportamento dos Estados, enquanto outras têm como alvo a opinião pública, ou funcionários de organizações internacionais, ou ainda outras OSCs. O mais comum é que os atores não escolham entre a escala nacional ou global de ação coletiva, mas que estejam presentes de forma intermitente em ambas.

Proponho definir ação coletiva transnacional como *o processo pelo qual indivíduos, grupos e/ou organizações não estatais se mobilizam conjuntamente em torno de temas, objetivos e alvos que vinculam as arenas doméstica e internacional*. Essa mobilização não é necessariamente contínua ao longo do tempo. Pelo contrário: a maior parte dos casos de ação coletiva transnacional não gera relações estáveis ou institucionalizadas. Em vez disso, são caracterizados por vínculos contingentes e temporários entre os atores. Da mesma forma que a ação coletiva doméstica, a ação coletiva em escala transnacional é *um processo dinâmico de configuração e reconfiguração de interações*.[1]

Essa definição de ação coletiva transnacional não a torna sinônimo do processo mais amplo de internacionalização que as OSCs têm vivido desde os anos 1970. Atividades como a troca de informações entre atores de diferentes países, abaixo-assinados, seminários internacionais, visitas de delegações estrangeiras e contato com agências de cooperação e doadores internacionais têm se tornado parte do cotidiano de um número crescente de ONGs, sindicatos e associações empresariais. No entanto, essas atividades, por si mesmas, não implicam um compromisso para a mobilização conjunta.

Ao mesmo tempo, a definição de ação coletiva transnacional proposta abrange, de propósito, um universo mais amplo do que outras definições. Por exemplo, diferencia-se da definição proposta por Donatella della Porta e Sidney Tarrow (2005a, p.7), que usam o conceito para "indicar campanhas internacionais coordenadas por redes de ativistas contra atores internacionais, outros Estados ou instituições internacionais", excluindo, inadvertidamente, iniciativas que buscam mudar políticas e instituições domésticas. A definição apresentada também é diferente da proposta por Alejandro Portes, Luis Guarnizo e Patricia Landolt, que definem transnacionalismo em termos de atividades regulares e sustentadas além-fronteiras (Portes; Guarnizo; Landolt, 1999), ignorando assim formas menos estruturadas de interação.

1 Ludger Pries propôs uma definição similar de transnacionalismo, como um processo que consiste de "relações e interações que em alguns casos se fortalecem por algum tempo e depois se diluem novamente" (Pries, 2005, p.180).

A gama de atores que se engajam em ação coletiva transnacional é extremamente diversa. A análise deste livro se concentra em um subconjunto específico: OSCs de Brasil, Chile, México e Estados Unidos que se mobilizaram para desafiar as negociações de livre comércio nas Américas. Como ficará claro ao longo do livro, a noção de sociedade civil utilizada não implica o surgimento de um novo ator, nem de um ator homogêneo. É uma categoria internamente heterogênea, que inclui movimentos sociais, ONGs de vários tipos, iniciativas baseadas na fé, organizações profissionais e associações empresariais. A melhor maneira de entender a sociedade civil é como "um espaço de relações de poder contestadas, no qual interesses contraditórios se relacionam por meios análogos mas desiguais de agência coletiva" (Colás, 2002, p.23). Assim, OSCs não são, por definição, forças benignas (ou malignas) que atuam na arena internacional. Eu as vejo de forma ampla, como atores políticos institucionalizados que buscam moldar as regras que governam a vida política e social, de fora dos partidos políticos e do Estado.[2]

Ao longo do tempo, as OSCs podem mudar de objetivos, estratégias e discursos de forma significativa. Além disso, podem utilizar uma variedade de caminhos que cruzam escalas geográficas para difundir as suas mensagens e organizar ações comuns. Eu analiso essa variedade por meio da ideia de *caminhos para a transnacionalidade*, entendidos aqui como as rotas construídas por OSCs para vincular debates e ações através de escalas. Essas rotas podem ser temporárias ou de longo prazo e, ao contrário das versões mais entusiastas, eu argumento que não são unidirecionais: as organizações da sociedade civil não vêm se transformando sistematicamente de atores domésticos em atores globais.

A novidade, portanto, não é o surgimento de uma sociedade civil global, mas a crescente internacionalização de organizações que, em sua maioria, permanecem enraizadas na escala local ou nacional. O resultado não é a criação de uma frente unificada de atores, mas sim um processo cada vez mais importante de articulação de diferenças

2 Essa definição é similar à oferecida por Scholte (2003, p.11).

por meio de escalas geográficas. As fronteiras entre ação na arena doméstica e ação na arena internacional permanecem sendo importantes para as OSCs, mas não da mesma maneira que no passado.

Este livro propõe explicar os caminhos para a transnacionalidade das OSCs, por meio do estudo das posições dos atores em redes sociais e dos contextos políticos específicos em que a ação se desenrola. Ambos – redes e contextos – mudaram de forma significativa nas últimas duas décadas. A *dupla inserção de atores em redes sociais e sistemas políticos* é a chave analítica utilizada para compreender as estratégias, os objetivos e os enquadramentos discursivos [*frames*] adotados pelos críticos do livre comércio em diferentes momentos. Ao enfatizar tanto a inserção em redes como a inserção política das OSCs, eu faço uma ponte entre a literatura de redes sociais e a de movimentos sociais.

O foco em redes sociais se baseia em uma tradição de pensamento que argumenta que a maneira como os atores interagem entre si pode influenciar as formas pelas quais percebem seus papéis e interesses. Assim, analistas de redes sociais argumentam que não há maneira de saber antecipadamente como as posições sociais são geradas, e que as relações têm de ser analisadas a partir de um esforço indutivo de identificação de padrões de comportamento (Wasserman; Faust, 1994 e Degenne; Forsé, 1999). O "argumento da inserção", tal como foi apresentado por Mark Granovetter, sustenta que a ação não é o resultado de atores atomizados fora de um contexto social nem a consequência da adesão a roteiros prévios determinados pelas categorias sociais que os atores ocupam (Granovetter, 1985).

No entanto, boa parte da literatura de análise de redes tem se concentrado em estudar as consequências das estruturas de redes para a ação coletiva, em vez de estudar o processo de criação e de ruptura de laços sociais, e não tem dado atenção suficiente aos contextos específicos em que esses vínculos são construídos.[3] Esse viés

---

3 De acordo com Borgatti e Foster, isso vem mudando, à medida que mais analistas de redes têm procurado compreender suas causas (e não só suas consequências) e têm desenvolvido novas abordagens que consideram a dinâmica

muitas vezes leva as redes a "ter uma qualidade reificada, substanciada, distante da dinâmica própria de interação" (Mische, 2003, p.262 e Emirbayer; Goodwin, 1994). A abordagem defendida neste livro se baseia nessas críticas e propõe definir redes sociais tanto como uma pré-condição da ação coletiva – porque a ação é afetada pelas redes preexistentes dos atores – como um resultado da ação coletiva – porque os atores constroem novos vínculos que, por sua vez, são obstáculos (ou facilitadores) para ações futuras.[4]

Ao considerar a capacidade dos atores de construir vínculos, este livro também promove uma ponte entre a abordagem construtivista na teoria política e sociológica e a literatura de análise de redes. Ao explicar os vínculos de colaboração entre os atores, não basta simplesmente revelar seus interesses comuns. É também necessário identificar os mecanismos por meio dos quais os atores conseguem (ou não) superar as suas diferenças e construir objetivos comuns.[5] Tal perspectiva se aproxima de uma visão de redes centrada na agência, ou seja, redes como produto de escolhas dos seus membros e como processos de atribuição de significados.[6]

Além disso, a criação e decadência de redes sociais não podem ser compreendidas fora dos contextos políticos específicos em que os atores vivem. Ao enfatizar a relevância da *inserção política* dos atores, eu me apoio na tradição da abordagem do processo político da literatura de teoria dos movimentos sociais. Essa abordagem demonstrou que o surgimento de movimentos sociais é impactado

---

das redes. Ver a discussão em Borgatti e Foster (2003, esp. p.1.000), Emirbayer e Goodwin (1994) e Friedman e McAdam (1992).

4 Para uma defesa dessa compreensão dual das redes, ver, por exemplo, Diani (2003a) e Mische (2003).

5 Para um chamado à transição da busca de modelos gerais para o estudo dos mecanismos, processos e episódios de ação coletiva, ver McAdam et al. (2001). Esses autores definem mecanismos como "uma classe de eventos delimitados que alteram relações entre conjuntos específicos de elementos de forma idêntica ou muito parecida em uma variedade de situações" (p.24).

6 Harrison White fez uma importante contribuição para a análise de redes sociais ao definir vínculos sociais como processos de atribuição de significado e discursos compartilhados (White, 1992).

pela relação entre os atores e o meio ambiente político (Tilly, 1978; Kriese et al., 1995; McAdam, 1999). Muita atenção tem sido dada, nessa literatura, ao conceito de "oportunidades políticas", definidas como "dimensões consistentes – mas não necessariamente formais ou permanentes – do meio ambiente político, que oferecem incentivos para a ação coletiva ao afetarem as expectativas dos atores sobre o seu sucesso ou fracasso" (Tarrow, 1998, p.76-77). A análise dos impactos das oportunidades políticas realizada neste livro enfatiza o fato de que os atores possam ter interpretações diferentes dessas oportunidades. Nesse sentido, concordo com a crítica de que o conceito tem sido utilizado de forma excessivamente estática e estrutural em parte da literatura.[7] Os atores reagem às mudanças no ambiente político, mas muitas vezes não o fazem da mesma maneira.

A importância da relação entre atores e ambiente político pode ser vista de maneira mais clara se considerarmos que os críticos das negociações comerciais não são necessariamente críticos de governos, partidos políticos ou parlamentos, seja no seu próprio país ou em outros países. Na verdade, longe disso. A maior parte das OSCs estudadas neste livro tem algum tipo de vínculo ou participação na arena política institucional, na escala doméstica e também – cada vez mais – no exterior. À medida que o contexto político muda (por exemplo, a eleição de um novo presidente ou o lançamento de uma nova negociação comercial), os atores mudam suas percepções das oportunidades e obstáculos para a ação coletiva. Na última década, os debates sobre acordos comerciais se vincularam a discussões entre OSCs sobre como lidar com o crescente poder eleitoral do Partido Democrata nos Estados Unidos e com os novos governos de centro-esquerda que muitos membros dessas organizações ajudaram a eleger na América Latina. Em vários países, indivíduos que lideraram as campanhas contra acordos comerciais passaram a ocupar

7 Para esse debate, ver Goodwin e Jasper (1999a e 1999b), Tilly (1999) e Tarrow (1999). Sidney Tarrow (2005) também tem argumentado a favor de um uso mais dinâmico do conceito.

cargos nas novas gestões, tornando mais difusas as linhas divisórias entre governos e críticos das negociações comerciais.

Como se sugere anteriormente, essas interações com aliados e inimigos políticos não se restringem apenas ao âmbito doméstico. Em parte, tensões entre os críticos dos acordos comerciais surgiram porque ativistas de vários países tinham suas próprias visões sobre todos os outros governos, e muitas vezes uma relação direta com esses governos. Por exemplo, durante as negociações da Alca, o governo venezuelano estabeleceu vínculos estreitos com críticos norte-americanos dos acordos comerciais. Organizações como a ONG Global Exchange, sediada na Califórnia, participaram de reuniões com negociadores venezuelanos e receberam deles informações que não haviam sido disponibilizadas pela delegação dos Estados Unidos.[8]

Pesquisadores de movimentos sociais tendem a estudar as oportunidades políticas principalmente na arena nacional, enquanto os pesquisadores de relações internacionais voltaram seu foco para a escala internacional (Klotz, 2002, p.54-55; Tarrow, 2005, p.24; Sikkink, 2005, p.156). A análise da inserção política dos atores realizada neste livro leva em conta a interação das oportunidades políticas em ambas as escalas e seus impactos sobre os caminhos para a transnacionalidade.

Ao considerar a inserção simultânea dos atores em redes sociais e ambientes políticos no âmbito doméstico e além das fronteiras nacionais, este estudo tem presente não apenas a importância das teorias sobre movimentos sociais, da política comparada e das relações internacionais para a compreensão do ativismo transnacional, mas também o fato de que os limites entre essas disciplinas estejam se tornando cada vez mais porosos. A adoção de uma abordagem multidisciplinar é a maneira mais adequada de melhorar nosso entendimento da ação coletiva transnacional.

---

8 Isso ocorreu, por exemplo, durante a Reunião Ministerial da Área de Livre Comércio das Américas realizada em Miami em 2003, quando participei de uma reunião entre negociadores venezuelanos e OSCs norte-americanas.

Por que o comércio?

Muitas OSCs têm deixado de se dedicar apenas a um tema para trabalhar simultaneamente com vários temas, expandindo progressivamente seus objetivos e alianças (Pianta, 2001, p.191; Smith, 2005, p.234). Assumindo que essa tendência é verdadeira, é mais importante do que nunca entender como atores com os mais diversos interesses em matéria de políticas públicas podem (ou não) somar forças na ação coletiva. Provavelmente mais do que qualquer outra arena negociadora, a do comércio oferece a possibilidade de se estudar a dinâmica da interação entre atores diversamente posicionados. No processo de criação de um regime de comércio global, as agendas de negociações conheceram uma enorme expansão, e novos atores se interessaram por criticar ou apoiar esses esforços. Com efeito, as negociações de comércio internacional vêm-se transformando cada vez mais em importantes cenários para o debate de ideias sobre o futuro da globalização e da governança global, indo muito além das tradicionais discussões sobre cotas e tarifas.

Essas mudanças demandam uma nova abordagem para o estudo da ação coletiva relacionada ao comércio. Por conta dos impactos distributivos das políticas de comércio, tradicionalmente os pesquisadores enfatizam a polarização doméstica entre os que esperam ganhar e os que esperam perder com as negociações. Assim, a literatura da economia política sobre formação de alianças em matéria de política comercial defende que as forças produtivas se unem ao redor de suas agendas e demandas particulares em escala nacional (ver, por exemplo, Rogowski, 1989; Hiscox, 2002).

Entretanto, a costumeira polarização entre "protecionistas" e "defensores do livre comércio" ou entre "ganhadores" e "perdedores" que influenciam os negociadores domésticos perdeu sua utilidade, por duas razões principais. A primeira é que a participação da sociedade civil em debates sobre o comércio foi muito além das forças produtivas (capital e trabalho). Essas forças hoje competem por um lugar na mesa com organizações ambientalistas, ONGs de direitos humanos, grupos de proteção aos direitos do consumidor e organizações de apoio ao desenvolvimento, que não necessariamente pautam suas ações por posições protecionistas ou liberais em termos de comércio. A segunda razão é que uma análise puramente econômica e baseada em interesses estáticos não explica as relações colaborativas estabelecidas entre atores em países desenvolvidos e em desenvolvimento, nem nos permite entender como organizações que competem por postos de trabalho semelhantes, como sindicatos de trabalhadores de diferentes países, podem às vezes colaborar entre si. Uma abordagem doméstica da construção das alianças comerciais com base em interesses fixos de curto prazo dos atores conta apenas uma parte da história – e não a mais interessante.

Por que as Américas?

O processo de politização das negociações comerciais aconteceu primeiramente nas Américas, difundindo-se depois para o resto do mundo. Os protestos de rua durante a Reunião Ministerial da Organização Mundial do Comércio (OMC), realizada em Seattle em 1999, são frequentemente lembrados como um momento decisivo na história da ação coletiva transnacional. Não obstante, o que ocorreu em Seattle deve ser examinado à luz da década anterior de contendas em torno das negociações de livre comércio nas Américas.

As OSCs das Américas começaram a prestar mais atenção às negociações comerciais em meados da década de 1980, porém sem se engajarem nos esforços de colaboração transnacional que marcaram a década seguinte. Algumas se interessaram pelas negociações no âmbito do Acordo Geral Sobre Tarifas Aduaneiras e Comércio (Gatt), o precursor da OMC. Entretanto, os primeiros precedentes das mobilizações que caracterizaram os anos 1990 foram as ações das OSCs canadenses que criticavam o Acordo de Livre Comércio Canadá-Estados Unidos (Cusfta). Os canadenses foram os primeiros a organizar uma ampla coalizão, que reuniu ONGs de vários tipos, sindicatos trabalhistas, organizações de gênero e agricultores familiares, para criticar um acordo de livre comércio. Esse período inicial foi marcado por uma conscientização cada vez maior sobre os potenciais impactos dos acordos comerciais e, como se verá mais adiante neste livro, também por algumas tentativas de colaboração transnacional, que em grande medida não obtiveram sucesso.

Um segundo período teve início com a abertura de duas importantes negociações sub-regionais, no início da década de 1990: o Nafta e o Mercosul. As OSCs começaram a prestar mais atenção às negociações comerciais, ao mesmo tempo que percebiam o quão despreparadas estavam para lidar com esse novo tema. Em primeiro lugar, vários atores da região não conversavam entre si por conta de diferenças políticas herdadas da época da Guerra Fria. Além disso, havia poucos espaços hemisféricos ou mesmo sub-regionais para a troca de ideias e informações. Esse período se caracterizou pelo aprendizado de como desenvolver a colaboração transnacional e pela difusão de enquadramentos discursivos e repertórios organizacionais por meio das fronteiras nacionais.

De meados da década de 1990 a meados da de 2000, teve início um terceiro período, com a passagem das mobilizações para uma escala hemisférica, impulsionadas pelas negociações da Alca. Críticos dos acordos comerciais criaram novas coalizões, lançaram campanhas, procuraram influenciar negociadores e legisladores, organizaram protestos maciços e geraram críticas e demandas comuns em vários países. Nunca antes um grupo tão diverso de OSCs da região havia se reunido para debater e se mobilizar transnacionalmente em torno de uma agenda hemisférica.

Durante esse período, os críticos dos acordos de livre comércio precisaram coordenar a ação coletiva em diversas escalas, pois as negociações se sucediam umas às outras, em vários formatos e envolvendo diferentes subconjuntos de países. Assim, ao mesmo tempo que os brasileiros discutiam a Alca em um nível hemisférico, engajavam-se nas negociações do Mercosul, debatiam outras propostas de integração na América do Sul, analisavam o projeto do acordo Mercosul-União Europeia e acompanhavam as negociações da Rodada de Doha da OMC. OSCs de outros países tiveram de se deparar com um conjunto semelhante de negociações simultâneas.

Este livro se concentra no segundo e terceiro períodos de mobilizações nas Américas, porém situando-os no contexto das críticas anteriores às negociações comerciais. Também apresenta uma análise do período pós-Alca, que lança luz sobre os dilemas enfrentados pelo ativismo hemisférico na ausência de objetivos comuns.

As questões levantadas pelos críticos das negociações de acordos comerciais em todo o hemisfério durante esses períodos mostraram-se surpreendentemente parecidas, dados os diferentes tipos de OSCs envolvidas e as várias diferenças políticas, sociais, econômicas e culturais entre, por exemplo, os Estados Unidos e países como Chile ou Brasil. Essas questões diziam respeito aos processos de tomada de decisões, à agenda de negociações e aos impactos da aplicação dos acordos. Algumas das principais críticas apresentadas por esses atores relacionavam-se com a falta de transparência durante as negociações; a ausência de canais de diálogo entre as OSCs e os negociadores (o assim chamado problema do "déficit democrático" das negociações); a negligência de temas sociais, ambientais e culturais nas agendas das negociações e nas análises de impacto; a distribuição injusta de custos e benefícios dos acordos; a "corrida para o fundo do poço" promovida pelos acordos (que, argumenta-se, estimulam uma competição baseada na diminuição de salários e no enfraquecimento das leis ambientais e de direitos trabalhistas); e as limitações antidemocráticas ao poder das autoridades nacional e localmente eleitas de planejar e executar políticas públicas.

Ao nos debruçarmos sobre os protestos contra acordos comerciais nas Américas, podemos analisar a ação coletiva transnacional e seus desdobramentos no tempo e através das fronteiras – e, mais especificamente, pela divisão Norte-Sul. Este livro mostra que as organizações do Sul adquiriram maior centralidade nas redes de protestos contra acordos comerciais na região. Esse achado vai de encontro a boa parte da literatura sobre transnacionalismo, que tende a se concentrar no papel das organizações sediadas na América do Norte e na Europa Ocidental.[9] Este trabalho procura ser mais abrangente, não apenas por incluir organizações do Sul, mas também por buscar analisar os papéis de organizações de base e como estas interagem com ONGs.

Pesquisando redes em contextos políticos

Uma abordagem teórica que enfatize a dinâmica da dupla inserção dos atores, como se propôs acima, demanda uma estratégia de pesquisa com foco nas relações em diversos lugares e diferentes momentos. Conjugar técnicas de análise de redes sociais com métodos qualitativos, como faz este livro, é especialmente útil para a execução dessa tarefa.

Duas escolhas limitaram o número de atores cujos papéis e interações analiso neste livro. A primeira foi concentrar-me no grupo dos críticos dos acordos comerciais, que incluem não apenas OSCs que decidiram se opor às negociações, mas também as que procuraram modificar o teor de pelo menos um acordo de modo significativo. Esses atores desafiam os rótulos comuns que frequentemente recebem, como "anticomércio", "protecionistas" ou "antiglobalização", que refletem uma visão distorcida e reducionista da ação coletiva sobre o comércio. Na verdade, os críticos de negociações comerciais exibem uma ampla variedade de agendas e perspectivas sobre políticas públicas, governança global e globalização em geral.

A segunda escolha restritiva foi a aplicação de um questionário de redes para críticos de negociações comerciais em quatro países

9 À guisa de exemplo, os editores do influente *Global Civil Society Yearbook* enfatizaram a concentração da "sociedade civil global" no noroeste da Europa e nos países da OCDE (Anheier et al., 2001e Anheier; Themudo, 2002). Para uma crítica desse argumento bastante sintonizada com os achados empíricos deste livro, ver Friedman et al. (2005, esp. p.159). Em Pianta (2001, 2002) encontram-se dados que evidenciam um deslocamento geográfico na organização de cúpulas transnacionais paralelas da Europa Ocidental e da América do Norte em direção ao Sul.

das Américas: Brasil, Chile, México e Estados Unidos. Essa seleção se baseou em dois critérios principais. O primeiro foi que os países precisavam estar envolvidos em diferentes experiências regionais de negociação comercial, incluindo (porém não se restringindo a) a Alca. Isso me permitiu avaliar a variação de caminhos para a transnacionalidade em diferentes tipos de contextos e de negociações. O segundo critério foi que ao menos um dos países estudados precisava ser desenvolvido, por conta do foco desta pesquisa nas relações de poder dentro das redes e nas interações Norte-Sul.

Com esses dois critérios em mente, outras razões mais específicas nortearam a seleção de cada país. Os Estados Unidos prevaleceram sobre o Canadá como o país desenvolvido a ser estudado em virtude de sua importância como principal fomentador da nova rodada de negociações de livre comércio.[10] O Brasil foi escolhido por seu papel de líder tanto nas negociações Sul-Sul quanto da Alca.[11] As OSCs brasileiras assumiram posições muito distintas nessas arenas, fornecendo, assim, elementos para a compreensão da variedade de reações e estratégias seguidas pelo grupo de críticos dos acordos de livre comércio. O Chile foi escolhido por ter sido o primeiro país no hemisfério a assinar um acordo bilateral com

---

10 No início de 2008, os Estados Unidos achavam-se envolvidos em um grande número de iniciativas comerciais regionais e bilaterais, em vigor ou sob negociação, como o Acordo de Livre Comércio Centro-Americano, a iniciativa para a Associação de Nações do Sudeste Asiático (Asean), o Nafta, a iniciativa para a Área de Livre Comércio do Oriente Médio, o Fórum de Cooperação Econômica Ásia-Pacífico, e acordos de livre comércio com Canadá, Austrália, Chile, Israel, Jordânia, Marrocos, Cingapura, Peru e Colômbia, entre outros. Ver <http://www.ustr.gov> (último acesso em 8 de fevereiro de 2008).

11 Como parte do Mercosul, o Brasil participou de negociações comerciais com a União Europeia, a União Aduaneira da África Austral, Índia, Egito, Israel e Marrocos, entre outros. O Brasil é também um membro de longa data (desde 1980) da Associação Latino-Americana de Integração (Aladi). Mais recentemente, participou do lançamento de uma nova iniciativa para a integração sul-americana. Ver <http://www.mre.gov.br> (último acesso em 8 de fevereiro de 2008).

os Estados Unidos após o Nafta, tendo negociado outros tantos em seguida,[12] e por possuir status de membro associado ao Mercosul. Curiosamente, entre as OSCs dos quatro países estudados, as chilenas foram as que enfrentaram as maiores dificuldades de mobilização e coordenação. Finalmente, o México foi selecionado porque os críticos mexicanos acumularam mais de quinze anos de experiência lidando com acordos de livre comércio, e por ter sido o primeiro país latino-americano a negociar um acordo abrangente com os Estados Unidos.[13] Os atores mexicanos mostraram-se particularmente influentes em relação aos críticos de acordos comerciais em outros países latino-americanos.

Como ficará claro ao longo deste livro, esses países não são unidades estanques a serem comparadas pelos métodos comparativos de maior similaridade ou maior diferença. Os múltiplos caminhos para a transnacionalidade trilhados por OSCs brasileiras, chilenas, mexicanas e norte-americanas são um resultado heterogêneo de influências oriundas de dentro e de fora de suas fronteiras nacionais. Uma abordagem metodológica voltada para os poderes causais de variáveis específicas por meio da comparação de países considerados *cases* separados seria equivocada,[14] pois ignoraria os impactos da difusão e influência transnacionais.

Cento e vinte e três OSCs responderam ao questionário de redes no Brasil (29), Chile (23), México (30) e Estados Unidos (41). Esse

---

12 Além do acordo de livre comércio negociado com os Estados Unidos, o Chile assinou vários acordos bilaterais, por exemplo, com Canadá, Japão, Coreia do Sul, México e América Central. O país também participa do Fórum de Cooperação Econômica Ásia-Pacífico (Apec) e da Aladi. Ver <http://www.direcon.cl> (último acesso em 8 de fevereiro de 2008).

13 Após a negociação do Nafta, o México assinou acordos de livre comércio com a Associação Europeia de Livre Comércio, Guatemala, El Salvador, Honduras, União Europeia, Israel e Chile, entre outros. O país é também membro da Aladi. Ver <http://www.sre.gob.mx> (último acesso em 8 de fevereiro de 2008).

14 Pesquisadores do sistema-mundo demonstraram claramente esse ponto (por exemplo, Silver, 2003, esp. p.25-31). Charles Tilly argumenta de modo mais amplo que os resultados de uma análise comparada entre países poderiam ser distorcidos (Tilly, 1984).

"*n*" não é representativo de todos os críticos das negociações de livre comércio; entretanto, inclui as principais organizações de cada país. Para alcançar esse número, uma combinação de estratégias foi aplicada em três etapas consecutivas. A primeira foi a criação de uma lista preliminar de organizações, com base nas listas de membros de alianças comerciais, abaixo-assinados e participantes de eventos relacionados ao comércio. Essa lista incluía organizações de diversos setores que promoviam diferentes objetivos e estratégias. A segunda etapa consistiu em expandir essa lista inicial por meio de uma estratégia de "bola de neve", pedindo a entrevistados que indicassem outros grupos ausentes da lista. Quando três diferentes informantes mencionavam uma mesma organização não constante da lista, fazia-se uma tentativa de incluí-la.[15] Essa combinação de estratégias permitiu incluir atores importantes, que foram acrescentados durante a pesquisa. Ao mesmo tempo, isso também impediu que se tivesse uma lista excessivamente homogênea, o que pode ocorrer em pesquisas de rede que se fiam unicamente nas respostas dos entrevistados.

Um grande número de entrevistas semiestruturadas em profundidade com membros de OSCs-chave ajudou a esclarecer e a dar sentido aos dados de rede levantados. Sobretudo, trouxe informações sobre as mudanças nas formas de interação entre as organizações e em seus caminhos para a transnacionalidade. As entrevistas foram conduzidas em duas fases: a primeira, entre maio de 2004 e setembro de 2005, e a segunda entre janeiro e agosto de 2008. Além disso, atores-chave da sociedade civil foram entrevistados no Canadá, por conta da influência significativa que tiveram sobre a forma de organização dos protestos contra acordos comerciais que ocorreram mais tarde em outros países do hemisfério, e

15 Aproximadamente 5% das organizações entrevistadas foram incluídas nessa etapa de expansão, e 10% da lista inicial foram excluídas da pesquisa, seja porque já se encontravam extintas na ocasião das entrevistas, seja porque já não se mostravam ativas em debates comerciais. Para uma recapitulação das vantagens e desvantagens das diferentes estratégias de especificação de fronteiras na pesquisa de rede social, ver Marsden (2005).

no Peru, para reunir informações sobre o Acordo de Livre Comércio EUA-Peru.

Além de membros de OSCs, também entrevistei autoridades governamentais, legisladores e assessores parlamentares, bem como informantes-chave de organizações internacionais. A estratégia de pesquisa incluiu ainda observação participativa em numerosos eventos (reuniões da sociedade civil, manifestações, debates, seminários, reuniões entre negociadores e representantes da sociedade civil etc.), conversas informais e análise da documentação produzida por diferentes atores envolvidos nos debates sobre acordos comerciais.

Principais argumentos do livro

Neste livro veremos como as OSCs mudaram suas posições sobre os acordos de livre comércio em decorrência da criação de um regime de comércio global e da proliferação vertical (incluindo mais países) e horizontal (incluindo novos temas) das negociações comerciais. No entanto, não se pretende explicar a maior relevância da ação coletiva transnacional em função de grandes mudanças estruturais. Uma vez estabelecida a conexão entre transformações globais e seus impactos sobre a ação coletiva, este estudo passa à análise de um lado mais intrigante da história: as variadas reações das OSCs a essas grandes mudanças.

É importante notar também que este estudo não examina o ativismo transnacional em todas as suas formas. Não são objetos de análise sistemática o papel de indivíduos e os relacionamentos de cunho mais informal, que têm inegável importância na compreensão da ação coletiva transnacional de forma mais geral. Por fim, o marco analítico utilizado não pretende propor leis que prevejam o futuro da ação coletiva, mas sim identificar processos específicos e mecanismos relacionais que ajudem a explicar a dinâmica da ação coletiva.

Cinco argumentos inter-relacionados, que constituem o fio condutor que une as diversas partes deste livro, são resumidos a seguir:

1. *A interação entre os atores é importante*, porque pode levar a mudanças na forma como enxergam seus papéis e interesses na ação coletiva transnacional. Assim, para compreender a ação coletiva transnacional, não basta analisar os custos e benefícios que cada ator poderá ter em decorrência de ações isoladas. É preciso mapear suas posições nas redes sociais, entender as origens dos vínculos estabelecidos e investigar como esses vínculos se transformam ao longo do tempo.
2. *A ação coletiva no nível doméstico tende a ser menos autônoma em relação à política internacional*. Seria enganoso, porém, simplesmente tornar indistintas as linhas divisórias entre o nacional e o internacional, ou argumentar que os atores estão presentes em ambas as escalas simultaneamente. As OSCs escolhem diferentes caminhos para a transnacionalidade, que impõem variados graus de internacionalização e podem mudar com o passar do tempo.
3. *Formas emergentes de ação coletiva transnacional não podem ser estudadas como se estivessem dissociadas de contextos políticos*. Mesmo entre as OSCs que se empenharam em construir caminhos coletivos para a transnacionalidade a partir da década de 1990, a fragilidade dos acordos evidencia-se quando os atores percebem a abertura de novas janelas de oportunidade para a negociação de propostas concretas por conta própria. Uma abordagem que enfatize a inserção política desses atores permite uma melhor compreensão das diferentes escolhas feitas por organizações semelhantes em variados países e ao longo do tempo, além de tornar visíveis as potencialidades e armadilhas da ação coletiva transnacional.
4. *Novas formas organizacionais que vinculam as escalas local e global representam uma reconfiguração do repertório organizacional disponível às OSCs*. As relações de poder e as assimetrias não desapareceram nesse novo repertório organizacional. São parte integrante dessas novas iniciativas. Com frequência, porém, a formação de alianças transnacionais

depende do papel de alguns atores que podem atuar como intermediários entre diferentes setores e temas, além de transpor fronteiras nacionais. Isso é mais relevante nos casos de iniciativas de longo prazo.

5. *Mecanismos relacionais como extensão, supressão, difusão e transformação podem fortalecer vínculos entre aliados internacionais muito diferentes entre si, mas também podem levar a um declínio da ação coletiva na esfera doméstica,* porque: a atenção e os recursos políticos diluem-se em vez de se concentrarem em demandas específicas, as principais demandas são por vezes ignoradas e novos tipos de organizações e ideias têm de ser adaptados a diversas realidades sociais e políticas. Pelos mesmos motivos, acordos transnacionais entre OSCs costumam ser frágeis e vigorar por apenas breves períodos de tempo.

A estrutura do livro

Este livro está dividido em cinco partes e onze capítulos, que apresentam diferentes temáticas e objetivos. A Parte I estabelece os objetivos, as escolhas metodológicas e o marco teórico que nortearam a pesquisa. A Parte II analisa a transformação do conteúdo das negociações comerciais, que no início do século XXI deixaram de ser discussões sobre cotas e tarifas para se tornarem arenas-chave de debates mais amplos sobre governança global. O Capítulo 3 destaca os novos aspectos das agendas de negociações e as instituições criadas em função destas. Feita a contextualização histórica das negociações comerciais contemporâneas, o Capítulo 4 analisa especificamente como essas transformações foram percebidas nas Américas e como as OSCs dessa região passaram a se interessar cada vez mais pelo debate de seus impactos.

Seguindo-se à discussão sobre a politização progressiva e o escopo ampliado dos debates sobre comércio, as Partes III a V apresentam, sob diversos ângulos empíricos, a análise dos múltiplos caminhos para a transnacionalidade tomados pelas OSCs de Brasil, Chile, México e Estados Unidos. O Capítulo 5 mostra os mapas das relações entre os críticos dos acordos comerciais no âmbito de cada um desses países, bem como os vínculos transnacionais entre eles. O Capítulo 6 expõe uma análise dos caminhos para a transnacionalidade a partir da perspectiva dos três tipos de atores que ocupam o núcleo dessas redes: sindicatos, movimentos rurais e um subconjunto de ONGs. Após explicar as posições ocupadas por esses atores, essa parte termina com uma discussão sobre as organizações que *não* fazem parte das redes, ou que não são tão centrais nas redes mapeadas quanto se poderia imaginar.

Os últimos capítulos tratam das reações dos atores a dois dos principais desafios da ação coletiva transnacional. A Parte IV oferece uma análise das tentativas de criação de novos espaços comuns para a coordenação das ações, ou os *caminhos organizacionais* tomados pelos atores. Mais especificamente, um dos objetivos dessa parte consiste em compreender a relevância dos papéis de intermediação [*brokerage*] entre fronteiras nacionais e setoriais. Contam-se histórias tanto de atores que tiveram êxito como intermediários quanto de outros que contribuíram para obstruir, em vez de facilitar, o fluxo de informações e recursos.

A Parte V trata do segundo desafio-chave que as OSCs tiveram de enfrentar: a criação de enquadramentos discursivos em cenários relacionais bastante heterogêneos, ou seus *caminhos ideacionais*. Assim, essa parte estuda as alternativas elaboradas pelos atores, e não somente as críticas aos acordos de livre comércio. São apresentados exemplos de como as escolhas desses caminhos, e sua sustentação ao longo do tempo, são muitas vezes impactadas pelas percepções que os atores têm das oportunidades e obstáculos apresentados por contextos políticos dinâmicos.

Na conclusão, reexaminamos os argumentos iniciais e reiteramos a importância do marco teórico proposto. Este livro termina com uma reflexão sobre o que ainda precisa ser estudado para que se melhore a compreensão da dinâmica da ação coletiva em um mundo globalizado. Discute-se que o mais relevante e interessante a ser enfocado, tanto do ponto de vista teórico como empírico, não está na escala local ou global, mas sim nas interseções dessas escalas, onde os atores se encontram, negociam e entram em conflito.

2
MÚLTIPLAS TRAJETÓRIAS PARA A TRANSNACIONALIDADE

Em 1997, uma aliança composta de mais de seiscentas organizações de setenta países lançou uma campanha transnacional com o objetivo de interromper as negociações do Acordo Multilateral de Investimentos (AMI). Debates sobre esse tratado haviam se iniciado dois anos antes no âmbito da Organização para a Cooperação e Desenvolvimento Econômico (OCDE), tendo em vista as dificuldades de negociar um acordo global de investimentos na Organização Mundial do Comércio (OMC). O intuito era estabelecer um conjunto de regras sobre liberalização e proteção ao investidor, com base em uma definição ampla de investimento. Entre as cláusulas mais controversas inclusas na minuta do tratado estavam a que possibilitava uma indenização por lucros cessantes em casos de expropriação e a que previa um sistema de resolução de litígios que permitisse aos investidores processar Estados perante tribunais internacionais.[1]

Os participantes da campanha anti-AMI enquadraram sua resistência ao acordo proposto na ênfase de termos que repercutissem na opinião pública local. Mais especificamente, questões como a defesa da autonomia nacional e da democracia ocupavam o primeiro plano

1 Para conhecer as características do tratado e sua negociação, ver, por exemplo, Kobrin (1998) e Tieleman (2002).

das discussões. Por exemplo, em uma declaração conjunta divulgada em 1997 por mais de uma centena de Organizações da Sociedade Civil (OSCs) do mundo todo, argumentou-se que a intenção do acordo "não é regulamentar investimentos, mas sim regulamentar governos", e que "o AMI não respeitava os direitos de países... inclusive sua necessidade de controlar democraticamente os investimentos em suas economias" (Alternate Forum for Research in Mindanao et al., 1997). Curiosamente, esse enquadramento comum foi adaptado à realidade de cada país. Quando os ativistas canadenses Maude Barlow e Tony Clarke publicaram o livro sobre o Acordo nos Estados Unidos, eles mudaram o subtítulo de "a ameaça à soberania canadense" para "a ameaça à liberdade norte-americana". De modo análogo, quando ativistas norte-americanos e canadenses visitaram a Alemanha, nos seus discursos o termo "soberania nacional" foi substituído por "soberania popular" (Laxer, 2003, p.176, 182).

A campanha contra o AMI sobrepôs-se às mobilizações de críticos das negociações de livre comércio, como costuma ocorrer com muitas iniciativas transnacionais. Por exemplo, no Canadá a força da mobilização e a rapidez com que se espalhou explica-se, em parte, porque os canadenses estavam sob o impacto da ameaça da Ethyl Corporation de usar as regulamentações sobre investimento do Tratado de Livre Comércio da América do Norte (Nafta) contra o país (Laxer, 2003, p.179). O fato de uma empresa norte-americana poder obrigar o governo canadense a pagar uma multa por causa de restrições domésticas a aditivos na gasolina prejudiciais à saúde humana era um exemplo muito claro da possibilidade de que as disposições do AMI pudessem prevalecer sobre leis locais de meio ambiente e saúde. Sem conseguirem chegar a uma alternativa consensual, os participantes da campanha optaram por se opor a todo e qualquer acordo e, com base nesse denominador comum, formaram uma aliança que reuniu "internacionalistas" e "isolacionistas", os quais enquadraram suas objeções em termos das ameaças à autonomia nacional (Desai e Said, 2001, p.61).

Inicio este capítulo com o relato da campanha anti-AMI porque ilustra bem a relevância da análise de novas instâncias de ação coletiva transnacional à luz de propostas e debates anteriores. Esse exemplo também mostra a necessidade de considerar a inserção dos atores em redes sociais e em contextos políticos para poder compreender suas estratégias e enquadramentos. Embora a campanha anti-AMI seja apresentada com frequência como um exemplo significativo da capacidade de uma sociedade civil global de reagir rapidamente a novas ameaças,[2] a história é mais bem compreendida como o estabelecimento exitoso de uma aliança temporária de grupos heterogêneos de atores nas escalas subnacional, nacional e global, alicerçada em um enquadramento discursivo flexível em torno do tema da soberania nacional e baseada em redes e debates previamente estabelecidos. Não se trata de um caso isolado, como relatos semelhantes vão atestar ao longo deste livro.

O nacional na ação coletiva transnacional

Uma questão-chave na literatura sobre o transnacionalismo é: em qual escala é mais provável que a mobilização seja eficaz? Para alguns autores, dado o enfraquecimento da autoridade e do poder dos Estados nacionais, a escala global ganhou importância. De acordo com essa perspectiva, é um equívoco que atores da sociedade civil tenham como foco as reivindicações de soberania nacional.[3] Para outros, os Estados ainda detêm um poder considerável e, por

2 A título de exemplo, Stephen Kobrin discorre sobre a importância de "uma sociedade civil global vinculada por redes eletrônicas" ao explicar o fracasso das negociações do AMI (Kobrin, 1998, p.99), e John Ruggie fala sobre "o icônico caso da ação da sociedade civil para corrigir desequilíbrios na elaboração de leis globais", por meio de uma aliança que "ganhou 'existência virtual' na internet praticamente da noite para o dia" (Ruggie, 2004, p.511).

3 Mary Kaldor e seus coautores, por exemplo, argumentam que "o preço pago pela soberania nacional foi a existência de governos antidemocráticos e repressivos", e que "na medida em que a sociedade civil permanece ligada a definições obsoletas de soberania, o resultado final pode não ser a democracia, mas sim a insegurança contínua" (Kaldor et al., 2005, p.16).

conseguinte, ações nas escalas nacional e local têm mais chances de sucesso (Akça, 2003; Halperin e Laxer, 2003).

Ao estruturarem o debate em termos dicotômicos, ambos os lados perdem de vista os dilemas de coordenação que os atores estão enfrentando – como interagir por meio de fronteiras? – e os desafios para os pesquisadores – como analisar a combinação de iniciativas de ação coletiva nessas diferentes escalas? Como o exemplo da campanha anti-AMI deixou claro, ativistas transnacionais não estão necessariamente dispostos a declarar o fim da era de Estados soberanos. Embora alguns desejem "desglobalizar" o mundo,[4] restituindo os poderes de tomada de decisão a instituições políticas nacionais, outros querem mais globalização em certas arenas e áreas temáticas. Com frequência, atores da sociedade civil, *tanto do Norte como do Sul,*[5] acham que são melhores advogados da soberania e dos interesses de seu país do que seus próprios governos. Seu principal objetivo é fortalecer os Estados nacionais, não enfraquecê-los. Além disso, muitas ONGs, movimentos sociais e sindicatos veem com desconfiança qualquer tentativa de criar arenas de sociedade civil global que minem sua própria autonomia e flexibilidade.

Em capítulo escrito para o *Global Civil Society Yearbook 2005-2006*, Marlies Glasius, Mary Kaldor e Helmut Anheier admitem que "desde a virada do século parece haver um renovado interesse na política nacional" (Glasius et al., 2005, p.19). No entanto, os autores limitam esse interesse a mobilizações que almejam a democratização e enfatizam que nenhuma acalentava preocupações exclusivamente nacionais. Quando levam em conta os atores que defendem a capacidade de Estados-Nação, os autores os relegam às

---

4 A título de exemplo, ver o argumento a favor da "desglobalização" apresentado pelo diretor-fundador da ONG Focus on the Global South (Bello, 2002a).

5 Sandra Halperin e Gordon Laxer argumentam que os críticos do que eles chamam de "globalização" oriundos do Norte tendem a considerar a sociedade civil global como seu antídoto, enquanto os críticos do Sul tendem a enxergar a soberania como a solução, não a sociedade civil global (Halperin e Laxer, 2003, esp. 3). Na realidade, contudo, este livro mostra como essas diferentes reações aos efeitos negativos da globalização transcendem a divisão Norte-Sul.

categorias negativas de "rechaçadores" ou "regressivos" (Kaldor et al., 2005, p.3-4).

Em seus esforços para transcender o Estado-centrismo e o "nacionalismo metodológico" (Beck, 2003; Ezzat, 2005), pesquisadores da sociedade civil global tendem a minimizar a importância da inserção de atores nos sistemas políticos. Trata-se de uma questão importante porque, entre outras coisas, diferentes visões sobre como lidar com autoridades governamentais têm sido uma das principais fontes de discordância entre OSCs que buscam influenciar a elaboração de políticas.

De modo paradoxal, a literatura cosmopolita sobre a sociedade civil global tende a ocultar a capacidade dos atores de mudar o comportamento dos Estados.[6] Esse tipo de abordagem corre o risco de cair em uma versão inversa da "armadilha territorial". John Agnew cunhou essa frase em sua crítica à suposição ontológica das teorias de relações internacionais de que a vida social, econômica e política estão contidas dentro de limites territoriais de Estados, em contraste com os processos que ocorrem fora das fronteiras nacionais: "A política, no sentido de busca por justiça e virtude, poderia existir somente dentro de fronteiras territoriais. Externamente, há perigo, *realpolitik* e o uso da força" (Agnew, 1994, p.62). A literatura sobre sociedade civil global tende a fazer o oposto, ao pensar no "externo", ou a escala global, como o espaço privilegiado para "a busca da justiça e virtude".

A declaração de James Rosenau, datada de mais de quatro décadas atrás, ainda é atual:

> a política transnacional está muito distante de suplantar a política nacional e, seja como for, o mundo pode estar passando por um estágio paradoxal em que tanto os vínculos como as fronteiras entre

6 Robert B. J. Walker salientou que declarações sobre uma sociedade civil global emergente "geralmente revelam os poderes de reprodução do discurso Estado-acêntrico mais do que a capacidade dos movimentos sociais de desafiar esse discurso" (Walker, 1994, p.674).

Estados estão se tornando mais centrais na vida cotidiana. (Rosenau, 1969b, p.47)

Mais importante ainda, considerar esse paradoxo permite-nos compreender que "ativistas transnacionais costumam se dividir entre o enquadramento discursivo global das campanhas de movimentos transnacionais e as necessidades locais daqueles cujas reivindicações eles desejam representar" (Tarrow, 2005, p.76). Assim, muitas OSCs têm enfrentado o grande desafio de sustentar compromissos assumidos com alianças domésticas e transnacionais e, ao mesmo tempo, aproveitar as oportunidades políticas que podem surgir para negociar suas agendas particulares.

Algumas das principais contribuições na literatura acadêmica sobre ação coletiva transnacional que abordam o desafio de estudar vínculos, sem deixar de distinguir as linhas entre as escalas doméstica e internacional, são estudos sobre as seguintes temáticas: as relações entre estruturas de oportunidade locais e globais e as táticas usadas pelos atores,[7] a criação de novas organizações para coordenar transnacionalmente a ação,[8] as mudanças nos repertórios de conflito,[9] o surgimento de novas formas de cidadania[10] e os

---

7 Uma das primeiras contribuições sistemáticas para a compreensão de vínculos criados entre atores locais de diferentes países foi o amplamente citado "padrão bumerangue", definido como uma tática usada por atores que enfrentam canais políticos domésticos fechados e que esperam atingir seus objetivos por meio do contato direto com aliados internacionais (Keck e Sikkink, 1998, p.12-13; Sikkink, 2005).

8 Não há consenso sobre como nomear as diversas formas de construção de alianças transnacionais (ver Fox, 2002, p.352; Tarrow, 2005, esp. cap.9).

9 A literatura tem enfocado a interação entre atores locais e transnacionais e instituições internacionais (Fox e Brown, 1998; O'Brien et al., 2000), a participação em eventos internacionais (uma pequena amostragem inclui Adler e Mittelman, 2004; Bédoyan et al., 2004; della Porta, 2005; Juris, 2008) e a organização de campanhas transnacionais (ver Keck e Sikkink, 1998; Hertel, 2006).

10 Existe ampla literatura sobre este tópico, desenvolvida por pesquisadores de imigração. Ver a proposta de Aihwa Ong sobre o conceito de "cidadania flexível" (Ong, 1999) e o trabalho de Nina Glick Schiller sobre "transmigrantes"

impactos das questões e negociações globais sobre organizações com raízes locais.[11] Essa literatura representa um esforço sustentado para compreender como e por que os atores ora "nacionalizam" queixas e questões internacionais, ora as "externalizam" (Imig e Tarrow, 2001; Rootes, 2005; Tarrow, 2005).

A dinâmica da ação coletiva

Uma parte importante da análise empírica oferecida pela literatura sobre o transnacionalismo se baseia em estudos de casos de campanhas temáticas e protestos específicos. Embora essa literatura tenha nos ensinado muito do que sabemos sobre o transnacionalismo, o foco em estudos de caso leva a uma visão fragmentada da ação coletiva, pois carecem de uma visão mais abrangente do campo multiorganizacional no qual recaem os casos (Taylor, 2002).[12] Além disso, podem levar a uma análise excessivamente otimista sobre a sustentabilidade e os impactos do transnacionalismo. Por definição, campanhas são estruturadas em torno de objetivos comuns estritamente definidos e estabelecidos com base em metas específicas. De modo análogo, eventos transnacionais de protesto, apesar de normalmente reunirem uma multidão heterogênea, são arenas de curto prazo que congregam atores em torno de demandas abrangentes.

Publicações recentes, baseadas na análise de eventos, argumentam que indivíduos capazes de deixar de lado suas próprias identidades têm se tornado cada vez mais importantes na ação coletiva transnacional (Bennett, 2005; della Porta, 2005; Giugni et al.,

---

(Glick Schiller, 1997). Ver também a análise de Jonathan Fox sobre "cidadania transnacional" (Fox, 2005).

11 Ver os capítulos incluídos em della Porta e Tarrow (2005b).

12 Ao propor o conceito de "campo multiorganizacional", Curtis e Zurcher chamaram a atenção de pesquisadores de movimentos sociais para a relevância das múltiplas filiações de membros de organizações de movimentos sociais para explicar a ação coletiva, mas sua pesquisa focalizou os vínculos domésticos (ver Curtis e Zurcher, 1973).

2006). Por exemplo, ao pesquisar sobre os participantes do Fórum Social Europeu, Donatella della Porta argumenta que há um deslocamento de uma identidade de movimento único para "identidades tolerantes" múltiplas, caracterizadas "por inclusão e ênfase positiva na diversidade e fertilização cruzada" (della Porta, 2005, p.186).

No entanto, ainda precisamos entender melhor como indivíduos e organizações engajam-se na ação coletiva transnacional sem suprimirem suas identidades nacionais e como sua interação com atores de outras áreas de interesse e países impactam seus objetivos, táticas e interpretações. Apenas recentemente tem havido esforços de pesquisadores para compreender como os atores envolvidos nos protestos analisados podem ser inseridos em padrões preestabelecidos de relacionamentos (ver Diani, 2005). Uma abordagem de mais longo prazo para o estudo da ação coletiva, que vá além de campanhas e/ou eventos específicos, pode auxiliar nessa tarefa.

Caminhos para a transnacionalidade

A expressão "caminhos para a transnacionalidade" captura as diferentes trajetórias seguidas pelas OSCs à medida que se engajam na ação coletiva transnacional. Essas trajetórias são resultado das respostas dadas pelos atores, em um contexto de incertezas, para a pergunta sobre quais são os repertórios organizacionais, metas, demandas e enquadramentos mais apropriados. A Figura 2.1 combina duas dimensões importantes para a diferenciação esquemática entre quatro caminhos possíveis: as variações da ação entre escalas (o nível de internacionalização) e ao longo do tempo (sua continuidade).

Ao estabelecer o nível de internacionalização dos atores, essa tipologia incorpora à análise o argumento de Sidney Tarrow (2005, p.30) de que "nem todo ativismo relevante para a política transnacional ocorre na arena internacional". O fato de OSCs tentarem ativamente internalizar (ou "domesticar") estratégias ou reivindicações constitui parte importante daquilo que se define neste livro como ação coletiva transnacional. A variante temporal, por sua vez, relaciona-se com o grau em que a ação é ou não contínua. Como Kathryn Sikkink argumentou, muitos atores privilegiam a transformação política doméstica, mas comumente mantêm o ativismo transnacional como opção complementar e compensatória para ser usada de modo intermitente (Sikkink, 2005, p.165). Outros mantêm uma presença transnacional mais contínua.

		DURABILIDADE	
		–	+
INTERNACIONALIZAÇÃO	–	Internalização temporária	Internalização contínua
	+	Transnacionalização temporária	Transnacionalização contínua

Figura 2.1 Quatro caminhos para a transnacionalidade

A *internalização temporária* é o caminho escolhido pelas OSCs quando tentam influenciar decisões internacionais, ou debater questões transnacionais, privilegiando alvos, estratégias e iniciativas de formação de alianças no nível doméstico. Por exemplo, muitas das OSCs brasileiras que tomaram parte ativa na campanha contra o Acordo de Livre Comércio das Américas (Alca) limitaram suas atividades à participação no capítulo doméstico dessa campanha, sem se dedicarem ativamente a formar vínculos com aliados de outros países. Muitas também não fizeram questão de participar de reuniões ou eventos internacionais. Algumas dessas organizações eram atores importantes na mobilização contra a Alca, mas, à medida que a campanha definhou, também diminuiu o seu interesse em participar de atividades relacionadas ao comércio.

Outras OSCs têm uma participação mais sustentável, situando-se mais à direita na Figura 2.1, ou mais próximas de um caminho de *internalização contínua*. Para esses atores, o engajamento na ação coletiva transnacional é, sobretudo, uma questão de política doméstica, mas não se limita a campanhas específicas. Eles passam de uma campanha para outra, mas dedicam a maior parte de seus recursos para formar alianças no nível doméstico e para influenciar atores domésticos.

A *transnacionalização temporária* pode ser descrita como um movimento de ioiô, pois as OSCs oscilam entre as escalas doméstica e internacional. Trata-se, provavelmente, do mais comum dos quatro caminhos. A maioria das organizações estudadas para este livro poderia ser situada em algum ponto próximo ao canto inferior esquerdo da Figura 2.1. Elas mantiveram suas raízes nacionais, mas participaram de modo intermitente de campanhas, coalizões e eventos internacionais, à medida que estes se moviam para o primeiro ou o segundo plano das agendas políticas.

A *transnacionalização contínua* refere-se ao caminho seguido pelas OSCs que veem a arena internacional não apenas como uma opção circunstancial para promover seus objetivos imediatos, mas como uma posição de longo prazo para a ação política. Essas organizações engajam-se na construção de alianças de longo prazo e em esforços para negociar enquadramentos discursivos transnacionais com aliadas de outros países. No caso dos críticos de acordos comerciais, as OSCs que dedicaram mais recursos à tentativa de criar a Aliança Social Continental (ASC), uma coalizão duradoura que reúne atores de todas as Américas, representam o melhor exemplo da escolha desse tipo de caminho.

A tipologia de caminhos proposta é útil para dar visibilidade aos contrastes e às semelhanças entre atores que, com demasiada frequência, são classificados meramente como adeptos da "antiglobalização" ou como parte de uma "sociedade civil global". É mais útil ainda, no entanto, se considerarmos a localização dos atores na Figura 2.1 como dinâmica, no sentido de que as escolhas de trajetórias não são fixas, mas "reconstruídas circunstancialmente por atores em diálogo constante com os desdobramentos das situações" (Emirbayer e Mische, 1998, p.966). Como argumentamos na Introdução, elas se transformam como resultado da inserção de atores em redes sociais e contextos políticos. Por exemplo, mudam por meio de interações negociadas com outros atores e/ou à medida que percebem que existem novas oportunidades ou ameaças no contexto político. Além disso, os quatro caminhos apresentados não são necessariamente excludentes entre si, mas, na prática, podem combinar-se. As OSCs podem usar mais de um por vez em diferentes áreas temáticas. No entanto, como os próximos capítulos deste livro vão mostrar, a mudança de caminhos e a combinação entre eles acarretam dilemas e tensões que não são facilmente superados. Em resumo, este estudo refere-se ao papel das OSCs como agentes da construção de uma política de localização no tempo e no espaço, em um contexto de incerteza sobre como reagir a uma nova situação internacional. Os múltiplos caminhos resultantes são analisados de modo empírico neste livro de acordo com as reações das OSCs a dois grandes desafios da ação coletiva transnacional: a busca por soluções para o problema da coordenação e formação de alianças – os *caminhos organizacionais* – e a busca por enquadramentos discursivos, políticas e ideias comuns – os *caminhos ideacionais*.

O desafio de organizar a ação coletiva transnacional

Institucionalizar a ação coletiva transnacional tem sido um desafio cada vez mais complexo nas últimas duas décadas. Em parte, isso ocorre por causa do êxito do processo de formação de alianças transnacionais, que levou a uma sobreposição confusa entre inúmeras iniciativas. As OSCs passaram a participar de uma miríade de tipos de alianças em diversas escalas, variando da criação de vínculos fracos a esforços mais duradouros. Por exemplo, a Central Única dos Trabalhadores (CUT-Brasil) participa do Conselho Internacional do Fórum Social Mundial, é membro de organizações sindicais regionais e globais e da ASC, participa de numerosas campanhas temáticas e pertence a dezenas de coalizões em nível local e nacional que, por sua vez, possuem suas próprias conexões internacionais. Nesse contexto, tornou-se mais importante poder diferenciar as iniciativas e compreender melhor como os atores as escolhem.

		DURABILIDADE	
		–	+
INTERNACIONALIZAÇÃO	–	Capítulos nacionais de alianças de eventos e campanhas transnacionais	Capítulos nacionais de alianças e federações transnacionais
	+	Alianças de eventos e campanhas transnacionais	Alianças transnacionais e federações internacionais

Figura 2.2 Caminhos organizacionais para a transnacionalidade

Formação de alianças é o processo de criação de espaços comuns entre atores diferentes, que negociam o significado de empreendimentos conjuntos e elaboram estratégias comuns.[13] Desse modo, as alianças "podem incluir uma ampla gama de acordos negociados entre duas ou mais organizações que coordenam objetivos, demandas, estratégias para exercer influência e eventos" (Meyer e Corrigall-Brown, 2005, p.331). A seguir, analisamos a variedade de possíveis arranjos, a partir das duas dimensões definidas anteriormente: durabilidade e internacionalização. A Figura 2.2 apresenta uma visão esquemática dos caminhos organizacionais resultantes.

Essa tipologia se baseia em grande medida na proposta por Sidney Tarrow (2005, cap.9). Como Tarrow argumenta a respeito da durabilidade das coalizões, os atores podem participar de campanhas ou alianças em torno a eventos que tenham um ciclo de vida limitado, ou podem aderir a esforços mais contínuos de construção de alianças. No primeiro caso, eles podem se engajar naquilo que Tarrow denomina "alianças instrumentais", unidos por uma causa ou um interesse em comum de curto prazo (Ibid., p.167-168). Por outro lado, a participação em alianças e federações transnacionais requer uma rotina de comunicação, a divisão interna de tarefas e procedimentos para tomada de decisões. Apenas algumas campanhas

13 Essa definição baseia-se na de Keck e Sikkink (1998, p.3).

transnacionais, como a Campanha Internacional contra Minas Terrestres ou a de boicote à Nestlé, também estão mais próximas do canto inferior direito da Figura 2.2, porque são campanhas de longo prazo (Ibid., p.173-175).

No que diz respeito ao grau de internacionalização, os atores podem participar de federações internacionais ou movimentos sociais globais, ou podem restringir sua participação à escala doméstica da formação de alianças transnacionais. Por exemplo, uma parte importante das mobilizações contra a Alca ocorreu dentro das fronteiras nacionais, por meio das ações dos capítulos nacionais da Campanha Continental contra a Alca. Como já mencionamos, muitos participantes dos capítulos nacionais não se engajaram em atividades semelhantes no nível transnacional, uma opção que era viável por causa do alto nível de autonomia desses capítulos. Diferentes caminhos têm diferentes requisitos políticos e consequências. Não é claro qual deles pode ser considerado o mais eficaz ou desejável. Embora pelo menos parte da literatura sobre movimentos sociais nacionais enfatize os aspectos positivos da criação de organizações formais,[14] a literatura sobre ação coletiva transnacional tende a enfatizar as vantagens dos vínculos informais, difusos e flexíveis entre os atores. Com efeito, existe amplo consenso de que as campanhas transnacionais, que não possuem equipes nem escritórios permanentes e estão focadas em demandas e temas específicos, são a forma mais viável de formação de alianças para além das fronteiras (Anheier e Themudo, 2002; Tarrow e della Porta, 2005).

Com frequência, os autores recorrem ao termo "redes" para descrever essa tendência a formas menos hierarquizadas e mais flexíveis de ação coletiva. Esse uso do termo fundamenta-se na diferença que os sociólogos organizacionais estabelecem entre formas de organização em rede e as estruturas de governança de mercado ou baseadas

14 Mais especificamente, a abordagem de mobilização de recursos considera a criação de organizações um ativo dos movimentos sociais, argumentando que mais recursos, como a contratação de profissionais, tornam as organizações de movimentos sociais mais visíveis e capazes de atingir seus objetivos. Ver, por exemplo, McCarthy e Zald (1977).

na hierarquia (Powell, 1990). Nessa concepção, as redes distinguem-se das hierarquias centralizadas porque são mais horizontais, não possuem cadeia de comando ou controle e, portanto, são muito mais flexíveis e adaptáveis do que as formas organizacionais hierarquizadas. Esse entendimento assemelha-se ao modo como os ativistas empregam o termo, chamando muitas coalizões de "redes" como um meio de enfatizar sua horizontalidade, flexibilidade e democracia interna. Para esses autores e ativistas, as formas de organização em rede representam "uma morfologia social superior para toda ação humana" (Castells, 2000, p.15) e estão "se tornando uma marca distintiva da organização em escala global" (Anheier e Themudo, 2002, p.191).

No entanto, esse tratamento metafórico do conceito de "redes" estabelece *a priori* uma forma superior de organização e, por conseguinte, desvia nossa atenção das relações de poder, assimetrias e conflitos entre os atores.[15] Daqui em diante, quando usarmos as expressões "redes sociais" e "análise de redes sociais", estaremos referindo-nos à tradição de estudo sobre interações que vem se desenvolvendo no âmbito das Ciências Sociais ao longo dos últimos cinquenta anos.[16] De acordo com essa tradição, determinar se as redes transnacionais são formadas por relações horizontais ou hierárquicas entre os atores é uma questão empírica, assim como estabelecer se essas relações levam a arranjos de governança flexíveis ou não. Ferramentas de análise de redes sociais, combinadas com informações qualitativas, ajudam a determinar se os atores foram exitosos em seus esforços de construção de alianças horizontais.

Persiste, porém, o fato de que as OSCs não possuem um modelo organizacional único a seguir na escala transnacional. Estão

---

15 Essa crítica foi feita de modo mais geral à transformação da sociologia das organizações ao se dissociar do modelo weberiano de organização burocrática e da análise de relações de dominação e se associar a uma ênfase nas organizações flexíveis que podem constantemente redefinir seus produtos e estruturas internas, ignorando tensões entre atores. Ver, por exemplo, Melucci (1996, esp. p.251).

16 Para conhecer a história do desenvolvimento da análise de redes sociais, ver Freeman (2004).

divididas entre a necessidade de garantir a continuidade e a eficiência da ação coletiva por meio da criação de regras (e assimetrias) e a pressão por manter relações horizontais que acarretem respeito à autonomia e igualdade dos participantes. Não se trata, evidentemente, de um dilema novo.[17] Em seu estudo clássico sobre o Partido Social Democrata Alemão, Robert Michels equiparou organização a oligarquia e associou o engajamento político habitual à moderação política. Essa questão permaneceu relevante nas vidas de partidos socialistas e comunistas durante todo o século XX. No período que antecedeu a Revolução Soviética, Vladimir Ilyich Lenin defendeu a criação de uma organização hierárquica que assumiria a vanguarda da luta revolucionária (Lenin, 1969 [1902]). Debates atuais valem-se dessas discussões antigas, mas é verdade que há um desapontamento crescente com as formas tradicionais de organização da esquerda. O surgimento dos assim chamados novos movimentos sociais na década de 1970 ilustra bem essa decepção.[18]

As mesmas questões não resolvidas ganham novos contornos no ambiente organizacional mais complexo da ação coletiva transnacional contemporânea. Para os defensores da sociedade civil global, a ênfase recai sobre os dilemas enfrentados pelas organizações que "se globalizam". Nesse sentido, uma questão importante é a democracia interna – por exemplo, como representar diferentes regiões do mundo – e os impactos da globalização nos arranjos organizacionais. A relevância dessas questões é inegável, mas a criação de organizações globais constitui somente uma pequena parte do universo das alianças transnacionais. Como Helmut Anheier e Nuno Themudo demonstraram, embora o número de ONGs internacionais tenha crescido com regularidade entre 1981 e 2001, as formas organizacionais mais numerosas foram encontradas na categoria de

17 Para uma revisão interessante desse debate que remonta ao feminismo do século XIX, ver Clemens (2005).

18 A literatura sobre "novos movimentos sociais" argumenta que parte da novidade dessas formas de ação coletiva era a rejeição (recomendável) de formas hierárquicas de organização e estruturas centralizadas de tomadas de decisões. Ver Dalton (1994, esp. p.8-9).

"organizações nacionais com orientação internacional" (Anheier e Themudo, 2002, p.194).

O caso dos críticos de acordos comerciais nas Américas ilustra a expansão e difusão de novos caminhos organizacionais que variam consideravelmente de acordo com a localização do ativismo e sua duração. A participação em capítulos domésticos de campanhas transnacionais que focalizem temas específicos e sejam limitadas no tempo, como a contra a Alca, dá grande autonomia aos participantes por meio de estruturas flexíveis e fronteiras organizacionais fluidas. Por outro lado, alianças baseadas em campanhas tendem a desaparecer à medida que a questão que motivou sua criação se torna menos relevante, ou quando suas demandas são atendidas. Iniciativas de mais longo prazo, como a ASC, devem tomar decisões difíceis em relação a afiliações e divisão interna de trabalho. Entretanto, essas iniciativas podem prover plataformas sustentáveis para a ação coletiva transnacional.

Em resumo, a formação de alianças não é um processo linear, pelo qual as organizações são criadas e fortalecidas no nível doméstico e, em um segundo estágio, *transbordam* para a arena transnacional, deslocando-se para o canto inferior direito da Figura 2.2. Não há nenhuma tendência determinista que indique um deslocamento da participação em uma aliança de evento para a adesão a um movimento social global ou uma aliança transnacional. A escolha de caminhos organizacionais é menos previsível do que se poderia esperar de uma abordagem progressiva e unidirecional, em parte porque é comum esses esforços exigirem a institucionalização de relações de modo simultâneo em ambas as escalas.

O desafio de gerar reivindicações e projetos na ação coletiva transnacional

Quando participam de debates sobre política externa, as OSCs são pressionadas a apresentar propostas alternativas e demandas específicas. Isso se aplica independentemente de atuarem sobretudo no nível doméstico ou na arena internacional. A pressão vem de parlamentares, autoridades governamentais, mídia e outras OSCs. É evidente que não se obtém uma resposta única, por exemplo, quando ativistas são questionados sobre qual deveria ser o futuro da OMC, ou quais reformas tornariam a Alca aceitável para eles.

Tanto quanto a formação de alianças, chegar a consensos sobre propostas comuns também é um desafio clássico da ação coletiva. Na década de 1980, David Snow e seus colegas introduziram o conceito de "enquadramento discursivo" [*frame alignment*] ao estudo dos movimentos sociais, para compreender como os ativistas apresentam ideias a fim de atrair apoiadores e transmitir suas mensagens (Snow et al., 1986; Snow e Benford, 1988). De modo geral, o enquadramento discursivo revela-se mais fácil quando se trata de campanhas que façam oposição a um acordo multilateral específico, como o AMI, do que nos casos em que as OSCs tentam explicar os ideais que representam e apresentam propostas alternativas.

Por mais verdadeiro que isso seja, contudo, há tentativas de ir além de reivindicações, censuras, reclamações e acusações específicas, a fim de apresentar um conjunto coerente de demandas e normas que visem mudanças de mais longo prazo na governança global. Os caminhos ideacionais apresentados na Figura 2.3 representam as diversas possibilidades de participação dos atores nos debates sobre alternativas: se nacionais ou internacionais, bem como se as reivindicações são de curto prazo ou projetos mais duradouros.

Os atores podem limitar seu papel ao simples apoio a demandas específicas de curto prazo, que chamamos aqui de "reivindicações". Um bom exemplo disso é o movimento social de 2003 contra a Guerra do Iraque, que reuniu um grupo heterogêneo de atores de vários países em torno de uma "plataforma extraordinariamente simples" (Meyer e Corrigall-Brown, 2005, p.338) que se opunha à guerra naquele momento. Alternativamente, as OSCs podem decidir investir seus recursos na geração de plataformas ideacionais compartilhadas visando mudanças de mais longo prazo, que chamamos aqui de "projetos". Da mesma forma que a escolha de caminhos organizacionais, diversas opções ideacionais têm consequências políticas específicas. Reivindicações e projetos representam diferentes conjuntos de desafios, tanto no que se refere a sua complexidade como ao grau de colaboração que se requer entre os atores. Elaborar um projeto implica a negociação e a construção de valores, interesses e crenças comuns ao longo do tempo, no âmbito de um universo predefinido de atores. Por outro lado, apresentar reivindicações implica a identificação de princípios comuns sobre questões mais específicas em um grupo mais amplo, e com frequência heterogêneo, de atores, como no caso da campanha contra o AMI.

		DURABILIDADE –	DURABILIDADE +
INTERNACIONALIZAÇÃO	–	Reivindicações orientadas principalmente para a arena doméstica	Projetos orientados principalmente para a arena doméstica
INTERNACIONALIZAÇÃO	+	Reivindicações orientadas principalmente para a arena internacional	Projetos orientados principalmente para a arena internacional

Figura 2.3 Caminhos ideacionais para a transnacionalidade

O debate sobre qual é o melhor caminho ideacional a ser seguido transcende as mobilizações que têm como objeto os acordos comerciais. O maior encontro global de atores da sociedade civil, o Fórum Social Mundial (FSM), ilustra bem esse ponto. Desde sua primeira edição, a maioria dos organizadores do Fórum tem se oposto à apresentação de declarações finais e à elaboração de uma agenda ou lista de demandas comuns. Seu principal argumento é a grande dificuldade de se chegar a acordos relevantes em um cenário tão heterogêneo. Tentar fazer isso só geraria fragmentação (Whitaker, 2005). De acordo com essa perspectiva, não ter um projeto comum é um bom sinal, e tentativas de encontrar um levaria o FSM a reproduzir o modelo das antigas Internacionais Comunistas (Klein, 2003; Adamovsky, 2006). Assim, argumenta-se, é melhor manter o Fórum como um espaço descentralizado para debates e encontros que não represente uma única voz, seja qual for o assunto em pauta. Tanto reivindicações como projetos específicos devem ser desenvolvidos pelos participantes, mas não em nome do FSM como um todo.

Essa escolha permanece, porém, na essência dos debates contenciosos sobre o futuro do FSM, na medida em que parte dos participantes questiona sua eficácia unicamente como um agregador de movimentos e indivíduos. Foram encaminhadas ao Fórum propostas para o estabelecimento de uma "plataforma mínima", que "proveria sentido e escopo para alternativas a propostas neoliberais" e permitiria escapar ao destino "de se tornar uma vitrine para a sociedade civil" (Ramonet, 2006). Qualquer que seja o resultado desse debate, é certo que, ainda que o FSM como tal possa abrir mão de fazer reivindicações e criar projetos, isso não será possível para os indivíduos e as organizações que dele participam.

O documento "Alternativas para as Américas", analisado na última parte do livro, representa um raro exemplo de esforço de construção de um projeto comum em nível transnacional no âmbito de uma aliança heterogênea. Redigido por um grupo de organizações afiliadas à ASC, trata-se de um "documento vivo" que, em suas várias edições, deixou registradas visões e propostas alternativas relacionadas com debates sobre acordos comerciais, integração regional e desenvolvimento. Embora não haja nenhuma tendência inevitável de que os atores deixem de fazer reivindicações específicas para passar a elaborar projetos compartilhados, quando uma aliança transnacional tenta fazê-lo, como no caso da ASC e de "Alternativas para as Américas", os pesquisadores têm uma janela de oportunidade para examinar os mecanismos pelos quais os atores tentam criar um terreno comum no longo prazo, assim como seus limites.

Caminhos em movimento

Em sua análise histórica sobre o internacionalismo operário, Eric Hobsbawm argumentou que:

> no debate de pessoas políticas, ou de ideólogos, para quem o nacionalismo ou o internacionalismo implica sérias escolhas políticas, ambos os conceitos são considerados mutuamente excludentes [...] Mas, como uma descrição de comportamento político, isso é simplesmente equivocado [...] o desenvolvimento de movimentos de massa da classe trabalhadora cria de modo paradoxal tanto a consciência nacional como a ideologia internacional *simultaneamente*. (Hobsbawm, 1988, p.13-14, ênfase no original)

Ronald Munck defendeu uma ideia semelhante, argumentando que os atores frequentemente "formulam estratégias e operam ao mesmo tempo nos níveis local e global, bem como 'no meio-termo', recusando quaisquer oposições binárias limitantes" (Munck, 2002, p.359).

Embora eu aceite o argumento geral defendido por esses autores, também é importante compreender que as OSCs nem sempre operam em várias escalas ao mesmo tempo. Elas priorizam diferentes localizações e fazem escolhas sobre a durabilidade de suas ações em contextos específicos. Meramente ignorar fronteiras não nos ajuda a entender por que e como fazem essas escolhas.

As escolhas feitas são norteadas pela história de cada organização, mas o caminho priorizado em dado momento também resulta, como enfatizamos neste livro, de uma inserção relacional e política dos atores que é dinâmica. No entanto, é possível diferenciar quatro principais tipos de mecanismos relacionais que nos ajudam a analisar como os atores tentam compatibilizar diferentes escolhas.

Primeiro, a *extensão*, ou ampliação, de estratégias de formação de alianças e de enquadramentos discursivos, que se dá pela agregação de novos aliados e/ou pela incorporação de queixas de outros atores às próprias reivindicações e projetos. Ela implica a coexistência de temas e táticas, mas não necessariamente a construção de um consenso duradouro ou a transformação de interesses preexistentes. Permite aos atores ampliar suas redes e ter "múltiplos alvos" (Mische, 2003), isto é, visar diferentes públicos e adversários ao mesmo tempo. Segundo, o movimento oposto, da *supressão* de aliados, tópicos, objetivos ou táticas. "Concordamos em discordar" é a frase que melhor resume esse mecanismo, pelo qual os atores mantêm laços colaborativos, mas se recusam a discutir determinados tópicos. Isso envolve a construção de um mínimo denominador comum.

Terceiro, a *difusão* de formas organizacionais e de ideias. Novas estratégias de formação de alianças são reproduzidas de um lugar para o outro, e com estas vêm as visões sobre como deve ser organizada a ação coletiva. Embora a difusão possa ser do tipo não relacional (por meio da mídia, por exemplo), neste livro o foco recairá sobre o que Tarrow denominou difusão mediada e relacional, variantes que estudam o papel desempenhado por redes sociais e mediadores através do espaço (Tarrow, 2005, esp. cap.6). Quarto, a *transformação* de estratégias de formação de alianças e/ou do teor de reivindicações e projetos. Esse é o resultado menos comum das interações, porque implica não somente uma adaptação, mas também uma mudança na percepção de agendas, objetivos e interesses, bem como a incorporação de novas visões que não existiam anteriormente para os atores.

Esses quatro mecanismos fundamentam-se em parte na tipologia dos processos de alinhamento de enquadramentos [*frame alignment*] proposta por David Snow e seus colegas. De acordo com esses autores, alinhamento é definido como:

> o vínculo da orientação interpretativa de organizações de movimento social e de indivíduos, de tal modo que algum conjunto de interesses, valores e crenças de indivíduos e as atividades, objetivos e ideologia de organizações de movimento social sejam congruentes e complementares. (Snow et al., 1986, p.464)

A tipologia proposta anteriormente também resulta de esforços empreendidos por um grupo de pessoas para criar percepções compartilhadas do mundo. Entretanto, os resultados da extensão, supressão, difusão e transformação não são necessariamente "congruentes" e "complementares". Essas mudanças negociadas não eliminam todos os conflitos, nem suprimem as assimetrias de poder entre os atores. As organizações ainda pertencem a múltiplas redes em diferentes locais e contextos sociais, que não necessariamente se reforçam entre si. Pelo contrário, às vezes geram pressões contraditórias.

Nesse sentido, a tipologia proposta aproxima-se mais daquela desenvolvida por Ann Mische, que definiu os mecanismos relacionais "como meios pelos quais os atores manipulam as múltiplas dimensões de suas filiações, identidades e projetos, a fim de construir relações com outros atores" (Mische, 2003, p.269). A diferença entre os mecanismos já apresentados e os propostos por Mische é que, enquanto ela analisa "mecanismos de conversação", os que identificamos aqui são analisados sob uma perspectiva mais abrangente, como parte dos caminhos seguidos pelos atores. Como o próximo capítulo vai mostrar, extensão, supressão, difusão e transformação podem ser examinadas não somente por meio da análise de discursos, mas também por meio de estratégias de formação de alianças, das táticas implementadas e dos modos como as OSCs enquadram suas queixas e propostas.

Parte II
A politização do comércio

3
A natureza controversa dos debates sobre comércio

Pode-se dizer que existe ação coletiva transnacional desde que existem fronteiras nacionais, mas entre os precursores históricos mais imediatos do atual ativismo transnacional incluem-se campanhas pelo sufrágio feminino (lançadas entre 1888 e 1928) e o movimento contra a prática milenar chinesa de atar os pés de meninas (de 1874 a 1911) (Keck e Sikkink, 1998, cap.2). Outros precedentes foram, por exemplo, os movimentos transnacionais políticos e ideológicos liderados por organizações de anarquistas, comunistas e socialistas; os promovidos por movimentos e entidades religiosas; e a colaboração entre sindicatos, que cruzavam fronteiras nacionais antes e depois da célebre convocação de Karl Marx e Friedrich Engels para que os trabalhadores do mundo se unissem (Marx e Engels, [1847] 1998).

O próprio campo das políticas comerciais tem sido historicamente controverso, portanto, as mobilizações recentes não podem ser consideradas um fenômeno totalmente novo. Também sempre foi um campo multifacetado. As decisões comerciais fazem parte de debates econômicos e políticos mais amplos sobre modelos de desenvolvimento, relações internacionais e o papel do Estado, por causa dos potenciais impactos das políticas comerciais sobre sistemas produtivos, mercados de trabalho, preços de bens e inovação tecnológica.

Mais especificamente, as interfaces entre o comércio e outras arenas de políticas públicas, tais como meio ambiente, segurança alimentar ou direitos humanos, não foram ignoradas no passado. Além disso, visto que os ganhos e perdas advindos da liberalização comercial são distribuídos de forma desigual, as implicações morais do comércio têm sido parte indissociável dos debates políticos.[1]

Não faltam exemplos históricos das tensões resultantes desses debates, especialmente no que se refere às conexões entre comércio e direitos humanos, comércio e proteção ambiental e comércio e questões de saúde. Já em 1890, os Estados Unidos baniram o comércio de bens fabricados por mão de obra carcerária, iniciando um movimento que posteriormente foi seguido por outros países. Em 1880, as nações europeias proibiram a entrada de carne norte-americana, com base em alegações sanitárias, e a Convenção para a Preservação e Proteção da Pele de Focas de 1911 regulamentou a caça e a importação de focas para evitar seu extermínio (Aaronson, 2001, p.43-46).

Ocasionalmente, mais de um desses temas se entrecruzavam, vinculando o comércio de determinado produto a direitos trabalhistas e a questões de saúde, como no caso da greve em uma fábrica londrina de palitos de fósforo. Em 1888, 1.400 adolescentes e mulheres da fábrica da Bryant & May entraram em greve, revoltados com as más condições de trabalho e os problemas de saúde resultantes do uso de fósforo branco na produção. Essa substância causava amarelecimento da pele, perda de cabelos e osteonecrose maxilar, uma forma de câncer nos ossos que levava à morte. Embora esse tipo de fósforo tivesse sido banido na Suécia e nos Estados Unidos, o governo britânico alegava que seguir o exemplo desses países significaria uma restrição indevida ao livre comércio.[2] Por fim, em 1901, a fábrica anunciou que deixaria de usá-lo; em 1906, os signatários da Convenção de Berna proibiram o comércio internacional de fósforos fabricados com essa substância química.

---

1 Para uma revisão recente desses debates e uma proposta de teoria liberal de comércio justo, ver Garcia (2003).

2 O resumo dessa história foi baseado em artigo de Peytavi (2003).

No Preâmbulo de 1919 da Constituição da Organização Internacional do Trabalho (OIT), os governos membros daquela organização reconheceram oficialmente o vínculo entre a capacidade dos países de competirem entre si e os direitos trabalhistas, ao declararem que: "a não adoção por qualquer nação de um regime de trabalho realmente humano cria obstáculos aos esforços das outras nações desejosas de melhorar a sorte dos trabalhadores nos seus próprios territórios". De fato, embora a OIT nunca tenha tido as ferramentas necessárias para impor com eficácia a harmonização internacional das condições de trabalho, a necessidade de promover um equilíbrio entre a competitividade e o respeito pelos direitos trabalhistas foi uma das motivações que levaram à sua criação (OIT 2006).

No entanto, provavelmente o antecedente mais conhecido de ação coletiva transnacional relacionada ao comércio não teve a ver com o comércio de bens, mas sim com o comércio de pessoas: o movimento abolicionista transnacional que perdurou do final do século XVIII até o século XIX. Esse movimento reuniu ativistas antiescravagistas da Europa e das Américas, que se engajaram em intenso diálogo e cooperação. Assim como acontece com os atuais protestos relacionados ao comércio, é difícil compreender esse movimento transnacional sem levar em conta os vínculos previamente existentes entre grupos de diferentes países. Em especial, o movimento abolicionista foi construído a partir de laços entre grupos religiosos da Inglaterra e dos Estados Unidos.[3]

Outros grupos da sociedade civil, como os ambientalistas, interessaram-se pelas negociações comerciais indiretamente, a partir de temas específicos, como o comércio de peles ou a proteção de alguma espécie animal. Algumas dessas negociações contaram com a participação de conservacionistas e naturalistas que buscaram

3 Margaret Keck e Kathryn Sikkink explicam que a espinha dorsal do movimento nos Estados Unidos e na Grã Bretanha foi formada por *quakers*, metodistas, presbiterianos e unitaristas, que se valiam de uma tradição de vínculos transatlânticos surgidos antes da independência norte-americana (Keck e Sikkink, 1998, p.44).

influenciar autoridades estatais tanto no âmbito doméstico *como também* no transnacional (Aaronson, 2001, p.45).

Em resumo, a política comercial nunca foi uma questão puramente econômica, os debates sobre comércio jamais se limitaram exclusivamente ao estabelecimento de tarifas e cotas e, em momentos específicos, as negociações comerciais geraram ação coletiva e levaram à formação de alianças transnacionais. Apesar desses precedentes, contudo, até cerca de trinta anos atrás o comércio internacional era em boa medida assunto de interesse apenas de autoridades governamentais, organizações internacionais (no século XX) e – de modo variável ao longo do tempo – setores da sociedade diretamente envolvidos na fabricação de produtos comercializáveis: agricultores, empresários e trabalhadores industriais. Antes da Segunda Guerra Mundial não havia regras globais que regulamentassem o comércio internacional.

Em meados da década de 1970, teve início um novo período no que se refere ao modo como Estados e OSCs percebiam e debatiam as negociações comerciais internacionais. A consolidação de um regime de comércio global mudou radicalmente a forma de condução das negociações. Desde então, não obstante as iniciativas mencionadas anteriormente, a ação coletiva relacionada ao comércio vem sendo inédita, tanto no que diz respeito ao volume de cooperação como à variedade dos setores da sociedade civil envolvidos. Essa mudança ocorreu em paralelo ao crescimento global da ação coletiva transnacional, direcionada a várias instituições e em torno de áreas de interesse específicas. Como este e o próximo capítulo vão mostrar, o interessante é que as negociações comerciais transformaram-se em um foco de convergência, cruzando com e às vezes sobrepondo-se a muitas dessas outras mobilizações transnacionais, e atraindo cada vez mais OSCs que até então não haviam se interessado por políticas comerciais.

A criação de um regime de comércio global e a participação da sociedade civil

A Conferência de Bretton Woods, realizada em 1944, propôs a constituição de uma Organização Internacional do Comércio (OIC) com o intuito de estabelecer regras para o comércio multilateral. No entanto, essa proposta nunca foi aprovada pelo Senado norte-americano. Em vez disso, uma organização bem menos poderosa, o Acordo Geral Sobre Tarifas Aduaneiras e Comércio (Gatt), tornou-se a estrutura institucional a nortear as negociações globais entre 1947 e 1994.[4]

Durante a maior parte da história do Gatt, os grupos de organizações empresariais foram praticamente os únicos atores não estatais a acompanhar de perto suas atividades. Outros setores – como os sindicatos de trabalhadores urbanos e rurais, por exemplo – concentraram sua atenção no nível doméstico. Apesar de as ONGs terem participado da conferência que elaborou a minuta da Carta de Constituição da OIC, a qual incluía uma cláusula sobre consulta e cooperação com as ONGs, no âmbito do Gatt as deliberações passaram a ser reservadas (Charnovitz, 2000). Além disso, em suas primeiras décadas de existência, a participação foi limitada porque não se tratava realmente de uma entidade global. Os países em desenvolvimento viam o Gatt fundamentalmente como um foro controlado pelas nações desenvolvidas. Embora países como Brasil e Chile tenham se tornado membros desde cedo, de modo geral as economias em desenvolvimento julgavam que a Conferência das Nações Unidas sobre Comércio e Desenvolvimento (Unctad), criada em 1964, era o canal institucional adequado para discutir políticas comerciais e expressar suas demandas por uma "Nova Ordem Econômica Internacional".[5]

---

4 Para uma análise da história malsucedida da OIC, ver Diebold (1993 [1952]).

5 Para diferentes análises sobre o que as demandas por uma Nova Ordem Econômica Internacional representavam, ver Doyle (1983), Murphy (1984) e Krasner (1985).

Por meio da interface entre comércio e desenvolvimento, algumas OSCs se interessaram desde cedo pelas negociações do Gatt e da Unctad. Um exemplo foi a Gatt-Fly, aliança ecumênica criada no Canadá em 1973 cuja denominação se inspirou no desejo de ser um "inseto" voando em torno dos governos, fazendo campanha por preços de transação que beneficiassem produtores de países em desenvolvimento. No entanto, essa organização priorizava menos o monitoramento dessas organizações internacionais e mais a ação direta em projetos de combate à pobreza e defesa dos direitos humanos nas nações do Sul. Nas palavras de um de seus participantes:

> nós percebemos que não bastava converter os poderosos, mas, antes, era preciso começar a tentar empoderar os mais fracos [...] percebemos que mudar o preço do açúcar não era suficiente [...] e que, a menos que os trabalhadores do setor açucareiro no Brasil tivessem liberdade de organização e estivessem livres da repressão, eles não iriam se beneficiar.[6]

A constatação de que apoiar governos de nações desenvolvidas na exigência de preços mais justos para commodities agrícolas não necessariamente traria resultados efetivos em termos de redução da pobreza ajuda a explicar o interesse bastante limitado de muitos grupos da sociedade civil em negociações comerciais nessa época. Além disso, a maioria dos vínculos transnacionais entre OSCs nas Américas entre meados da década de 1960 e meados da década de 1980 se deu principalmente em torno à questão dos abusos contra os direitos humanos praticados nas ditaduras que assolavam muitos países latino-americanos no período.

A partir da Rodada Kennedy de negociações comerciais (1964-1967), os membros do Gatt iniciaram um processo progressivo de expansão da agenda de negociação, que até então se limitara a reduções tarifárias. A Rodada de Tóquio (1973-1979) introduziu

6 Dennis Hewlett, um dos participantes do Gatt-Fly, citado em Laurie (1990, p.xx).

a negociação de barreiras não tarifárias, como subsídios, compras públicas e padrões de saúde; subsequentemente, a Rodada Uruguai (1986-1994) aprofundou essa tendência e ampliou mais ainda a agenda. Essa expansão do escopo das negociações coincidiu com as transições à democracia na América Latina e com uma maior conscientização de parte das OSCs quanto aos impactos domésticos das negociações comerciais internacionais.

A Rodada Uruguai representou um "alarme" para muitos atores, quando "o que havia sido uma espécie de atitude apática em relação aos acordos comerciais rapidamente se tornou uma questão central".[7] Nos Estados Unidos, uma das primeiras organizações a reagir foi a Public Citizen, uma entidade de proteção aos direitos do consumidor. O que atraiu sua atenção no início foi o impacto de acordos comerciais sobre o que até então haviam sido questões de política pública doméstica:

> O que efetivamente originou tudo foi a questão alimentar. Participei de uma audiência pública no Congresso sobre pesticidas. Minha função era dizer que a lei proposta era razoável, mas fraca – porque o oponente da indústria química testemunharia que o projeto era ridiculamente sólido. O projeto seria, assim, tido como um compromisso entre as duas posições. Então, eu disse que era um projeto indecoroso, fraco demais, enquanto o empresário [...] simplesmente retrucou: "Bem, não se pode fazer o que está nesse projeto, não sob as normas do Codex Alimentarious". Mais ou menos dois meses depois, eu trabalhava em um projeto de lei sobre a rotulagem de carne bovina, algo totalmente dissociado do comércio, pelo menos em teoria. Em uma audiência, um congressista argumentou que era ridículo não termos uma regra de rotulagem que atestasse a procedência da carne bovina [...] e alguém falou: "não se pode fazer isso, não sob os protocolos

---

7 Entrevista com John Dillon, representante da Ecumenical Coalition for Economic Justice to the First Canada-Mexico Encuentro (organizado na Cidade do México em outubro de 1990), Toronto, set. 2004.

sanitários e fitossanitários do Gatt". E eu disse para mim mesma: "por que, afinal de contas, esse pessoal da indústria contra quem estamos lutando insiste em falar sobre acordos comerciais?" [...] As pessoas acharam que eu estava maluca [...] pois, até então, comércio só tratava de tarifas e cotas. Os acordos comerciais nunca haviam tratado de regulamentações domésticas. Mas, na realidade, os novos acordos continham termos que forneciam uma forma insidiosa e bastante poderosa de atacar quase tudo que fazíamos no que se refere a meio ambiente, direitos do consumidor e segurança.[8]

Talvez a questão que mais bem simbolizou no início da década de 1990 os possíveis impactos regulatórios dessa agenda expandida tenha sido a disputa atum-golfinho entre México e Estados Unidos, apelidada pelos críticos como o momento em que "Gattzilla comeu Flipper" na governança comercial global (Wallach e Woodall, 2004). Esse caso foi apresentado pelo México no âmbito do Gatt contra o governo norte-americano porque a Lei de Proteção aos Mamíferos Marinhos dos Estados Unidos estabeleceu padrões de proteção aos golfinhos que eram válidos não só para sua frota pesqueira, mas também para os países que exportassem peixes do Oceano Pacífico para os Estados Unidos. Como o México não respeitou esses padrões, os Estados Unidos embargaram todas as importações de atum do país. Embora, em 1991, a arbitragem tenha se posicionado contra os Estados Unidos, de acordo com as regras

8 Entrevista com Lori Wallach, diretora do Global Trade Watch, Public Citizen, Washington, D.C., set. 2005. Outras organizações que tratavam de assuntos ligados à segurança alimentar também citam as discussões sobre uma nova lei de rotulagem de alimentos no Congresso norte-americano em 1990, e as contestações subsequentes por parte da União Europeia de que isso representava uma barreira ao comércio, como o momento em que começaram a acompanhar as negociações comerciais internacionais. Ver Silverglade (1999). A International Agricultural and Trade Policy (IATP), ONG com sede nos Estados Unidos, foi uma das primeiras organizações a chamar a atenção de entidades norte-americanas e de outros países para o que estava em discussão na agenda de negociações do Gatt.

do Gatt essa decisão não era vinculante.[9] Mesmo assim, esse episódio provocou uma discussão sobre a relação entre regras comerciais e regulamentações ambientais domésticas (e extraterritoriais) que depois passou a fazer parte dos debates em torno do Nafta e, na realidade, permanece um tema importante nas discussões atuais sobre a governança global do comércio.

Assim, quando a OMC foi criada em 1995, um amplo grupo de atores da sociedade civil, tanto de países desenvolvidos como em desenvolvimento, havia chegado à conclusão de que as negociações comerciais deviam ser seguidas à risca. Os poderes ampliados da OMC, sua agenda expandida e o maior número de membros,[10] em comparação com o Gatt, ajudaram a justificar essa preocupação. A nova organização não só continuou a expandir sua agenda a outras áreas de políticas públicas, mas também conquistou novos poderes regulatórios por meio da criação de um mecanismo de resolução de disputas mais eficiente e forte do que o que existia sob o Gatt. Além disso, estendeu-se o Mecanismo de Revisão de Políticas Comerciais (sob o Gatt era limitado a analisar as políticas para o comércio de bens, mas, depois da criação da OMC, também passou a examinar o setor de serviços e o tema da propriedade intelectual). A transição do Gatt para a OMC representou a culminação do processo de criação de um regime global de comércio, com conjuntos estabelecidos de regras, direitos e práticas que modificaram a dinâmica da interação entre atores estatais e não estatais.

O crescente escrutínio das negociações comerciais e as críticas sobre a falta de transparência e prestação de contas feitas durante a Rodada Uruguai do Gatt levaram os governos a incluírem uma cláusula que permitia cooperar com ONGs e também consultá-las

---

9 Sob as regras de resolução de disputas do Gatt, um relatório só era adotado se houvesse consenso entre todos os membros. Ao contrário, sob o novo Órgão de Solução de Controvérsias da OMC, as decisões são adotadas automaticamente, e um consenso é exigido para rejeitá-las.

10 O Gatt foi assinado originalmente por 23 países; em sua última reunião, em 1994, contava com 128 signatários. Em 2009, a OMC tinha 153 membros (<www.wto.org>, acessado em 24 set. 2009).

(Charnovitz, 2000; Wilkinson, 2005). Em 1996, o Conselho Geral da OMC decidiu permitir às ONGs participar das conferências ministeriais bienais, após passar por um processo de credenciamento.

A Figura 3.1 apresenta a evolução da participação nas seis conferências ministeriais da OMC, organizadas entre 1996 e 2005. Está baseado nas listas oficiais de ONGs credenciadas pela OMC para participar em cada conferência, as quais incluem organizações empresariais, sindicatos de trabalhadores, entidades de defesa do consumidor, grupos ambientais, instituições acadêmicas e ONGs que trabalham sobre desenvolvimento e direitos humanos. A figura mostra claramente que o interesse em participar cresceu exponencialmente ao longo do tempo. Embora somente 108 organizações tenham sido credenciadas para participar da ministerial de Cingapura em 1996, quase dez vezes mais – 1.066 – participaram da de Hong Kong, em dezembro de 2005. Essa tendência ascendente foi interrompida momentaneamente pela ministerial de Doha, em 2001, mas tal interrupção não tem a ver com a diminuição de interesse, mas sim com a maior dificuldade de deslocamento (se comparamos com a reunião organizada em Seattle, por exemplo) e com o fato de a reunião ter ocorrido apenas dois meses após os

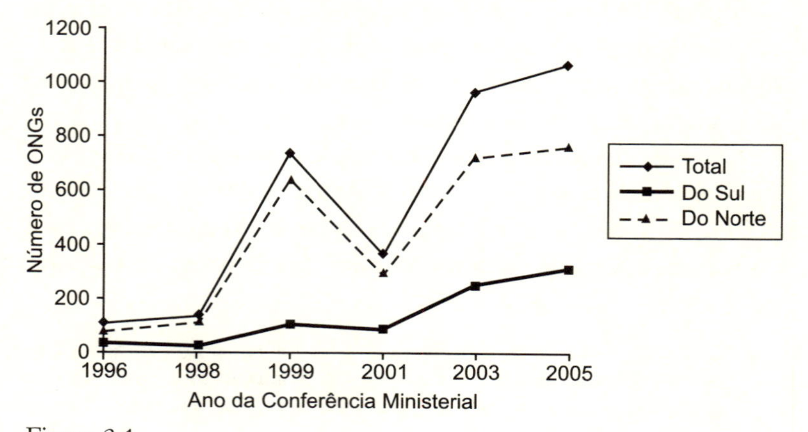

Figura 3.1

Fonte: Elaborado pela autora, com base nas listas fornecidas pela OMC das ONGs credenciadas para participar das Conferências Ministeriais (<www.wto.org/english/forums_E/ngo_E/ngo_E.htm>, acessado em 1 mar. 2006).

ataques terroristas de 11 de setembro em Nova York e Washington, D.C. (Wilkinson, 2005, p.170).

A Figura 3.1 também mostra que a maioria das organizações que se credenciaram para participar das ministeriais da OMC era de países desenvolvidos. Não obstante, no período pesquisado, observou-se uma clara tendência ao estreitamento dessa diferença: enquanto em Seattle (1999) a participação relativa das organizações de nações em desenvolvimento foi de somente 13,68% do total, em Doha (2001) essa proporção aumentou para 23,28% e em Cancún (2003) para 25,82%; por fim, em Hong Kong (2005) atingiu 29,17% do total de ONGs. Resta verificar se essa tendência continuará forte, especialmente se as futuras conferências forem organizadas em países desenvolvidos (portanto, com maiores obstáculos no que se refere à distância e aos recursos financeiros necessários para a participação de organizações do Sul).[11] No entanto, se analisarmos esses dados em conjunto com as conclusões deste livro, que mostram um nível crescente de ativismo da parte das OSCs latino-americanas, é possível afirmar que a presença cada vez mais importante de organizações de países do Sul nas negociações comerciais não é um fenômeno temporário.

Além do local de origem, também há grande heterogeneidade entre as OSCs com respeito às posições defendidas nesses foros. Como já argumentamos, a tradicional distinção entre dois grupos antagonistas de atores, os "protecionistas" *versus* os "adeptos do livre comércio", não reflete a realidade com precisão, simplesmente porque simplifica e distorce o debate (Destler e Balint, 1999; Aaronson, 2001; Kelly e Grant, 2005). Outras dicotomias, como entre favoráveis e contrários ao livre comércio, ou favoráveis e contrários à globalização, padecem de falhas semelhantes.

No que se refere às suas posições em relação à OMC, as OSCs dividem-se aproximadamente em quatro grupos: (1) as que apoiam

11 O fato de a sede da OMC estar localizada em Genebra e de a maioria das negociações entre ministeriais ser realizada nessa cidade também restringe a possibilidade de que organizações do Sul, que possuem recursos escassos, possam acompanhar essas negociações.

a agenda global de negociações em geral (mas a partir de várias posições e com base em diferentes motivações); (2) as que criticam alguns aspectos do papel da OMC, mas apoiam a existência de uma organização multilateral que regulamente a liberalização do comércio; (3) as que são altamente críticas à OMC, mas buscam se engajar no seu âmbito e com os Estados-membros em um esforço para promover mudanças; e (4) as assim chamadas abolicionistas, que defendem que não há outra solução a não ser abolir a OMC e criar algo novo para substituí-la (Said e Desai, 2003; Wilkinson, 2005; Williams, 2005). Mesmo esse último grupo, porém, não se apresenta como "antilivre comércio". Além disso, as posições dos atores com respeito à OMC não necessariamente se reproduzem em outras arenas de negociação. Como será discutido nos próximos capítulos, muitas OSCs são extremamente críticas em relação à OMC, mas apoiam negociações regionais específicas.

Nesse novo contexto das negociações comerciais, o tradicional enfoque acadêmico sobre o papel do trabalho, capital, Estado e organizações internacionais tornou-se mais questionável. A crescente politização dos debates sobre comércio torna incompletas, na melhor das hipóteses, as teorias da literatura da Economia Política que tentam explicar a formação de alianças domésticas com base na distribuição de fatores de produção.[12] Da mesma forma, análises sobre ação coletiva que ignorem como a inserção dos atores em redes sociais têm impacto na constituição de interesses não explicam como

12 Por exemplo, o modelo de Rogowski pretende explicar as alianças domésticas baseadas em diferentes dotações dos fatores de produção entre países. Os três fatores que ele leva em conta são trabalho, capital e terras. Ver Rogowski (1989). Midford argumentou que o modelo de Rogowski não conseguia fazer previsões adequadas, mas limitou suas críticas ao modo como os fatores são medidos, não indo além do modelo básico (Midford, 1993). De modo análogo, Hiscox contribuiu para a sofisticação do modelo ao focar os impactos da mobilidade de fatores interindústrias para melhor compreender a variação na formação de alianças; no entanto, na análise apresentada sobre a aprovação do Nafta pelo Congresso norte-americano, o autor sequer menciona a participação nos debates de grupos além dos sindicatos, agricultores e empresários (ver Hiscox, 2002: esp. p.69-70 para análise dos debates sobre o Nafta).

grupos heterogêneos de atores se uniram para influenciar negociações de comércio, nem a variedade de posições coexistentes.

Em nenhum lugar do mundo esse novo período na história das negociações comerciais e da ação coletiva foi vivenciado mais intensamente do que nas Américas. As negociações paralelas do Nafta e do Mercosul, analisadas no próximo capítulo, ilustram os diferentes caminhos para a transnacionalidade seguidos pelos atores na fase inicial desses debates na região.

4
O NOVO REGIONALISMO NAS AMÉRICAS

No final da década de 1980, as Américas tornaram-se um importante laboratório para o teste de novas negociações comerciais. No entanto, os debates sobre a liberalização do comércio não eram algo totalmente novo na região. A proposta de livre comércio entre Estados Unidos e Canadá já datava de um século quando os dois países assinaram um tratado, em 1989. De modo análogo, a história da América Latina é pontuada por tentativas fracassadas de atender ao que muitos consideravam – ao menos em teoria – ser sua "vocação histórica", isto é, unificar-se como se fosse um só país. A primeira rodada de tentativas de integração no século XIX – algumas das quais incluíam os Estados Unidos – desmoronou sob o peso das distâncias geográficas, o poder dos caudilhos e a disparidade de interesses das sub-regiões.[1]

Uma segunda rodada de tentativas para integrar a região teve início na década de 1950, como parte de uma estratégia desenvolvimentista que visava à industrialização latino-americana. Entre a década de 1950 e meados da década de 1980, Estados

1 Existe ampla literatura que discorre sobre essa "vocação histórica" e as causas da derradeira fragmentação da América Latina em vários países após as guerras de independência. Ver Furtado (1976, esp. a primeira parte), Lambert (1968) e Bethell (1985).

Unidos e América Latina seguiram políticas comerciais antagônicas. Enquanto nos Estados Unidos o período subsequente à Segunda Guerra Mundial foi de liberalização do comércio, na América Latina vigorou a era do protecionismo. Ambas as estratégias foram influenciadas pela Guerra Fria. Nos Estados Unidos, o livre comércio era percebido como parte importante de suas estratégias anticomunistas, ao passo que na América Latina as políticas protecionistas eram tidas como instrumento importante para atingir o desenvolvimento econômico autônomo.

As justificativas técnicas do protecionismo latino-americano provinham da Comissão Econômica para a América Latina e o Caribe (Cepal), que, baseada em uma crítica à teoria clássica do comércio inspirada pelo keynesianismo, argumentava que a especialização da região em produtos primários era prejudicial a seu desenvolvimento porque os termos de intercâmbio desses bens (em relação aos manufaturados produzidos pelos países desenvolvidos) tendiam a se deteriorar com o tempo. Essa crítica levou a Cepal a propor políticas desenvolvimentistas autônomas fundamentadas em um papel forte dos Estados na promoção da industrialização na região, por meio do uso extensivo de medidas protecionistas. Esse modelo de desenvolvimento, conhecido como industrialização por substituição de importações, tornou-se dominante na América Latina entre as décadas de 1950 e 1970.[2] As muitas propostas de integração regional que datam desse período[3] foram consideradas

2 Para conhecer os mais importantes documentos sobre a estratégia de industrialização por substituição de importações e sua interface com a integração regional da América Latina, ver Cepal (1949, 1959), e Prebisch (1964). Para uma revisão do pensamento político e econômico da Cepal em seus primeiros cinquenta anos de história, ver Bielschowsky (1998).

3 Em 1960, Guatemala, El Salvador, Honduras e Nicarágua lançaram o Mercado Comum Centro-Americano (mais tarde a Costa Rica também aderiu); no mesmo ano, Argentina, Bolívia, Brasil, Chile, Colômbia, Equador, México, Paraguai, Peru, Uruguai e Venezuela assinaram o Tratado de Montevidéu, que criou a Associação Latino-Americana de Livre Comércio; em 1969, o Pacto Andino foi assinado por Bolívia, Colômbia, Chile, Equador, Peru e Venezuela; e em 1973 a Comunidade e Mercado Comum do Caribe (Caricom)

parte essencial do modelo, porque uma maior integração regional proveria as indústrias incipientes do necessário acesso a mercados de maior escala. Apesar dos resultados positivos de algumas dessas iniciativas em termos de liberalização do comércio na região, as negociações estagnaram no final da década de 1970.[4]

A participação da sociedade civil variou consideravelmente por toda a região nesse período. Nos Estados Unidos, embora a maioria dos cidadãos ignorasse as negociações comerciais, tanto sindicatos como organizações empresariais participavam ativamente dos debates promovidos pelo Congresso (Aaronson, 2001, p.85). Na América Latina, por outro lado, as negociações comerciais eram uma caixa-preta, acessada quase exclusivamente por um pequeno círculo de burocratas nacionais e funcionários de organizações internacionais. Isso viria a mudar somente com as transições à democracia na região.

Entre meados da década de 1980 e o final da década de 1990, as políticas de comércio nos Estados Unidos e na América Latina passaram a convergir cada vez mais, e uma nova onda de acordos foi negociada a partir do marco ideológico das políticas econômicas neoliberais. Sob a liderança dos Estados Unidos, o "novo regionalismo" consistia, sobretudo, na negociação de áreas de livre comércio, mas com agendas ampliadas que iam muito além da liberalização comercial. Nesse contexto, perdeu sentido o entendimento tradicional de áreas de livre comércio adotado na teoria da integração regional, como a primeira fase em um processo cada vez mais abrangente que eventualmente levaria à formação de uma união alfandegária, um mercado comum e, finalmente, uma união econômica (Balassa, 1961).

Os acordos de livre comércio negociados na década de 1990 nas Américas liberalizavam o comércio ao mesmo tempo que incluíam elementos específicos de harmonização de política doméstica

---

foi estabelecida por Barbados, Guiana, Jamaica e Trinidad e Tobago (mais tarde também passaram a fazer parte Antígua, Honduras, Dominica, Granada, Santa Lúcia, Montserrat, São Cristóvão e Névis e São Vicente).

4 Existe uma ampla literatura sobre essas iniciativas, assim como sobre as razões do seu fracasso. Para tanto, ver Urquidi (1993).

característicos da formação de uma união alfandegária ou um mercado comum. Como mostra a Tabela 4.1, desde o Nafta, esses acordos passaram a incluir cláusulas sobre resolução de disputas investidor-Estado, direitos de propriedade intelectual, direitos trabalhistas e proteção ambiental. Por outro lado, não fizeram parte da agenda negociadora questões como livre-circulação de mão de obra e tarifa externa comum.

As exceções a essa tendência foram algumas iniciativas Sul-Sul que mantiveram a ambição de seguir o exemplo do modelo de integração da União Europeia e, assim, eventualmente constituir um mercado comum. O Mercosul e processos mais antigos de integração que alguns governos tentaram reativar na década de 1990, como o Pacto Andino, valiam-se, se não do discurso econômico, ao menos dos argumentos políticos utilizados pela Cepal para justificar a integração latino-americana, que serviria como instrumento para fortalecer a autonomia da região e seu poder político no sistema internacional. Em uma tentativa de reunir essas iniciativas, em 2008 doze governos sul-americanos assinaram um tratado criando a União das Nações Sul-Americanas (Unasul). As OSCs reagiram de diferentes maneiras diante desses diversos modelos de liberalização regional.

Diferentes reações da sociedade civil ao Nafta e ao Mercosul

O primeiro acordo da nova onda de iniciativas de liberalização foi o Acordo de Livre Comércio Canadá-Estados Unidos (Cusfta), negociado entre maio de 1986 e outubro de 1987. Pela primeira vez, um amplo grupo de OSCs acompanhou essas negociações com atenção. A Pro-Canada Network, criada em 1987, reuniu uma variedade sem precedentes de setores para se opor à negociação: organizações feministas, grupos religiosos, sindicatos, ambientalistas, grupos de artistas e entidades de direitos humanos (Ayres, 1998; Bleyer, 2001).

Tabela 4.1 Conteúdo dos principais acordos negociados (1989-2006)

Acordo e data de entrada em vigor	**Mercosul 1991**	**Cusfta 1989**	**Nafta 1994***	**Acordo de Livre Comércio EUA--Chile 2004**	**Cafta 2006****
Tipo	**Mercado comum**	**Acordo de livre comércio**	**Acordo de livre comércio**	**Acordo de livre comércio**	**Acordo de livre comércio**
Eliminação de tarifas					
Tarifa externa comum					
Regras de origem					
Barreiras técnicas ao comércio					
Investimento					
Resolução de disputas investidor-Estado					
Serviços					
Migração					
Direitos de propriedade intelectual					
Compras governamentais					
Resolução de disputas					
Trabalho			AP***		
Meio ambiente			AP		

* Tratado de Livre Comércio da América do Norte.
** Mercado Comum Centro-Americano.
*** Acordo Paralelo.

Fontes: Tabela adaptada de Devlin e Giordano (2004, p.150); OAS Foreign Trade Information System; <http://www.aladi.org>; <http://www.ustr.gov>.

O debate sobre o Cusfta manteve-se, porém, principalmente confinado à arena doméstica. Ativistas canadenses procuraram as OSCs norte-americanas, mas não conseguiram convencê-las da importância do acordo. Como um dos participantes da época explicou, as organizações canadenses recorreram aos vínculos que já mantinham com seus pares institucionais nos Estados Unidos para tentar encontrar aliados:

> Simplesmente usamos nossas relações históricas [...] como em qualquer atividade humana, recorremos a redes com as quais tínhamos familiaridade. Assim, os vínculos óbvios eram com o Congresso Canadense do Trabalho (CLC) a Federação Norte-Americana do Trabalho – Congresso das Organizações Industriais (AFL-CIO); os movimentos ambientalistas, como se sabe, são internacionais e, portanto, conversam entre si; e, no caso de grupos de pesquisa como o nosso, o Instituto para Estudos de Políticas Públicas (IPS) e o Development-GAP eram aliados que conhecíamos de trabalhos anteriores.[5]

No entanto, essas tentativas foram frustradas, como conta John Cavanagh, diretor do IPS, sediado em Washington:

> Em meados da década de 1980, comecei a receber telefonemas de grupos canadenses que me diziam: "há essa coisa terrível sendo proposta, o Cusfta. Queremos ir aos Estados Unidos, fazer reuniões a respeito disso. Você poderia juntar as pessoas?". Assim, lá vinham eles, delegações grandes de canadenses, e eu tentava reunir as pessoas, mas ninguém se interessava [...] Passei um bocado de tempo me sentindo constrangido.[6]

---

5 Entrevista com John Dillon, representante da Ecumenical Coalition for Economic Justice no primeiro Encontro Canadá-México (organizado na Cidade do México em outubro de 1990), Toronto, set. 2004.

6 Entrevista com John Cavanagh, diretor do IPS, Washington, D.C., jul. 2004.

Mais ou menos na mesma época em que os canadenses viajavam para os Estados Unidos em tentativas exasperadas de encontrar parceiros para combater o Cusfta, organizações de trabalhadores na América do Sul, que mais tarde se tornariam atores-chave nas negociações do Mercosul, também buscavam aliados transnacionais. Muito embora Argentina, Brasil e Uruguai tivessem assinado acordos de redução de tarifas em 1986, o comércio não estava na pauta das centrais sindicais nessa época. O principal objetivo das organizações que formaram a Coordenadora de Centrais Sindicais do Cone Sul naquele mesmo ano consistia em impulsionar as transições à democracia, sobretudo no Paraguai e no Chile. O segundo objetivo era desenvolver ações comuns contra o pagamento das dívidas externas dos países em desenvolvimento. Pouca atenção foi dada aos acordos comerciais que haviam sido assinados. A nova organização contou com o apoio da Confederação Internacional de Organizações Sindicais Livres (CIOSL) e de seu braço regional, a Organização Regional Interamericana de Trabalhadores (Orit), que estavam interessadas em conquistar mais presença na região, mas tampouco consideravam os acordos comerciais uma de suas prioridades.[7]

Entre o final da década de 1980 e o início das negociações do Nafta e do Mercosul, no início dos anos 1990, houve uma mudança importante que levou a uma maior mobilização das OSCs em ambas as regiões. Apesar da coincidência temporal, os processos que explicam o maior interesse pelos acordos comerciais são diferentes. Na América do Norte, a mudança está associada ao precedente do Cusfta (em especial, à experiência acumulada pela sociedade civil canadense), aos alarmes precoces emitidos pelas OSCs nos Estados Unidos e Canadá sobre as negociações do Gatt e, talvez o mais fator importante, aos temores generalizados desencadeados pela inclusão do México na área de livre comércio Estados Unidos-Canadá. Na

---

7 Na época, o único membro da CIOSL na região era a Confederação Geral do Trabalho da Argentina. Entrevista com o então secretário geral da Orit, Víctor Báez Mosqueira, Belo Horizonte, dez. 2004.

América do Sul, a mudança está relacionada às novas oportunidades de participação decorrentes das transições à democracia, com a necessidade de identificar novas estratégias de desenvolvimento e com o precedente de cooperação regional entre sindicatos que participavam da Coordenadora de Centrais Sindicais do Cone Sul.

Na realidade, o Nafta e o Mercosul constituem exemplos muito diferentes da mesma tendência geral de criação de blocos regionais. A história de participação da sociedade civil nas duas regiões permitem que analisemos as origens dos laços entre as OSCs e que comparemos as narrativas e estratégias que nortearam a ação sobre o comércio nos diversos países.

A busca por aliados na região do Nafta

Quando a proposta para incluir o México na área de livre comércio Canadá-Estados Unidos foi divulgada, em 1990, as OSCs canadenses entraram novamente em contato com John Cavanagh no IPS em Washington. Dessa vez, Cavanagh conseguiu reunir dois conjuntos de atores que até então seguiam caminhos distintos: por um lado, grupos ambientais e agrícolas que estavam acompanhando as negociações do Gatt, e, pelo outro, sindicatos, organizações de direitos humanos e organizações religiosas que haviam atuado conjuntamente em questões relacionadas a endividamento externo e/ou direitos humanos e negociações de paz na América Central nas décadas de 1970 e 1980.[8] Nesse momento, o interesse em negociações de livre comércio já havia aumentado, graças à maior conscientização dos impactos da agenda ampliada que se propunha negociar. Além disso, a inclusão de um país em desenvolvimento representava uma grande fonte de ansiedade para vários setores nos Estados Unidos. Como Brooks e Fox argumentaram: "o Nafta deu uma cara especificamente *morena* à percepção de ameaça comercial" (Brooks e Fox, 2002: 4, nota 7, ênfase do original).

8 Entrevista com John Cavanagh, diretor do IPS, Washington, D.C., jul. 2004.

No entanto, apesar do interesse comum nas negociações, a formação de uma aliança transnacional na região não era tarefa fácil. O apoio de setores da sociedade civil norte-americana às políticas de Guerra Fria do governo dos Estados Unidos na América Latina criara uma desconfiança generalizada entre potenciais aliados. Desse modo, quando as organizações norte-americanas olharam em direção ao Sul para identificar aliados nas suas objeções às negociações do Nafta, encontraram algumas das mesmas dificuldades dos canadenses alguns anos antes, só que por outras razões. Muitos atores sentiam como se estivessem olhando à sua volta pela primeira vez:

> Jamais me esquecerei de nossa primeira reunião com os canadenses. Estávamos lá sentados e perguntamos: "Muito bem, quem conhece alguém no México?". E, basicamente, não conhecíamos ninguém [...] Foi chocante. Ali estávamos, em 1990, com algumas das organizações da sociedade civil mais importantes do país, e nenhum de nós sabia nada sobre os nossos vizinhos.[9]

Havia laços anteriores entre atores nos três países, mas se limitavam a um grupo relativamente pequeno de organizações e indivíduos em áreas de interesse específico que, ao menos até então, não tinham relação com acordos comerciais. Das 71 OSCs do México e Estados Unidos que foram entrevistadas para esta pesquisa, menos de um terço tinha vínculos de cooperação com organizações do outro país antes da década de 1990.[10]

Dos laços pré-Nafta que existiam, os mais institucionalizados eram os entre centrais sindicais filiadas à CIOSL, que vinculavam as três principais organizações nacionais: a AFL-CIO, a Confederação de Trabalhadores do México (CTM) e o CLC. Uma segunda rede reunia organizações que tratavam de questões de direitos humanos e democracia na América Latina, formada por entidades religiosas e de direitos humanos, além de grupos de exilados. Uma terceira era

9 Ibid.
10 O Apêndice A disponibiliza uma lista das organizações.

constituída por organizações atuantes em assuntos de desenvolvimento e endividamento na América Latina; uma quarta ligava organizações no México que cuidavam de questões de imigração e grupos latinos nos Estados Unidos;[11] e, por fim, uma quinta se baseava em uma variedade de formas de cooperação entre movimentos sindicais independentes.[12] Havia também inúmeros contatos entre organizações na fronteira entre México e Estados Unidos[13] e, naturalmente, havia relações informais entre acadêmicos, amigos e líderes políticos dos três países.

A primeira rede revelou-se um obstáculo, em vez de um facilitador, nesse primeiro esforço de construção de relações, por causa das sérias discordâncias entre os membros da CIOSL sobre como reagir ao Nafta. A CTM e demais entidades associadas ao Congresso do Trabalho no México decidiram apoiar as negociações, apesar das várias tentativas por parte de seus pares nos Estados Unidos e Canadá de fazê-los mudar de posição. Nesse contexto, outros vínculos entre organizações de trabalhadores mostraram-se mais profícuos. Em especial, a Confederação dos Sindicatos Nacionais (CSN) em Quebec mantinha uma relação de longa data com uma pequena organização independente do México, a Frente Autêntica do Trabalho (FAT), que se tornou a única federação sindical

11 Entrevista com Juan Manuel Sandoval, Seminario Permanente de Estudios Chicanos y de Fronteras, Cidade do México, ago. 2005.

12 Por exemplo, alguns sindicatos independentes do setor automotivo no México mantinham laços solidários com organizações locais do Sindicato dos Trabalhadores Automotivos (UAW) nos Estados Unidos que faziam oposição à liderança nacional da organização.

13 Alguns dos vínculos mais antigos entre OSCs na fronteira México-Estados Unidos eram os entre o American Friends Service Community, organização fundada pelos *quakers* da Filadélfia, e grupos que atuavam desde a década de 1930 no desenvolvimento de comunidades e direitos de imigrantes e trabalhadores da indústria da *maquila*. Durante as negociações do Cusfta, um grupo de líderes sindicais, ambientais e ecumênicos criou a Common Frontiers, uma organização canadense que investigava o impacto no Canadá das *maquiladoras* na fronteira norte do México. Quando as negociações do Nafta tiveram início, eles haviam estabelecido relações com diversos grupos na fronteira (Ayres, 1998, p.123).

mexicana a tomar o partido de outras OSCs mexicanas, canadenses e norte-americanas em suas críticas ao Nafta (Hathaway, 2000).

Outros tipos de vínculos preexistentes também foram férteis. Grupos religiosos canadenses, alguns dos quais debatiam os impactos do comércio internacional desde a criação do Gatt-Fly na década de 1970, desempenharam um papel importante na reativação de laços anteriores. Suas relações no México, porém, haviam se formado no contexto de sua atuação em defesa de direitos humanos e nos processos de negociações de paz na América Central e não abordavam questões de ordem comercial ou econômica. No início da década de 1990, eles procuraram um ex-jesuíta mexicano, a quem conheciam porque um membro do Centro Jesuíta Canadense havia participado do curso marxista que ele costumava lecionar a exilados guatemalenses na Cidade do México, nas manhãs de sábado.[14] Esse ex-jesuíta também tinha começado a mudar de agenda, tornando-se um participante ativo dos primeiros debates sobre o Nafta no México. Por meio dele e de seus amigos canadenses, ao menos parte da rede desenvolvida em torno da questão dos direitos humanos foi redirecionada para negociações comerciais e reconfigurada de modo a conectar diferentes atores.

Essa mistura de laços formais e informais baseados em ideologia, religião e afinidades de setores da sociedade civil possibilitou o estabelecimento de contatos iniciais para se discutir o Nafta nos três países. Quando os presidentes Carlos Salinas de Gortari e George Bush anunciaram formalmente o lançamento das negociações, em junho de 1990, grupos de organizações dos três países já estavam se reunindo.

No entanto, mesmo entre atores que compartilhavam uma abordagem parecida em relação à negociação do Nafta, era difícil construir consenso e confiança. Embora a maioria das OSCs canadenses envolvidas simplesmente se opusesse às negociações, suas aliadas mexicanas argumentavam que a melhor estratégia, à luz

---

14 Entrevista com Joseph Gunn, diretor de Assuntos Sociais da Canadian Conference of Catholic Bishops, Ottawa, set. 2004.

da situação política específica de seu país, seria propor alterações ao acordo e exigir mais transparência nas negociações (RMALC, 1993). Além disso, muitas organizações norte-americanas e canadenses optaram por uma estratégia doméstica que alienava amigos em potencial, sobretudo no México, porque se baseava em um discurso nacionalista que muitas vezes "não considerava como críticas duras e categóricas poderiam ser recebidas pelo povo mexicano" (French, 1994, p.121).

Em contraste com o Cone Sul, na região do Nafta as redes formadas por críticos do acordo não levaram à institucionalização de novas alianças transnacionais. Houve, contudo, inovação no repertório organizacional, por meio da difusão do tipo de aliança formado pela Pro-Canada Network aos outros dois países. Seus frutos foram a Rede Mexicana de Ação Frente ao Livre Comércio (RMALC) e a Aliança pelo Comércio Responsável (ART) nos Estados Unidos. Como veremos mais adiante neste livro, organizações semelhantes foram criadas em outros países durante as negociações da Alca. Embora essas organizações não tenham sido capazes de interromper a entrada em vigor do Nafta nem de modificar o acordo de modo significativo, elas proporcionaram um modelo organizacional que inspiraria muitos outros atores.

Cooperação transnacional inovadora (porém limitada) no Cone Sul

A literatura sobre comércio e sociedade civil nas Américas tem se concentrado no caso do Nafta e suas lições. No entanto, o caso do Mercosul também é importante, por três motivos principais. Pela primeira vez, um grupo de sindicatos criou e manteve ao longo do tempo laços transnacionais que tinham como meta influenciar um processo de integração regional no Cone Sul. Diferentemente de como a maioria dos sindicatos lidava com o Nafta na América do Norte, na região do Mercosul essas organizações de trabalhadores decidiram apoiar o processo de integração. Por fim, e novamente em contraste com o que aconteceu na América do Norte, sindicatos de trabalhadores e organizações empresariais conseguiram abrir espaços de participação de um modo inédito na história das negociações comerciais na América Latina.[15]

Quando as negociações do Mercosul foram lançadas, os atores da sociedade civil enfrentavam um contexto político e econômico muito diferente do período anterior. Em meados da década de 1980, boa parte da região vivia as transições de ditaduras militares para a democracia e, portanto, uma maior abertura para a participação das OSCs no debate público. Ao mesmo tempo, essa década é conhecida em toda a América Latina como "a década perdida" no que se refere ao progresso econômico. Esse contexto de transição política e crise econômica contribuiu para formar um consenso básico entre líderes sindicais, também compartilhado por autoridades governamentais e muitos representantes do empresariado: um processo de integração do Cone Sul poderia trazer mais desenvolvimento à região, ajudar a consolidar as recém-renascidas democracias nacionais e, ao mesmo tempo, fortalecer as posições política e econômica da região no sistema internacional.[16]

Esse consenso básico não foi, contudo, uma reação automática das OSCs ao processo de integração regional. Apesar de laços preexistentes entre atores de Argentina, Brasil, Uruguai e Paraguai,

15 Já em 1991, os três governos aprovaram a participação do "setor privado", isto é, de representantes de organizações "com interesse direto em qualquer das etapas do processo de produção, distribuição e consumo" (art. 29 do Regimento Interno do Grupo do Mercado Comum), como observadores nas reuniões preparatórias dos subgrupos de negociação. Representantes de trabalhadores e empresários também participaram da Comissão Sociolaboral tripartite criada como resultado da Declaração Sociolaboral do Mercosul de 1998. Além disso, as OSCs constituem o Foro Consultivo Econômico-Social, estabelecido em 1995 como um fórum oficial do Mercosul.

16 Maria Sílvia Portella, assessora da CUT-Brasil para o Mercosul desde 1991, alega que uma das motivações das centrais sindicais que participavam dos debates era fortalecer as transições à democracia; esse desafio, em paralelo aos desafios econômicos provocados pelas reformas neoliberais que estavam sendo implementadas em ritmos diferentes nos quatros países, proporcionou aos sindicatos uma agenda comum. Ver Portella de Castro (2002).

no princípio as organizações que se interessaram pelo processo de integração tiveram tanta dificuldade de encontrar aliadas transnacionais quanto as da região do Nafta, como relata uma assessora para o Mercosul da Central Única dos Trabalhadores (CUT), a principal central sindical brasileira:

> O embrião da rede de trabalho do Mercosul foi gerado no período das ditaduras, porque os exilados uruguaios criaram uma coordenação sindical que funcionava em meu escritório em São Paulo [...] Em 1982, enviamos uma missão sindical ao Uruguai [...] para protestar contra a falta de liberdade de associação. Foi a primeira experiência internacional da maioria dos envolvidos [...] Acho que foi a primeira ação política do Mercosul. Na Argentina, não pudemos fazer a mesma coisa, porque não tínhamos as mesmas relações políticas. Os exilados políticos argentinos que conheci no Brasil não vinham de sindicatos , mas de partidos políticos. Mesmo assim, por meio deles pude encontrar pessoas com quem podíamos estabelecer [...] relacionamentos mais permanentes e confiáveis.[17]

No novo contexto de democratização, houve um deslocamento do trabalho transnacional que reunia ativistas de direitos humanos, atores favoráveis à democracia e militantes de partidos políticos, que faziam oposição às ditaduras, para um ativismo transnacional baseado em uma agenda mais ampla que incluía acordos de livre comércio e congregava um conjunto de atores sem que necessariamente houvesse uma sobreposição consistente a essas redes anteriores. Em 1990, o mesmo ano em que um grupo internacional de OSCs questionou as negociações do Nafta pela primeira vez, a Coordenadora de Centrais Sindicais do Cone Sul confirmou a mudança em sua agenda, deixando de priorizar a luta contra os regimes autoritários para passar a influenciar a integração regional do Cone Sul.

---

17 Entrevista com Maria Sílvia Portella de Castro, assessora da CUT-Brasil, Washington, D.C., jan. 2005.

Cooperação sindical em torno ao "apoio crítico" ao Mercosul

Em dezembro de 1991, a Coordenadora de Centrais Sindicais do Cone Sul emitiu sua primeira declaração oficial sobre o Mercosul, assinada pelas centrais sindicais mais importantes de seis países (Argentina, Bolívia, Brasil, Chile, Paraguai e Uruguai).[18] Essa declaração descrevia a posição de "apoio crítico" a que as organizações de trabalhadores haviam chegado ao nível nacional: criticavam a forma como os governos lidavam com o processo, mas ao mesmo tempo reafirmavam a confiança no potencial da integração para o desenvolvimento da região (definida de modo amplo, incluindo aspectos sociais e culturais). De fato, essas organizações apresentaram-se como "os verdadeiros defensores" da integração latino-americana (Smith e Healey, 1994, p.84).

No entanto, essa posição foi resultante de um debate controverso, tanto dentro de cada país como entre as próprias centrais sindicais nacionais. A necessidade de integração regional tem feito parte da retórica do movimento sindical na América Latina há muito tempo, apresentada como uma estratégia para fazer que a região atinja maior desenvolvimento econômico autônomo. No caso do Mercosul, as organizações sindicais defendiam que a criação do bloco seria um meio eficaz de garantir menos dependência no sistema internacional. Isso é exatamente o inverso do enquadramento discursivo utilizado pelo CLC do Canadá e pela FAT mexicana, que retratavam a integração na América do Norte por meio do Nafta como uma ameaça à soberania nacional e ao crescimento interno de seus países. Além disso, líderes sindicais no Cone Sul sabiam que o processo de integração poderia levar ao fortalecimento das empresas multinacionais

---

18 Os signatários foram a Confederação Geral do Trabalho (CGT) argentina, a Central Operária Boliviana (COB), a Central Única dos Trabalhadores (CUT) e a Confederação Geral do Trabalho (CGT) brasileiras, a Central Única dos Trabalhadores (CUT) chilena e o Plenário Intersindical de Trabalhadores e Convenção Nacional de Trabalhadores (PIT-CNT) uruguaio.

e temiam perder poder se ignorassem essa tendência.[19] O fato de o Mercosul ter sido proposto como um futuro mercado comum, e não meramente como uma área de livre comércio, deu às organizações de trabalhadores um horizonte de vários anos de negociação sobre questões delicadas como a circulação de mão de obra, um processo do qual sentiam que não podiam ser excluídos.

No entanto, apoiar o Mercosul significava apoiar um processo sem nenhuma garantia de que os sindicatos seriam ouvidos, ou de que exerceriam qualquer tipo de influência. Também significava apoiar uma iniciativa considerada por alguns atores como vantajosa somente para as grandes empresas. A central sindical nacional uruguaia PIT-CNT foi provavelmente a primeira a incluir o Mercosul em sua agenda, declarando seu apoio crítico ao bloco e reivindicando um assento na mesa de negociação (Portella de Castro, 1994). Mesmo nesse caso, porém, uma importante minoria do movimento sindical uruguaio argumentava que o Mercosul não poderia ser reformado internamente por causa de sua inerente "lógica neoliberal". Em votação, a posição de apoio crítico da organização venceu por uma pequena margem a proposta de oposição ao acordo.[20]

Um debate semelhante ocorreu na CUT-Brasil, mas no interior dessa central a oposição ao Mercosul era menos forte do que no Uruguai. Graças a vínculos prévios entre as duas centrais, a posição do PIT-CNT exerceu influência sobre as primeiras reações da CUT ao tratado de integração (Portella de Castro, 1994). Ambas, contudo, denunciaram o caráter antidemocrático das negociações e a priorização na agenda do bloco dos acordos de liberalização comercial em detrimento da execução de políticas que favoreceriam o desenvolvimento econômico e social da região. Além disso, argumentaram que o modelo de integração proposto beneficiava principalmente as empresas multinacionais e que os negociadores não consultavam apropriadamente os representantes do empresariado antes de tomar

---

19 Entrevista com Maria Sílvia Portella de Castro, assessora da CUT-Brasil, Washington, D.C., jan. 2005.

20 Entrevista com Álvaro Padrón, PIT-CNT, Montevidéu, Uruguai, nov. 1999.

decisões. De acordo com esses atores, as consequências potencialmente negativas do processo de integração para os trabalhadores eram: aumento do desemprego, piora das condições de trabalho, aumento das violações aos direitos trabalhistas e desregulamentação das relações de trabalho (CUT, 1991).

Na Argentina, a principal central sindical nacional, a Confederação Geral do Trabalho (CGT), foi a primeira a propor a inclusão de representantes dos trabalhadores em arenas de tomada de decisões, por meio da ideia da criação de um grupo negociador dedicado ao debate de questões trabalhistas.[21] Sua reação inicial ao Mercosul refletiu a preocupação com as assimetrias entre os custos trabalhistas argentinos e brasileiros e, por isso, demandou que a questão da harmonização das leis trabalhistas fosse incluída na agenda de negociações (CGT, 1992). Apenas no caso do Paraguai as centrais sindicais nacionais, lideradas pela CUT paraguaia, exigiram a exclusão temporária do país do Mercosul. Essa posição baseou-se na percepção de que não havia medidas que permitissem proteger e preparar sua (muito menor) economia para competir com os vizinhos. Mesmo nesse caso, porém, a CUT-Paraguai estimava que, de modo geral, o Mercosul era uma iniciativa positiva (Pecci, 1994).

Uma segunda aliança regional que participou dos debates do Mercosul era formada pelos sindicatos democrata-cristãos, reunidos em torno da Central Latino-Americana de Trabalhadores (Clat), que era afiliada à Confederação Mundial do Trabalho. Essa organização tinha membros nos quatro países do Mercosul, mas uma presença muito menor do que a Orit. Alguns outros setores da sociedade civil acompanharam as negociações do Mercosul, mas de maneira mais intermitente ao longo da década de 1990, e sem criar espaços transnacionais comuns.[22] Na realidade, mesmo sendo o

---

21 Entrevista com Maria Sílvia Portella de Castro, assessora da CUT-Brasil, Washington, D.C., jan. 2005.

22 Exceção parcial a isso foram as organizações de consumidores uruguaios, que participaram de um modo contínuo, mas, sobretudo, no nível doméstico (Padrón, 1998). Por algum tempo, as organizações feministas envolveram-se nas negociações para a criação de uma reunião específica para mulheres, e

único processo regional nas Américas com uma agenda ambiciosa de integração e que abriu espaços limitados, porém importantes, para a participação da sociedade civil, o Mercosul não conseguiu captar a atenção de um conjunto diverso de grupos da sociedade civil. Até os primeiros anos do século XXI, grupos de organizações de trabalhadores e empresariais continuaram sendo os atores da sociedade civil com a participação mais sustentada e institucionalizada nos foros do Mercosul.

Essa falta de interesse por parte de organizações cujos pares na América do Norte estavam fortemente envolvidos nos debates do Nafta, como as ONGs ambientais, deve-se em parte à decepção pelos fracassos das propostas anteriores de integração latino-americana. Poucos acreditavam que o Mercosul teria êxito, e o fato de crises recorrentes terem acarretado sucessivos adiamentos de objetivos de integração davam certa razão a esses céticos. Além disso, participar de tal negociação de longo prazo exigia das OSCs uma considerável quantidade de recursos, tanto financeiros como humanos. Os principais motivos alegados pelas organizações ambientalistas para justificar sua participação limitada nos foros do Mercosul eram a falta de recursos financeiros para participar de reuniões organizadas em quatro países e a percepção de que os governos da região poderiam não encontrar consenso sobre uma agenda significativa com a participação da sociedade civil.[23] As próximas seções deste livro

---

organizações ambientais foram para as reuniões do subgrupo ambiental, mas essa participação não teve continuidade. Mais recentemente, organizações de pequenos agricultores começaram a participar ativamente da reunião específica para agricultura familiar e a coordenar posições transnacionais.

23 Algumas OSCs de Brasil, Argentina e Uruguai participaram do subgrupo encarregado de discutir políticas ambientais durante a década de 1990, mas não de um modo sustentado ou coordenado. Do Brasil, os participantes mais ativos eram a CUT, a Confederação Nacional da Indústria (CNI) e a World Wildlife Fund-Brasil. Durante certo período, também participou um representante do Fórum Brasileiro de ONGs e Movimentos Sociais para o Meio Ambiente e Desenvolvimento. Da Argentina, a CGT, a Fundação para o Meio Ambiente e Recursos Naturais (Farn) e a Fundação Vitae participaram de algumas reuniões, assim como a Fundação Eros e o Centro Latino-Americano de Ecologia Social (Claes) do Uruguai (von Bülow, 2003a, p.99-100).

vão mostrar que, mais de uma década depois, enquanto uma grande variedade de OSCs brasileiras passaram a incorporar os debates sobre comércio nas suas agendas, o Mercosul continuou sendo um processo distante para muitos.

Lições do Nafta e do Mercosul

Uma primeira lição da análise dessas tentativas pioneiras de criar ação coletiva transnacional em torno de negociações comerciais é que nem sempre é bem-sucedida a transferência de vínculos colaborativos entre OSCs de uma área temática para outra. Embora existissem relacionamentos prévios baseados em confiança e amizade entre grupos de organizações na América do Norte e no Cone Sul, estes não geraram automaticamente cooperação sobre o tema comercial. Laços preexistentes são importantes, mas não uma condição suficiente para gerar nova ação coletiva transnacional.

Uma segunda constatação é que as decisões dos atores devem ser compreendidas no contexto social e político específico, que norteia sua percepção das oportunidades e ameaças resultantes de acordos comerciais regionais. Mudanças globais, como o fim da Guerra Fria, e mudanças domésticas, como as transições à democracia nos países do Cone Sul, afetaram as decisões dos atores sobre se deveriam ou não participar de debates sobre comércio, e com quem. No entanto, esses impactos não foram sentidos de modo homogêneo por todos os atores, o que nos leva à terceira lição aprendida.

Como argumentamos na introdução deste livro, a interação social é importante para a definição dos interesses e crenças dos atores. Tanto a difusão de formas de criação de alianças no caso do Nafta (a reprodução da experiência canadense de organização no México e Estados Unidos) como a disseminação de ideias no caso do Mercosul (a influência da posição do PIT-CNT sobre a tomada de decisão da CUT brasileira) mostram a importância de uma abordagem relacional para entender o caráter dinâmico da participação da sociedade civil em debates sobre comércio. Esses processos não podem ser compreendidos como se fossem consequências predeterminadas das novas oportunidades para a ação coletiva propiciadas pelo Nafta ou pelo Mercosul.

As experiências da sociedade civil no âmbito do Nafta e do Mercosul desenvolveram-se em paralelo, com pouco diálogo ou cooperação entre as OSCs dessas duas regiões. Pelo contrário, havia muita desconfiança e desinformação a separar tipos parecidos de atores. Assim, as ações de opositores do Nafta eram percebidas como se fossem fundamentadas apenas na desaprovação e resistência, e as ações de apoiadores críticos do Mercosul eram percebidas simplesmente como baseadas na cooperação com governos nacionais. Ironicamente, as duas estratégias geraram resultados análogos. Em ambos os casos, as OSCs conseguiram apenas extrair algumas concessões dos negociadores. No caso do Nafta, o melhor exemplo são os acordos paralelos sobre trabalho e meio ambiente negociados pelo governo de Bill Clinton. No caso do Mercosul, sindicatos e organizações empresariais abriram canais participativos em processos oficiais de negociação, mas com pouco poder para influenciar a agenda governamental e mudar o modelo de integração (von Bülow, 2009).

Parte III
A dinâmica das redes

5
Redes de protesto sobre comércio

Este capítulo apresenta o mapeamento das redes criadas entre críticos dos acordos comerciais nas Américas nos últimos vinte anos de mobilizações e debates. Com base em uma combinação de dados coletados em questionários de rede respondidos por informantes-chave, documentos e entrevistas semiestruturadas, apresentamos uma análise sobre como os atores relacionam-se entre si, dentro e fora de fronteiras nacionais. A posição dos atores nessas redes diz muito sobre suas estratégias e objetivos e ajuda a compreender mudanças nos seus caminhos para a transnacionalidade.

Informantes de 123 organizações da sociedade civil de Brasil (29), Chile (23), México (30) e Estados Unidos (41) responderam ao mesmo questionário. Não se pretendeu ter uma amostra representativa das literalmente centenas de OSCs que, ao longo do tempo, envolveram-se na crítica aos acordos de livre comércio. No entanto, foram incluídos os principais atores que participaram até aproximadamente 2004, quando houve o congelamento das negociações da Alca.[1]

---

1 Como explicamos na Introdução, antes do início da coleta de dados foi criada uma lista de organizações. O objetivo era que esta fosse o mais abrangente e heterogênea possível. Uma primeira versão foi criada com base na análise de documentos, como listas de adesões a alianças, listas de participantes de

O mapeamento de vínculos entre críticos dos acordos comerciais privilegiou as relações mais fortes entre as organizações, tal e como a intensidade dessas relações era percebida pelos informantes na época da entrevista. Desse modo, as redes sociais apresentadas neste capítulo não representam todas as interações entre os atores. Essa estratégia para o mapeamento de vínculos resultou de definições feitas a partir de dois desafios metodológicos: primeiramente, a necessidade de distinguir, em ambientes relacionais densos, vínculos em geral de aqueles mais fortes; em segundo lugar, a importância de diferenciar os vínculos realmente existentes daqueles que refletem as percepções dos atores.

Por definição, em ambientes relacionais densos, a maioria dos atores mantém alguma forma de interação entre si, que pode ir de trocas de informações ocasionais a colaborações de longo prazo. Sem dúvida, é esse o caso das OSCs estudadas nos quatro países. Embora muitas não fossem tão próximas umas das outras antes de se engajarem em debates sobre acordos de comércio, várias ONGs, sindicatos de trabalhadores e entidades religiosas, para mencionar apenas alguns dos atores, tinham uma história anterior comum, por participarem das mesmas reuniões, trocarem informações e se envolverem conjuntamente em debates sobre vários assuntos. Em um ambiente relacional tão denso, dados genéricos sobre interações entre OSCs, como os que poderiam obter-se da pergunta "quem fala com quem?",

---

eventos, listas de organizadores de eventos, abaixo-assinados e vários documentos publicados pelas OSCs. Essa lista foi, então, complementada por referências encontradas em uma revisão da literatura sobre o tema. Durante a pesquisa de campo, foi expandida pelos próprios entrevistados, com base na técnica da "bola de neve": os atores foram questionados sobre se havia organizações que não haviam sido listadas. Caso uma nova organização fosse mencionada mais de três vezes, esta era incluída. Algumas foram excluídas, ou porque cessaram atividades na época da entrevista ou porque não estavam mais envolvidas em debates sobre comércio. Aproximadamente 5% das organizações entrevistadas foram acrescentadas por essa metodologia e 10% da lista inicial foram excluídas. Essa combinação de estratégias evitou que se deixassem de lado atores importantes, ao mesmo tempo que evitou formar-se uma lista homogênea demais, o que poderia ter acontecido se nos tivéssemos baseado somente na "bola de neve" a partir de um número inicialmente restrito de informantes-chave.

teriam gerado um conjunto pouco útil de vínculos, que teria mostrado apenas a faceta mais visível dos relacionamentos. Como veremos a seguir, isso é verdadeiro principalmente na escala doméstica. No nível internacional, os vínculos são muito mais escassos.

Um segundo desafio consistia em decidir entre mapear relações efetivamente existentes ou as percebidas pelos atores (Marsden, 1990). Estudos que buscam analisar a construção de redes, como este, vão se beneficiar mais de dados baseados em percepções. Por conseguinte, em vez de coletar somente dados quantificáveis sobre as interações, como a coadesão a alianças ou a coparticipação em eventos, dedicamo-nos a perguntar aos informantes-chave sobre a força dos vínculos. Eles foram questionados sobre as relações mais significativas de suas organizações em mobilizações relacionadas aos acordos comerciais, tanto na escala doméstica como na internacional. Essa "fotografia" estática dos vínculos existentes em dado momento é complementada, na análise a seguir, pelas informações obtidas por perguntas sobre a longevidade dessas conexões, sobre como os atores estabeleceram seus primeiros contatos em outros países e sobre sua proximidade/distanciamento em relação às principais OSCs.

Quem são seus aliados mais próximos?

Para mapear interações significativas no âmbito de cada país, perguntamos aos informantes: *quais são os aliados mais próximos da sua organização nos debates sobre comércio, aqueles com quem vocês interagem com mais frequência?* As respostas resultaram em quatro matrizes quadradas de organizações por organizações, apresentadas na forma de sociogramas nas Figuras 5.1 a 5.4.[2] Em cada um deles, os nós representam as OSCs. Uma linha liga organizações no caso de uma identificar a outra como uma aliada próxima nos debates sobre

2 Matrizes ator por ator foram manipuladas por meio do *software* de análise de redes Ucinet, e os sociogramas foram produzidos com o NetDraw (Borgatti et al., 2002).

comércio, e uma seta mostra a direção desse vínculo.[3] O formato dos nós varia de acordo com os diversos tipos de organização, e seu tamanho reflete o número de vezes que a organização foi identificada por outras como uma aliada próxima. Por falta de espaço, foram utilizadas siglas ou nomes abreviados.

Esses sociogramas ajudam a visualizar um conjunto de características importantes compartilhadas pelas quatro redes domésticas. Primeiro, a que mais chama a atenção é a diversidade de atores envolvidos. Os nós receberam formatos diferentes, de acordo com os tipos de organização e os assuntos por elas priorizados. Essa classificação gerou seis grupos, que são representados assimetricamente nas redes: (1) sindicatos de trabalhadores, confederações sindicais e ONGs que atuam primordialmente com questões trabalhistas; (2) entidades ambientais; (3) movimentos rurais (de trabalhadores sem-terra e pequenos agricultores) e ONGs especializadas em questões rurais; (4) entidades religiosas; (5) organizações empresariais; e (6) um grupo residual, porém importante, que congrega outras ONGs, bem como fundações e centros de pesquisa. As redes mostram uma variedade similarmente ampla de tipos de organização nos quatro países, incluindo desde sindicatos e ONGs de diversas áreas de interesse a movimentos rurais. Como analisaremos em mais detalhes a seguir, essa heterogeneidade é fruto de um processo de diversificação dos vínculos colaborativos dos atores ao longo do tempo. Essa constatação confirma o que se argumentou na Parte II deste livro: que a ação coletiva sobre o comércio mudou de modo significativo nas últimas décadas, tornando-se uma arena cada vez mais plural.

3 Trata-se de "gráficos direcionados", implicando que a direção do vínculo, representada pelas setas, é uma parte importante da informação fornecida, porque os vínculos não são necessariamente recíprocos. A ausência de uma linha não indica ausência de relacionamento, mas somente a ausência de uma relação do tipo "aliado mais próximo". Aos informantes era permitido citar quantas organizações quisessem, o que explica a variação na quantidade mencionada por cada um.

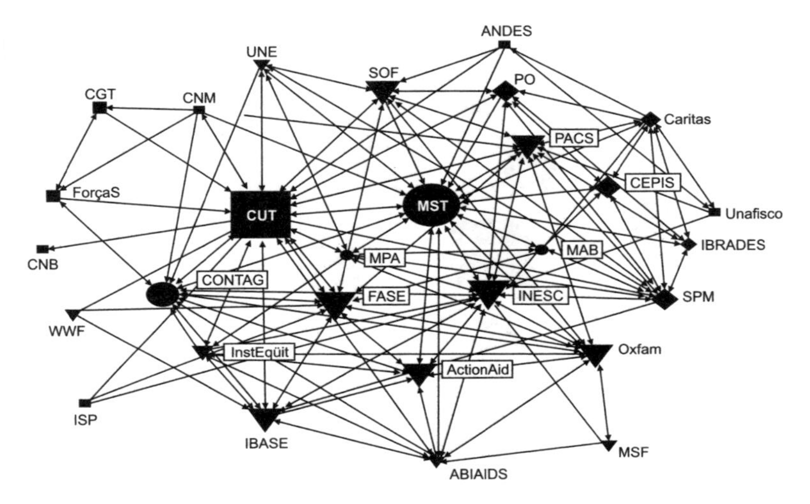

Figura 5.1 Aliados mais próximos: Brasil

Tipos de organização: sindical (■), ambiental (▲), rural (●), ONGs, fundações e centros de pesquisa (▼), religiosas (◆), empresariais (◘).

Fontes: Entrevistas.

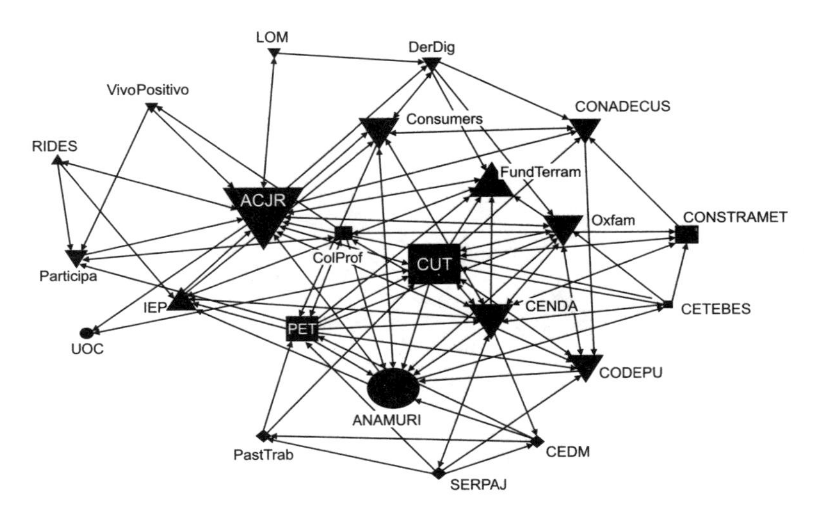

Figura 5.2 Aliados mais próximos: Chile

Fontes: Entrevistas.

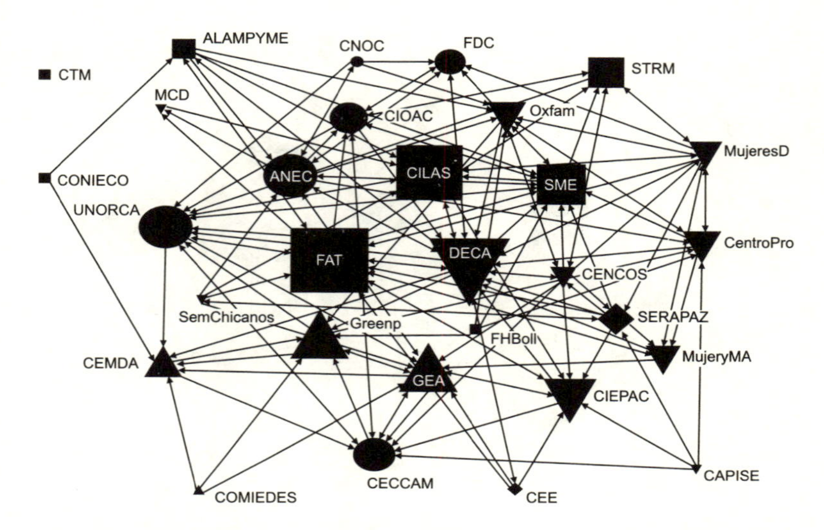

Figura 5.3 Aliados mais próximos: México

Tipos de organização: sindical (■), ambiental (▲), rural (●), ONGs, fundações e centros de pesquisa (▼), religiosas (◆), empresariais (◘).

Fontes: Entrevistas.

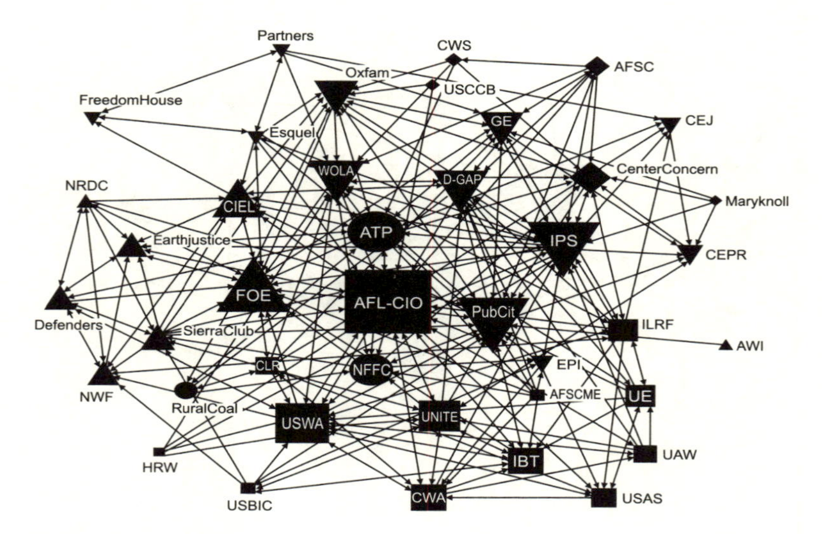

Figura 5.4 Aliados mais próximos: Estados Unidos

Fontes: Entrevistas.

Outra caraterística comum às quatro redes é que nenhuma organização ou tipo de organização é dominante, como se pode verificar pela diferença nos tamanhos dos nós. Em vez de um único nó grande dominando o centro das redes, vemos alguns maiores que outros e de diferentes formatos, um resultado que nos permite afirmar que os atores diferem de modo considerável no que se refere a quem consideram seus aliados mais próximos. Por fim, nos quatro países, a maioria dos nós representa organizações bem estabelecidas, arraigadas na escala doméstica e que a partir dessa escala se envolvem em múltiplas iniciativas transnacionais. Embora algumas ONGs internacionais estejam presentes nas redes, notadamente os escritórios nacionais e regionais de Action Aid, Oxfam International, Oxfam America e Oxfam Great Britain, a maioria das organizações opera fundamentalmente no nível doméstico. Esses atores formam um misto de organizações que possuem membros (um terço) e que não os possuem (dois terços), variando de minúsculas ONGs e centros de pesquisa a organizações com milhões de afiliados. Como veremos com mais detalhes no próximo capítulo, essas OSCs estão entre as mais influentes em cada país. Novamente, isso confirma a relevância que a questão do comércio tem conquistado.

A comparação das quatro redes domésticas de aliados também indica algumas diferenças interessantes no que diz respeito à presença e às posições dos diversos tipos de atores. Por exemplo, as ONGs ambientais aparecem em maior número e ocupam uma posição mais central na rede norte-americana do que na dos outros três países; as organizações empresariais foram citadas somente nas redes dos Estados Unidos e do México e, mesmo nesses casos, estão na periferia dos sociogramas; por fim, as entidades religiosas parecem ser mais relevantes no Brasil e nos Estados Unidos do que no Chile e no México. Essas variações podem ser explicadas a partir da história da sociedade civil específica de cada país. Mais interessante, contudo, são as semelhanças entre as quatro redes, apesar das importantes diferenças nas histórias e nos níveis de desenvolvimento de cada país.

Relações entre organizações

Ao afirmarmos que as redes mapeadas são heterogêneas e nenhum ator é claramente dominante, não queremos dizer que sejam horizontais ou desprovidas de assimetrias. Pelo contrário, os diferentes tamanhos de nós retratados nos sociogramas indicam uma distribuição altamente assimétrica de respostas sobre quem cada OSC considera suas aliadas mais próximas. Essa distribuição se dá em três camadas, separadas com base no número de vezes que as organizações foram citadas por outras como suas aliadas mais próximas (ou seja, o seu grau recebido ou *in-degree*, na terminologia de análise de redes grau) (ver Tabela 5.1). A primeira camada é dos nós maiores, formada pelas organizações identificadas como aliadas mais próximas por mais da metade dos informantes; a segunda é dos nós intermediários, citados por mais de 20%, porém, por menos de 49%; e a terceira é dos mais periféricos, os menores nós, que representam as organizações mencionadas por menos de 19% dos entrevistados.

Tabela 5.1 Distribuição de organizações nas redes de aliados mais próximos, de acordo com a porcentagem de vínculos recebidos (grau recebido)

Percentual do total de possíveis menções recebidas	**País, número e % de organizações em cada grupo**			
	Brasil (*n*=29)	Chile (n=30)	México (*n*=30)	U.S. (*n*=41)
Primeira camada: > 50%	3 (10,3%)	1 (4,3%)	2 (6,7%)	3 (7,3%)
Segunda camada: 20%-49%	10 (34,5%)	10 (43,5%)	16 (53,3%)	17 (41,5%)
Terceira camada: < 19%	16 (55,2%)	12 (52,2%)	12 (40,0%)	21 (51,2%)

Essa distribuição irregular sugere que os informantes percebem algumas organizações como referências cruciais nas mobilizações relacionadas ao comércio. Outras são menos centrais, mas ainda desempenham papéis importantes, e um terceiro grupo é bem mais periférico. A Tabela 5.2 se concentra no primeiro grupo, apresentando uma lista das três organizações mais frequentemente identificadas pelas demais como aliadas próximas em cada país, que correspondem aos maiores nós, localizados em torno do núcleo dos sociogramas 5.1 a 5.4. Curiosamente, a lista inclui tanto organizações que têm membros como entidades que não os têm . Três tipos de atores receberam mais citações: centrais sindicais, um grupo seleto de ONGs e, em especial nos casos de Brasil e Chile, movimentos sociais rurais. Novamente, isso confirma a distribuição assimétrica de vínculos e o fato de que essa distribuição não está concentrada em torno de um único tipo de ator.

Tabela 5.2 Organizações da sociedade civil mais frequentemente citadas por outras como suas aliadas mais próximas nas mobilizações relacionadas ao comércio (por país, grau recebido e tipo de organização)

País	Organização da sociedade civil	Grau recebido (%)*	Tipo de organização
Brasil	CUT	75	Central sindical
	MST	68	Movimento rural
	Fase	54	ONG
Chile	ACJR	64	ONG
	Anamuri	41	Movimento rural de mulheres
	CUT	41	Central sindical
México	Deca-EP	60	ONG
	FAT	57	Central sindical
	Cilas	47	ONG trabalhista
Estados Unidos	AFL-CIO l	65	Central sindical
	Public Citizen	57	ONG
	IPS	50	ONG
	Friends of the Earth	50	ONG ambientalista

* Porcentagem do total possível de menções. O grau recebido é o número de vezes que cada organização foi citada por outras como uma de suas aliadas mais próximas em atividades relacionadas ao comércio.

Fontes: Entrevistas.

Tabela 5.3 Densidade das redes, inter e intrablocos de organizações*

País	Tipo de organização	Densidade média					
		Rural	Sindical	Meio ambiente	Religiosa	ONGs	Empresarial
Brasil	Rural	**0,58**	0,12	0,00	0,10	**0,43**	–
	Sindical	0,12	0,21	0,00	0,05	0,12	–
	Meio ambiente	0,00	0,12	–	0,00	0,18	–
	Religiosa	**0,40**	0,07	0,00	**0,75**	0,18	–
	ONGs/ *Think tanks*/ fundações	**0,36**	0,12	0,00	0,11	**0,44**	–
Chile	Rural	0,00	0,00	0,17	0,17	0,10	–
	Sindical	**0,50**	**0,50**	**0,40**	**0,33**	0,20	–
	Meio ambiente	0,00	0,07	0,17	0,00	0,10	–
	Religiosa	0,17	0,20	0,00	**0,50**	0,10	–
	ONGs/ *Think tanks*/ fundações	**0,25**	0,20	0,20	0,20	**0,25**	–

País	Tipo de organização	Densidade média					
		Rural	Sindical	Meio ambiente	Religiosa	ONGs	Empresarial
México	Rural	**0,47**	**0,23**	**0,29**	0,08	0,09	0,00
	Sindical	**0,23**	**0,55**	0,10	0,00	0,20	0,20
	Meio ambiente	**0,25**	0,00	**0,67**	0,00	0,02	0,00
	Religiosa	0,00	0,40	**0,38**	0,00	**0,27**	0,00
	ONGs/ *Think tanks*/ fundações	**0,23**	0,42	**0,23**	**0,23**	**0,29**	0,04
	Empresarial	0,08	**0,30**	0,12	0,00	0,14	**0,50**
Estados Unidos	Rural	**1,00**	0,17	0,12	0,00	**0,33**	0,00
	Sindical	0,17	**0,43**	0,12	0,15	**0,24**	0,00
	Meio ambiente	0,12	0,12	**0,21**	0,00	**0,28**	0,00
	Religiosa	0,13	0,17	0,07	0,15	0,18	0,00
	ONGs/ *Think tanks*/ fundações	**0,42**	**0,25**	0,16	0,05	**0,25**	0,08
	Empresarial	**0,33**	**0,33**	**0,25**	0,00	0,17	–

* Os números acima da densidade média total da rede estão em negrito.

Um segundo padrão comum nos sociogramas dos quatro países refere-se à densidade de vínculos entre tipos de organizações. Na Tabela 5.3, estas foram divididas em blocos de acordo com a classificação mencionada anteriormente, e a densidade de vínculos (a proporção de todos os vínculos possíveis efetivamente presentes) foi medida dentro de cada bloco e entre todos eles para as redes dos quatro países. Os números em negrito indicam densidades mais altas do que a densidade geral da rede. Essa informação deve ser interpretada com cautela, pois a ausência de tipos específicos de organização (por exemplo, as empresariais no Brasil e no Chile) ou o número muito restrito de casos (por exemplo, as entidades ambientais brasileiras e as religiosas mexicanas) limitam a possibilidade de comparações e as conclusões que podem ser extraídas destas.

Apesar dessas limitações, vale a pena observar duas características interessantes dos dados de densidade. Em primeiro lugar, a maior proporção de vínculos costuma ser encontrada dentro do mesmo grupo, em vez de entre grupos, sugerindo que vínculos próximos estão relacionados com a especialização das organizações em determinados temas e/ou com suas identidades setoriais. Em segundo lugar, há exceções importantes a esse padrão. O grupo com mais vínculos com outros é o composto de "ONGs, fundações e centros de pesquisa". Visto que se trata do mais heterogêneo internamente, essa constatação não chega a surpreender. No entanto, tal informação ganha relevância quando complementada por análise de documentos e entrevistas qualitativas (ver Capítulo 6). Há aqui pistas interessantes para se compreender a possibilidade de superar obstáculos à cooperação entre diferentes tipos de OSCs e os papéis que atores específicos podem cumprir como mediadores nessas redes heterogêneas.

Quem são seus aliados mais próximos em outros países?

Informantes das OSCs responderam ao questionário de rede na época em que as negociações da Alca perdiam fôlego, após um intenso período de mobilizações e construção de relações em todo o hemisfério.[4] Apesar disso, aproximadamente dois terços das 123 organizações de Brasil, Chile, México e Estados Unidos não mantinham vínculos relacionados a comércio com organizações em todos os outros três países.[5] O que vimos na escala doméstica – o fato de a maioria das OSCs ter algum tipo de interação entre si – *não* era verdadeiro no nível internacional.

Para coletar dados sobre conexões transnacionais, os informantes responderam perguntas sobre sua proximidade/distância em relação a algumas das mais proeminentes organizações em outros países com respeito aos objetivos e estratégias em debates sobre comércio. Além disso, tiveram a oportunidade de adicionar outros aliados próximos que não haviam sido listados. As redes mapeadas mostram uma alta concentração de vínculos fortes entre um pequeno número de organizações. Somente nove delas, relacionadas na Tabela 5.4, foram citadas como aliadas próximas ou muito próximas em mais de 10% do total de citações possíveis. Em suma, não somente as redes entre países são menos densas do que as domésticas, como também os vínculos fortes são mais raros no nível transnacional.

Tabela 5.4 OSCs mais citadas na rede transnacional de principais aliados (> 10%)

País	Organização da sociedade civil	Grau recebido (%)*	Tipo de organização
Brasil	MST	23,4	Movimento rural
Estados Unidos	Public Citizen	21,9	ONG
Brasil	CUT	21,3	Central sindical
Estados Unidos	AFL-CIO	20,7	Central sindical

4 A maior parte das entrevistas baseadas no questionário de rede foi conduzida entre maio de 2004 e setembro de 2005.

5 Um terço das 123 organizações de Brasil, Chile, México e Estados Unidos mantinha vínculos relacionados a comércio com as OSCs em cada um dos outros três países; quase a metade mantinha vínculos em apenas um ou dois; e o restante não mantinha vínculos ou os informantes não souberam responder a pergunta.

País	Organização da sociedade civil	Grau recebido (%)*	Tipo de organização
Chile	ACJR	19	ONG
México	FAT	17,2	Central sindical
México	Unión Nacional de Organizaciones Regionales Campesinas Autónomas (Unorca)	16,1	Movimento rural
Chile	Instituto de Ecología Política (IEP)	14	ONG
Brasil	Instituto Brasileiro de Análises Sociais e Econômicas (Ibase)	12,8	ONG

* Porcentagem do total de menções possíveis por OSCs de outros países.

Fontes: Entrevistas.

Outras diferenças entre as redes domésticas e a transnacional merecem ser destacadas. Na rede transnacional, assim como nas redes domésticas, entre as organizações mais centrais também estão incluídos diferentes tipos de OSCs. No entanto, estas não são necessariamente as mesmas. Tais diferenças evidenciam-se quando expandimos o grupo das organizações mais centrais listadas na Tabela 5.4 de modo a abranger as que receberam mais de 5% do total de menções possíveis e mapeamos seus vínculos. O resultado pode ser visualizado na rede apresentada na Figura 5.5. As tonalidades dos nós nessa imagem (cinza, branca ou preta) variam de acordo com o país de origem, e os formatos variam, também nesse caso, de acordo com os tipos de organizações.

A Figura 5.5 mostra que há maior proeminência de movimentos rurais nas redes transnacionais. Enquanto nas redes brasileira e chilena as organizações de trabalhadores rurais estavam entre as três organizações mais centrais, na escala transnacional essa

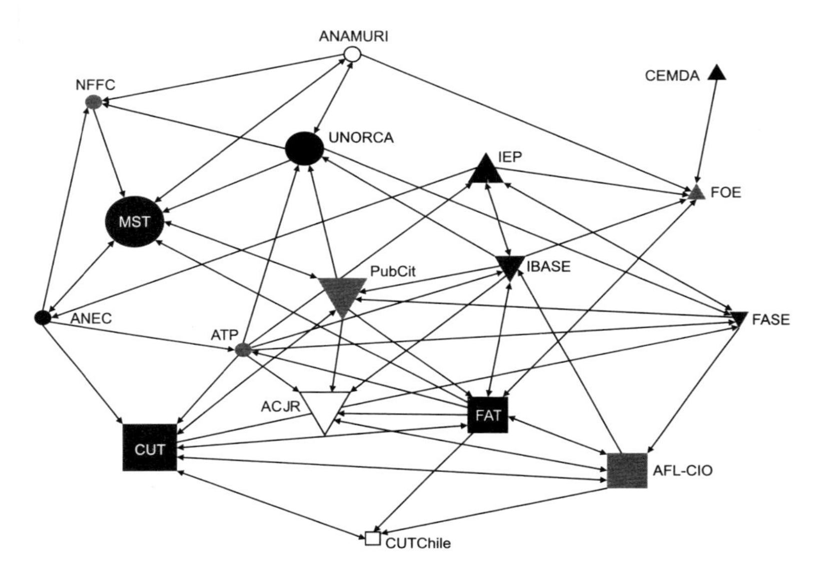

Figura 5.5 Vínculos transnacionais entre as OSCs mais citadas (> 5%)

(Tamanho dos nós por grau recebido, formato por tipo de organização, tonalidade por país) Tipos de organização: sindical (■), ambiental (▲), rural (●), ONGs, fundações e centros de pesquisa (▼). Países de acordo com a tonalidade dos nós: Chile (branco), EUA (cinza claro), Brasil (cinza escuro) e México (preto).

Fontes: Entrevistas.

proeminência é ainda mais evidente. No sociograma, podemos visualizar a presença desse tipo de organização no canto superior esquerdo. Dentre essas organizações, somente o Movimento dos Trabalhadores Rurais Sem-Terra do Brasil (MST) também figurava entre as organizações mais centrais na rede doméstica. Além disso, os vínculos entre entidades ambientais também são mais visíveis na escala transnacional do que nas redes domésticas. Na Figura 5.5, três ONGs ambientais ocupam o canto superior direito: o Instituto de Ecología Política (IEP) do Chile, a Amigos da Terra (FOE) dos Estados Unidos e o Centro Mexicano de Direito Ambiental (Cemda) do México. Dessas, somente a FOE-EUA estava entre as organizações mais centrais nas redes domésticas de aliados mais próximos.

Tabela 5.5 Vínculos transnacionais: densidade de vínculos inter e intra-bloco, por tipos de organizações

Tipo de organização	Rural	Sindical	Meio ambiente	Religiosa	ONGs
Rural	0,195	0,011	0,012	0,000	0,015
Sindical	0,009	0,059	0,006	0,000	0,011
Meio ambiente	0,008	0,004	0,083	0,000	0,008
Religiosa	0,004	0,002	0,000	0,024	0,003
ONGs	0,032	0,018	0,011	0,001	0,035

Essas diferenças indicam que, na escala transnacional, há menos vínculos e os que existem são menos fortes. Além disso, os vínculos tendem a seguir mais proximamente as afinidades baseadas nos tipos de organizações. Os dados sobre densidade, apresentados na Tabela 5.5, confirmam essa constatação, se comparamos a densidade intragrupos com os vínculos entre grupos. Isso se aplica especialmente ao caso dos movimentos rurais, que apresentam uma densidade intragrupos bem mais elevada do que os outros tipos de organizações.

Por fim, os dados sobre a centralidade dos atores na escala transnacional mostram a visibilidade daqueles oriundos dos países do Sul (Brasil, Chile e México), o que confirma a maior relevância dos vínculos Sul-Sul em debates sobre comércio (ver Tabela 5.4 e Figura 5.5). Como já foi explicado, se esses dados tivessem sido coletados no início da década de 1990, ao menos duas das organizações mais centrais – MST e CUT-Brasil – não estariam presentes nas redes, ou ocupariam uma posição bem mais periférica.

Em suma, os vínculos mapeados revelam que as redes de críticos dos acordos de comércio não são horizontais, no sentido de que todos os atores ocupam posições semelhantes. Os vínculos fortes tendem a se concentrar em um pequeno número de organizações, sobretudo na escala transnacional, com inúmeras outras ocupando posições semiperiféricas e periféricas nas redes. Os dados também mostram a heterogeneidade dos participantes. Mais especificamente, os sindicatos, os movimentos rurais e um pequeno número de ONGs tendem a compartilhar as posições mais centrais nas redes. A diferenciação entre os tipos de organização ajuda a visualizar esses padrões de relacionamentos, indicando que na escala transnacional essas diferenças são mais importantes para explicar a configuração de redes do que na escala doméstica.

No entanto, até que ponto – e em que sentido – esses dados são um reflexo de novos padrões de relacionamento e quão duráveis realmente são? As redes refletem diferentes caminhos para a transnacionalidade seguidos pelos atores? Medidas de análise de rede, como centralidade e densidade, podem ser extremamente úteis para visualizar o que, de outro modo, seriam interações invisíveis e, assim, compreender melhor sua complexidade. Entretanto, se quisermos mostrar como os atores passaram a ocupar suas posições nas redes, como mudaram ao longo do tempo e os impactos que tiveram, devemos ir além do uso primordialmente descritivo de medidas estruturais de rede e adotar uma análise da dinâmica da interação. Segundo Ann Mische, isso requer que "consideremos os mapas topográficos produzidos por técnicas formais como resultantes de muitos processos relacionais que são locais, contingentes e que não são autônomos" (Mische, 2003, p.265). O próximo capítulo enfrenta esse desafio.

6
As origens e a dinâmica das redes de críticos dos acordos comerciais

Como explicar que um grupo específico de ONGs, sindicatos e organizações rurais tenha se tornado o núcleo das redes de críticos dos acordos comerciais, dentro e fora das fronteiras nacionais? Para responder a essa pergunta, é necessário colocar os dados de redes apresentados no capítulo anterior em um contexto histórico. A análise a seguir oferece um relato detalhado das origens dos vínculos transnacionais desses três grupos de atores e os caminhos para a transnacionalidade tomados por eles à medida que reagiam às transformações dos seus ambientes relacionais e políticos.

Essa abordagem é justificável se levarmos em conta que os vínculos transnacionais apresentam uma tendência histórica a ser mais fortes entre tipos semelhantes de organizações, tendência que os dados de rede revelados parecem confirmar. Ao mesmo tempo, os dados também revelam alguma evidência do que a literatura sobre o transnacionalismo tem argumentado: que os vínculos intersetoriais ou multitemáticos tornaram-se mais comuns nas últimas décadas. A análise apresentada a seguir, que inclui tanto os vínculos intrassetoriais como os intersetoriais, mostra que a construção de redes domésticas e transnacionais entre críticos dos acordos comerciais tem sido um processo carregado de tensões e ambiguidades.

O poder dos sindicatos e seus limites

Ao todo, informantes de oito centrais sindicais nacionais e dezoito sindicatos setoriais importantes responderam aos questionários de rede no Brasil, Chile, México e Estados Unidos.[1] Embora representassem apenas em torno de 20% do total de OSCs, estavam entre as mais citadas em cada uma das redes sociais mapeadas nesses países (ver Tabela 5.2).

Pode-se argumentar que esse resultado não é surpreendente. Os sindicatos dispõem de mais acesso a recursos financeiros e humanos do que muitas OSCs e, de maneira geral, seus membros têm a percepção de que são diretamente afetados (de modo positivo ou negativo) por acordos comerciais. Além disso, como já observamos na Parte II deste livro, os sindicatos têm participado de debates sobre comércio internacional há muitas décadas, e algumas das maiores divergências sobre os benefícios ou riscos da liberalização comercial têm tido como foco suas consequências no mercado de trabalho.

Por outro lado, nas Américas, os sindicatos, não obstante poucas notáveis exceções, tradicionalmente têm mantido relações de cooperação pouco institucionalizadas com outros tipos de organizações, tanto na escala doméstica como na internacional. Além disso, as relações sindicais internacionais se baseiam nos laços diplomáticos entre as centrais, e as secretarias de relações internacionais costumam ser frágeis em comparação com as encarregadas de assuntos domésticos (Costa, 2005a). É especialmente difícil se alcançar uma colaboração de longo prazo entre centrais sindicais do Norte e do Sul que competem por empregos e investimentos escassos. Apesar de mais de um século de retórica internacionalista, os sindicatos mantêm profundas raízes nacionais.[2] Considerando tudo isso, sua atual centralidade em

1 Esta seção baseia-se parcialmente em von Bülow (2009). Considerando-se que centrais sindicais não são organizações internamente homogêneas, foram incluídos na lista inicial de organizações a serem entrevistadas alguns sindicatos proeminentes, que não necessariamente compartilham a mesma perspectiva da liderança das centrais nos debates sobre negociações comerciais.

2 Para conhecer o debate histórico sobre internacionalismo operário, ver Hobsbawm (1988) e Stillerman (2003).

redes domésticas e transnacionais de crítica aos acordos comerciais é um dado interessante a ser explicado.

Para entender essa situação, é importante levar em conta as transformações na inserção relacional e na política das centrais sindicais a partir do final da década de 1980. O fim da Guerra Fria e as transições à democracia na América Latina inauguraram um novo contexto político, em que, pela primeira vez na história das Américas, a colaboração sindical no nível hemisférico tornou-se viável.[3] No entanto, esse novo contexto estava carregado de incertezas.

Sindicatos em contextos relacionais e políticos dinâmicos

As primeiras tentativas de colaboração hemisférica entre organizações de trabalhadores nas Américas datam do século XIX, mas duraram pouco. Durante a Guerra Fria, as iniciativas recaíram na polarização ideológica entre o "sindicalismo livre", patrocinado principalmente pela AFL-CIO, nos Estados Unidos, e os sindicatos ligados à Federação Mundial de Sindicatos, de orientação comunista. Havia um terceiro grupo, não alinhado, mas suas atividades transnacionais muitas vezes se limitavam a intercâmbios diplomáticos. Além disso, o sindicalismo na América Latina foi sufocado pelas ditaduras militares que dominaram a região entre as décadas de 1960 e 1980. As mobilizações transnacionais nesse período eram, sobretudo, "transitórias, uma reação à repressão de movimentos sindicais domésticos" (Keck e Sikkink, 1998, p.5).

A convergência das principais centrais sindicais nacionais em oposição à Alca e outros acordos comerciais em meados da década de 1990 não teria sido possível anteriormente. Essa convergência oculta, no entanto, importantes diferenças. Nem todos os sindicatos

3 O ex-secretário de Assuntos Internacionais da CUT-Brasil foi ainda mais longe ao argumentar que, apesar de exemplos anteriores de cooperação além-fronteiras, é somente a partir do processo de globalização e avanço tecnológico que será possível falar de internacionalismo sindical (Jakobsen, 1999, p.234).

patrocinaram as mesmas estratégias ou apresentaram os mesmos argumentos em todas as mesas de negociação. As redes sociais mapeadas no Capítulo 5 mostram que nem todos ocupam as mesmas posições nos três níveis das redes domésticas: alguns ocupam o núcleo, enquanto outros estão na semiperiferia ou periferia dos sociogramas. Na escala transnacional, somente três centrais sindicais figuram entre os atores mais centrais (ver Tabela 5.4). Essa diversidade de posições é resultante das várias percepções de oportunidades e desafios na década de 1990, que, por sua vez, levaram à adoção de diferentes caminhos para a transnacionalidade.

Pode-se diferenciar três grupos dentre as centrais sindicais de acordo com suas escolhas de caminhos. Em um dos grupos, há as que mantêm participação contínua em alianças transnacionais, que formaram uma gama diversificada de vínculos com outros tipos de organização nas escalas doméstica e transnacional e que tentaram criar projetos comuns com suas aliadas (CUT-Brasil, AFL-CIO, nos Estados Unidos, e FAT, no México). Em outro, estão as que mantêm uma presença meramente sub-regional e poucos vínculos com outros tipos de organização nas escalas doméstica e transnacional, com tentativas limitadas de criar projetos em comum (as outras duas centrais sindicais brasileiras, a Confederação Geral dos Trabalhadores [CGT] e a Força Sindical, em conjunto com a CUT-Chile e a União Nacional dos Trabalhadores [UNT], no México). Por fim, há o caso isolado da Confederação de Trabalhadores do México (CTM), que manteve uma estratégia eminentemente doméstica nos debates sobre acordos comerciais, mas sem romper os laços diplomáticos regionais e globais com outras centrais sindicais (ver Tabela 6.1).

Os estudos sobre o transnacionalismo sindical têm enfatizado o papel de variáveis estruturais para explicar essas diferentes escolhas.[4] De modo geral, não consideram o impacto que podem ter

4 Por exemplo, Mark Anner (2003) argumenta que as diferenças de estrutura industrial, instituições e práticas estatais e ideologias sindicais explicam a variedade de forma e frequência do transnacionalismo sindical no setor automotivo brasileiro.

as relações entre sindicatos e outros atores. A ação transnacional é vista *ex post* como produto de uma única decisão autônoma tomada previamente, como se as entidades existissem em bolhas e não mudassem seus pontos de vista ao longo do tempo em decorrência de interações com outros atores. Por exemplo, Michael Dreiling e Ian Robinson explicam bem a variação das estratégias sindicais em relação ao Nafta com base em sua diferenciação de tipos de sindicato, definidos "em termos do caráter inclusivo das identidades coletivas sindicais e do grau em que concepções sindicais de uma economia política justa estão em descompasso com o sistema vigente" (Dreiling e Robinson, 1998, p.164). No entanto, é difícil generalizar esse argumento de modo a explicar como organizações que representam tipos de sindicato bastante diversos atingiram uma posição comum diante do Mercosul, ou como as posições convergiram em oposição à Alca. Para isso, é importante compreender como os sindicatos inseriram-se em um novo ambiente relacional na década de 1990.

Os impactos do Nafta e do Mercosul

No início de 1998, quatro anos após a entrada em vigor do Nafta, o presidente da AFL-CIO fez uma viagem histórica ao México, a primeira visita de um presidente de central sindical norte-americana em 74 anos. Nessa visita, John Sweeney conversou com todo o espectro sindical do México, incluindo as organizações independentes, como o FAT e a então recém-criada UNT, assim encerrando oficialmente o relacionamento exclusivo que a AFL-CIO estabelecera com a CTM durante a Guerra Fria. O que levou a essa mudança? A resposta está nas divergências entre os sindicatos de ambos os países sobre os potenciais impactos do Nafta.

Os sindicatos das Américas passaram a se interessar mais pelos debates sobre os impactos dos acordos comerciais no início da década de 1990, durante as negociações do Nafta e do Mercosul. Como foi explicado no Capítulo 4, essa coincidência temporal não

Tabela 6.1 Principais centrais sindicais nacionais nos debates sobre comércio (2004)

Central sindical	Brasil			Chile	México			EUA
	CUT	CGT	FS	CUT	FAT	CTM	UNT	AFL-CIO
Filiação à organização sindical internacional	ICFTU-Orit* CCSCS**	ICFTU-Orit CCSCS	ICFTU-Orit CCSCS	ICFTU-Orit CCSCS	ICFTU-Orit	ICFTU-Orit	ICFTU-Orit	ICFTU-Orit
Posição em debates sobre acordos comerciais	Apoiadora crítica do Mercosul, participou da campanha contra a Alca.	Apoiadora crítica do Mercosul, mas sem participação ativa na campanha contra a Alca.	Apoiadora crítica do Mercosul, mas sem posição clara sobre a Alca.	Divisão interna durante as conversações de acordo de livre comércio EUA-Chile. Contrária à Alca, mas sem participação ativa na campanha contra a Alca.	Crítica do Nafta; participou da campanha contra a Alca e aderiu à UNT em 1977.	A favor do Nafta, mudou sua posição para se opor à Alca, mas não um participante ativo na campanha contra a Alca.	Criada após o Nafta (1977); contrária à Alca, mas sem participação ativa na campanha contra a Alca.	Crítica do Nafta; participou da campanha contra a Alca.
Participação ativa em alianças domésticas sobre comércio	Sim	Não	Não	–	Sim	Não	Não	Sim
Participação ativa na ASC***	Sim	Não	Não	Não	Sim	Não	Não	Sim

* Confederação Internacional de Organizações Sindicais Livres – Organização Regional Interamericana de Trabalhadores.
**Coordenadora de Centrais Sindicais do Cone Sul.
*** Aliança Social Continental.

levou, contudo, a objetivos e estratégias similares nas duas regiões. O denominador comum dessas experiências é que ambas foram frustrantes para o movimento sindical.[5] Na América do Sul, os sindicatos conseguiram a participação de representantes em vários fóruns de integração regional, mas, quinze anos depois, participantes brasileiros admitem que esses esforços produziram pouco impacto nas políticas de integração (Jakobsen, 1999; Portella de Castro, 2007).

De fato, nem o Acordo Paralelo do Nafta nem a Declaração e a Comissão Sociolaborais do Mercosul levaram a resultados concretos e mensuráveis no que se refere a um maior respeito aos direitos trabalhistas, não obstante a visibilidade dada pelo primeiro a denúncias de violações nessa área (ver Bognanno e Lu, 2003) e a implementação de algumas propostas sindicais no Cone Sul, como as iniciativas de política pública regional sobre desemprego (Portella de Castro, 2007, p.74). A partir do Nafta e do Mercosul, os sindicatos aprenderam que a participação institucionalizada em fóruns de negociação oficial e a inclusão de questões trabalhistas em tratados são importantes, mas não suficientes para garantir uma maior adesão ao respeito aos direitos trabalhistas.

Esse processo de aprendizagem é *resultado e ao mesmo tempo causa* da inserção de sindicatos em um novo ambiente transnacional de relacionamentos, que teve impacto sobre como eles veem seus papéis em negociações de livre comércio, as demandas buscadas e sua escolha dos caminhos para a transnacionalidade. Em particular, as experiências sub-regionais ajudaram a gerar importantes mudanças nas relações entre sindicatos e entre estes e outros aliados da sociedade civil na região. Essas mudanças explicam as respostas dadas pelas organizações à pergunta sobre quem são os aliados mais próximos, apresentadas como uma rede dos vínculos domésticos e transnacionais na Figura 6.1.

---

5 Para uma comparação de estratégias sindicais nas duas regiões, veja von Bülow (2003b).

É interessante observar que a centralidade da AFL-CIO na Figura 6.1 deve-se à diversificação de suas relações com organizações mexicanas e com novos aliados de outros países. Se a pergunta *Quem são seus aliados mais próximos?* tivesse sido formulada antes de meados da década de 1990, a figura teria mostrado uma AFL-CIO muito mais isolada, como um funcionário explica:

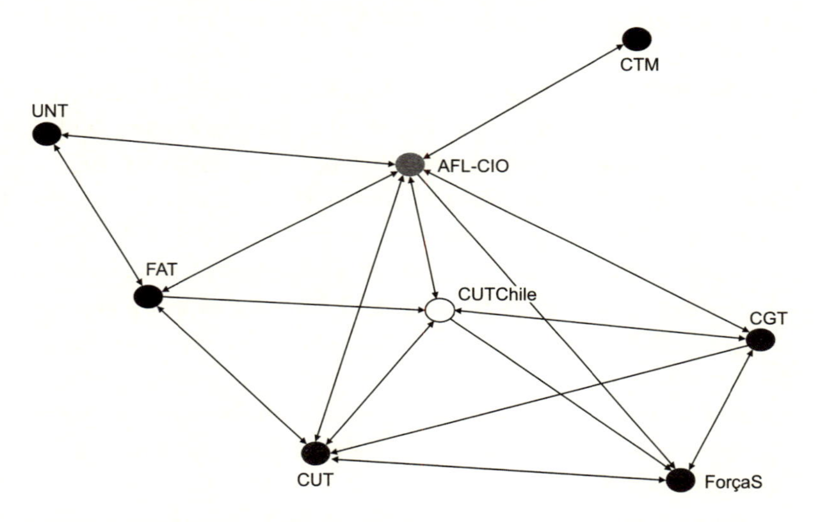

Figura 6.1 Vínculos mais próximos entre um grupo selecionado de centrais sindicais (Brasil, Chile, México e EUA)

Países de acordo com a tonalidade dos nós: Chile (branco), EUA (cinza claro), Brasil (cinza escuro) e México (preto).
Acrônimos e abreviaturas: CUT: Central Única dos Trabalhadores – Brasil; ForçaS: Força Sindical – Brasil; CGT: Confederação Geral dos Trabalhadores – Brasil; FAT: Frente Autêntica do Trabalho – México; UNT: União Nacional de Trabalhadores – México; CTM: Confederação de Trabalhadores do México; AFL-CIO: Federação Norte-Americana de Trabalho-Congresso de Organizações Industriais – EUA; CUT-Chile: Central Única dos Trabalhadores – Chile.

Fontes: Entrevistas.

O Nafta foi muito significativo no sentido de que as velhas definições da Guerra Fria sobre as alianças sindicais – com quem deveríamos atuar – não eram mais viáveis. Superamos o que era uma espécie de dogma na prática, se não um dogma explícito, de que o único parceiro real no México era a CTM, e que até mesmo essa parceria só poderia ser mantida a partir de uma relação diplomática bastante superficial. O desafio do Nafta subverteu completamente essa premissa.[6]

No caso do Mercosul, a experiência de quase duas décadas de tentativas conjuntas de influenciar significativamente o processo de integração ampliou e fortaleceu os vínculos entre os sindicatos da região. Pelo menos no caso do Brasil, essa mudança também ocorreu entre as centrais sindicais nacionais. A presença das três maiores destas – CUT, Força Sindical e CGT – nos fóruns da Coordenadora de Centrais Sindicais do Cone Sul (CCSCS) e do Mercosul não solucionou suas profundas divergências, mas as forçou a elaborar propostas e demandas em comum. A CUT-Brasil não escolheu a CGT nem a Força Sindical como seus aliados mais próximos, como se pode ver na Figura 6.1, mas isso se explica pelo ativismo da CUT no contexto da campanha contra a Alca, na qual nem a CGT nem a Força Sindical participaram ativamente (ver Tabela 6.1). Quando a questão sobre vínculos colaborativos restringia-se aos debates sobre o Mercosul, os entrevistados da CUT mencionaram as outras duas centrais sindicais nacionais como algumas das suas principais aliadas.

A nova inserção relacional dos sindicatos, por sua vez, tornou possível a mudança do papel que a mais importante organização sindical no hemisfério – a Organização Regional Interamericana de Trabalhadores (Orit) – desempenhara até então nos debates sobre acordos de comércio e formação de alianças nas Américas.[7] Como mostra a Tabela 6.1, em 2004 todos os principais atores sindicais nos protestos relacionados a acordos comerciais dos quatro países pesquisados eram filiados à Orit, no nível regional, e à Confederação Internacional de Organizações Sindicais Livres (ICFTU, sigla

6 Entrevista com Stan Gacek, diretor-assistente para assuntos internacionais, AFL-CIO, Washington, D.C., out. 2004.

7 Uma das consequências dessas transformações internas na Orit foi a mudança de sua sede do prédio da CTM na Cidade do México para a Venezuela e, mais recentemente, São Paulo.

em inglês), no nível internacional. Embora esta não fosse a única organização sindical global ativa na região,[8] ela despontou como a mais forte após o fim da Guerra Fria (Mykonos, 2005, esp. cap.5). De modo análogo, a Orit não era a única organização regional nesse período,[9] mas se tornara claramente a mais representativa e poderosa, em especial após a adesão de várias organizações anteriormente não alinhadas, como a CUT-Brasil (Costa, 2005b, esp. p.538-566; Wachendorfer, 2007).

Essa Orit revitalizada contribuiu de modo significativo para o fortalecimento da visão entre os líderes sindicais de que era vital a formação de alianças sustentáveis com outros atores da sociedade civil na região. As centrais sindicais que haviam participado dos esforços de criação de alianças intersetoriais sobre acordos comerciais na escala doméstica, como o Congresso Trabalhista Canadense (CLC), e as que mantinham vínculos históricos com outros atores da sociedade civil, como a CUT-Brasil, eram os principais defensores das assim chamadas alianças sociais dentro da Orit.[10] Um evento importante ilustra claramente essa tendência. Durante o Fórum dos Trabalhadores das Américas, realizado em paralelo à reunião ministerial da Alca em Belo Horizonte, em 1997, pela primeira vez representantes de outros tipos de OSCs foram convidados a participar de um evento de grande porte organizado pela Orit (CUT, 1997).[11] Uma declaração final, assinada em conjunto por Orit, ONGs e movimentos sociais, veio a ser o primeiro passo para a criação da Aliança Social Continental (ASC) e a formulação de

8 Em novembro de 2006, a ICFTU e a Federação Mundial do Trabalho aliaram forças para criar a Confederação Sindical Internacional (CSI).

9 Outra organização era a Central Latino-Americana de Trabalhadores (Clat), mas seu corpo associativo era bem menor e limitado à América Latina. Em março de 2008, Clat e Orit juntaram forças e criaram a Confederação Sindical das Américas (CSA).

10 Entrevista com Víctor Báez, secretário-geral da Orit, Belo Horizonte, dez. 2005, e Rafael Freire, ex-secretário de Relações Internacionais, CUT-Brasil, São Paulo, mar. 2005.

11 A Orit já havia organizado dois Fóruns do Trabalho, em paralelo às reuniões ministeriais da Alca realizadas em Denver (1995) e Cartagena (1996).

uma ampla agenda sobre acordos comerciais. A essa altura, a falta de canais para influenciar a negociação fortaleceu uma identidade comum entre os sindicatos que mais se opunham à Alca e enfraqueceu os que na AFL-CIO e na Orit defendiam uma posição menos crítica (Smith e Korzeniewicz, 2007).

A centralidade da CUT-Brasil, AFL-CIO e FAT nas redes domésticas e transnacionais de críticos dos acordos comerciais é resultante de sua decisão de buscar conexões com outras OSCs. No entanto, esses novos vínculos implicavam modificações nas agendas específicas do movimento sindical. Até o evento de Belo Horizonte, as demandas da Orit haviam sido especificamente voltadas para a questão sindical: a criação de um Fórum Sindical e de um grupo de discussão sobre questões sociais e trabalhistas (CUT, 1997). Mas elas haviam sido ignoradas pela maioria dos negociadores, segundo os quais as questões trabalhistas estavam sob a alçada da Organização Internacional do Trabalho e a participação da sociedade civil deveria restringir-se à escala nacional (Berrón, 2007, p.188).

Quando a Orit declarou formalmente sua oposição às negociações da Alca, em abril de 2001, seus argumentos basearam-se em um conjunto mais amplo de demandas, incluindo as que eram consideradas relevantes por ONGs e movimentos sociais afiliados à ASC (Anner e Evans, 2004, p.41). Dois dos mais ativos participantes da AFL-CIO nesse período justificaram a extensão da agenda dos sindicatos e a prática de formação de coalizões amplas com a necessidade de aumentar a credibilidade moral do movimento sindical:

> A fragilidade dos sindicatos nos debates sobre comércio reside no fato de que todos supõem que o interesse próprio é a única motivação das pessoas, portanto eles podem rejeitar isso.
>
> Quando se está atuando junto a entidades religiosas, organizações de direitos humanos, isso agrega credibilidade [...] Nós reconhecemos que o movimento sindical nos Estados Unidos é pequeno e frágil demais caso esteja isolado [...] Queremos que as pessoas

compreendam que os sindicatos podem desempenhar um papel progressista nas discussões de comércio internacional.[12]

Cada vez mais, dedicamos nossa atenção a temas como investimento, serviços, propriedade intelectual, todas essas coisas que podem não exercer um impacto enorme nos Estados Unidos, mas afetam imensamente os países em desenvolvimento[...] Em Seattle [durante a reunião da OMC em 1999], a imprensa divulgou que nosso objetivo estava unicamente focado nos direitos dos trabalhadores, o que era caracterizado como uma espécie de agenda antidesenvolvimentista.[13] Percebemos que precisávamos ser mais agressivos e explícitos sobre o fato de que nossa crítica não se restringe a padrões trabalhistas.[14]

Um funcionário do FAT no México argumentou no mesmo sentido, enquadrando a questão no contexto dos debates históricos sobre o papel dos sindicatos como vanguarda da mudança no âmbito dos círculos esquerdistas:

muitos sindicatos ainda se julgam os principais atores da transformação revolucionária. Isso é falso [...] Acreditamos que a agenda específica do movimento sindical deve ser convertida em uma agenda de interesse público, mas não temos conseguido fazer isso.[15]

---

12 Entrevista com Thea Lee, diretora assistente de Política Econômica Internacional, AFL-CIO, Washington, D.C., ago. 2004.

13 Kenneth Gould e colegas argumentam que, embora o movimento sindical tenha sido a principal fonte de recursos financeiros para os protestos em Seattle, participava principalmente de comícios e marchas sindicais, e sua retórica era quase exclusivamente focada em salários, perda de empregos e outras questões trabalhistas. Ver Gould et al. (2004, p.93).

14 Entrevista com Elizabeth Drake, analista de Políticas Públicas, AFL-CIO, Washington, D.C., ago. 2004.

15 Entrevista com Antonio Villalba, Comitê de Coordenação Nacional, FAT, Cidade do México, ago. 2004.

No entanto, na prática, nem todas as organizações de trabalhadores aceitaram o argumento de que alianças mais amplas e agendas estendidas fossem uma imposição dos novos tempos. Como Mark Anner e Peter Evans salientaram, o nível de engajamento na construção da ASC, que pressupõe aceitar a necessidade de colaborar com outros tipos de organização, variava muito entre os filiados da Orit, e várias organizações importantes não eram participantes ativas (Anner e Evans, 2004, p.42; ver Tabela 6.1). De fato, os debates sobre o escopo das alianças sindicais foram uma fonte-chave de controvérsia na década de 1990 e permaneceu como uma questão não resolvida em alguns casos:

> Tínhamos de superar um bocado de resistência. Havia muita confusão sobre a definição da sociedade civil. Muitos alegavam que [...] "de que valem as alianças sociais, se as ONGs são só um cão e seu dono?" Tínhamos de combater isso. O segundo obstáculo era o receio de que os sindicatos perdessem a sua identidade. O terceiro era a atitude de que as alianças sociais eram aceitáveis, desde que o movimento sindical as liderasse. Hoje em dia, nenhum filiado da Orit questiona a validade das alianças sociais. Alguns, porém, não as colocam em prática.[16]

O secretário geral da Orit mencionou as dificuldades enfrentadas em 1998 por causa de outro grande evento: a Cúpula das Américas, realizada no Chile apenas um ano após a reunião de Belo Horizonte. Enquanto filiados como CUT-Brasil, CLC e AFL-CIO tentavam, em conjunto com as ONGs chilenas, organizar uma Cúpula dos Povos em paralelo à reunião oficial, a filiada local da Orit, a CUT-Chile, rejeitou a ideia. No final das contas, dois eventos foram organizados ao mesmo tempo, a Cúpula Sindical e a Cúpula dos Povos:

---

16 Entrevista com Víctor Báez, secretário-geral da Orit, Belo Horizonte, dez. 2005.

> Foi bastante problemático para nós, da Orit, porque estávamos tentando criar uma aliança mais ampla, que se tornou [conhecida como] a "aliança social". Considerávamos isso muito importante [...] mas era difícil, porque a CUT [Chile] era a nosso principal anfitriã.[17]

As diferentes visões sobre a amplitude da formação de alianças refletem-se nas respostas dadas pelos representantes de centrais sindicais quando questionados sobre quem abordariam para entrar em contato com aliados no intuito de planejar eventos paralelos a uma reunião ministerial da Alca em outro país. Embora todos os entrevistados tenham alegado que usariam os canais diplomáticos do movimento sindical (por meio da Orit ou seus filiados), a AFL-CIO, a CUT-Brasil e o FAT também disseram que coordenariam suas ações com outros tipos de OSCs usando alianças comerciais multissetoriais.

Arranjos como esses, contudo, apresentam um dilema para os sindicatos. A extensão dos temas e das agendas permite que as organizações colaborem com muitos atores heterogêneos ao mesmo tempo, mas com frequência à custa da simplificação (ou até supressão) de demandas, menor visibilidade de sua própria agenda e maior complexidade na negociação de ações comuns. O acordo provisório alcançado pelas filiadas da Orit e seus aliados da sociedade civil foi a oposição total à Alca, a ser mantida ainda que demandas sindicais específicas fossem atendidas no decorrer das negociações. Isso tornou possível que um amplo grupo de OSCs apresentasse uma frente comum na escala transnacional, mas ao mesmo tempo criou um potencial de tensões, no caso de haver mudança nas percepções sobre oportunidades domésticas de negociação.

No Brasil, a eleição de Luiz Inácio Lula da Silva como presidente em 2002 abriu um debate feroz entre membros da campanha brasileira contra a Alca sobre quais táticas deveriam ser usadas em suas mobilizações e como enquadrar suas demandas. Nos Estados

17 Entrevista anônima com um dos participantes da AFL-CIO, out. 2004.

Unidos, a divisão do movimento sindical no cenário pós-Alca lançou mais luz não somente sobre as divergências na política doméstica, mas também sobre as escolhas sindicais de caminhos para a transnacionalidade.[18] No contexto de uma nova maioria do Partido Democrata no Congresso norte-americano após as eleições legislativas de 2006, a AFL-CIO mudou de posição. Deixou um caminho que priorizava a transnacionalização sustentável e esforços para construir projetos em comum com um amplo grupo de aliados de outros países e passou a focar temporariamente o ativismo na escala doméstica.

Essas mudanças, à luz de contextos políticos dinâmicos, não se limitaram ao caso do movimento sindical. Como veremos em detalhes no Capítulo 10, um dos maiores desafios de todos os participantes de mobilizações relativas a acordos comerciais tem sido negociar transformações nos caminhos para a transnacionalidade ao longo do tempo.

"Queremos nosso próprio espaço": a intensificação do transnacionalismo rural

Em 10 de setembro de 2003, um grupo de agricultores de todo o mundo fez uma marcha de protesto contra a quinta reunião ministerial da OMC, que começava naquele dia data no paraíso turístico de Cancún, no México. Os delegados sul-coreanos lideraram a marcha, entre eles o ex-presidente da Federação Sul-Coreana de Agricultores e Pescadores, Lee Kyung Hae. Para perplexidade da maioria dos que protestavam, quando os manifestantes entraram em conflito com a polícia mexicana, Hae tirou uma faca que guardava escondida na roupa e se matou, ao mesmo tempo que segurava uma placa com os dizeres: "A OMC mata agricultores".

---

18 Em 2005, sete sindicatos separaram-se da AFL-CIO e criaram a aliança Mudar para Vencer (CTW), entre estes organizações importantes nos debates sobre comércio, como a International Brotherhood of Teamsters, a Service Employees International Union e a United Farm Workers of America.

Tal ação simboliza de maneira dramática a relevância que a questão das negociações de comércio internacional conquistou entre os movimentos rurais, assim como a radicalização dos protestos globais contra a OMC. Os eventos de Cancún também mostraram a maior visibilidade que um grupo de organizações rurais ganhou por meio de protestos. Essas organizações representam principalmente os pequenos agricultores, que veem nas negociações comerciais uma ameaça à sua sobrevivência, tanto em países desenvolvidos como em países em desenvolvimento.

A literatura sobre movimentos rurais tem reconhecido a intensificação do ativismo transnacional, indicando a crise provocada pela rápida liberalização do comércio agrícola global na década de 1980 como o principal impulso que explica esse processo (Desmarais, 2002; Edelman, 2003, 2005). Precedentes de ação coletiva transnacional existem, mas as primeiras formas de colaboração raramente foram longevas ou globais em escala.[19] Como o dirigente do MST declarou: "é impressionante que somente agora os agricultores estejam começando a atingir um certo grau de coordenação mundial, após quinhentos anos de desenvolvimento capitalista" (Stedile, 2002, p.99).

Além da maior capacidade de organização e mobilização dos movimentos rurais, em Cancún também ficou claro que esses atores não estavam dispostos a incorporar às suas agendas e estratégias as

---

19 Para uma revisão sobre os antecedentes de formação de alianças transnacionais entre organizações de camponeses e pequenos agricultores, ver Borras et al. (2008, esp. p.173-179). O Sindicato Internacional de Alimentos, Agricultura, Hotéis, Restaurantes, Serviços de Bufê, Tabaco e Associações de Trabalhadores Afins (IUF) foi fundado em 1920, pela fusão de três organizações que, por sua vez, existiam desde antes da Primeira Guerra Mundial. No entanto, até a década de 1960, seus membros eram primordialmente europeus (sobre a história da IUF, ver Rütters e Zimmermann, 2003). A Federação Internacional de Produtores Agrícolas (Ifap) existe desde 1946, mas, também nesse caso, a maioria de seus membros e lideranças provinha de países desenvolvidos (Ifap, 2008). Especificamente com respeito às negociações de comércio, em dezembro de 1980 foi organizado um protesto internacional de agricultores por ocasião de uma reunião ministerial do Gatt em Bruxelas (Ritchie, 1996, p.499).

críticas de outras OSCs à OMC. Assim como foi feito pela CUT--Chile durante a Cúpula das Américas em 1998, as organizações filiadas à Via Campesina (VC), aliança global de grupos de pequenos agricultores criada no início da década de 1990, promoveram um fórum exclusivo – o Fórum Internacional de Agricultores e Indígenas – e uma marcha com foco em suas demandas particulares. Tendo enviado a maior parte dos participantes a Cancún, as organizações mexicanas da Via Campesina achavam que mereciam ser o centro das atenções,[20] como o coordenador para a América do Norte explicou: "em novembro de 2002, assumimos um compromisso: que em Cancún criaríamos um espaço rural-indígena e não atuaríamos por meio das ONGs. Queríamos nosso próprio espaço, aberto a todos, mas sem nos submetermos a ninguém".[21]

Desde sua fundação, a relação entre a VC e as ONGs tem sido extremamente ambígua: embora as ONGs tenham ajudado a criar a aliança e tenham sido importantes fontes de recursos, há um histórico de desconfiança incitada pelo que ao menos alguns líderes de movimentos rurais percebiam como tentativas ilegítimas de falar em seu nome. Como consequência, a VC tratou de se distanciar do "abraço paternalista de ONGs bem intencionadas" (Desmarais, 2003, p.117).[22]

Apesar dessas tensões, as filiadas da VC foram as organizações rurais mais citadas nas redes domésticas de principais aliados (ver Figuras 5.1 a 5.4): o MST do Brasil, a Associação Nacional de Mulheres Rurais e Indígenas (Anamuri) do Chile, a Coalizão Nacional de Agricultores Familiares (NFFC) dos Estados Unidos e a União Nacional de Organizações Rurais Regionais Autônomas

---

20 Como um dos membros de uma organização próxima à VC disse: "a Via Campesina tem, sim, capacidade de mobilização, não é uma ONG e, por isso, deve ser o principal ator". Entrevista com Ana de Ita, Ceccam, Cidade do México, ago. 2004.

21 Entrevista com Alberto Gómez Flores, coordenador da Executiva Nacional, Unorca, Cidade do México, ago. 2004.

22 Como Borras et al. explicam, essa relação de "amor e ódio" entre movimentos rurais e ONGs não se restringe à Via Campesina e seus filiados (Borras et al., 2008, p.197-198).

(Unorca) do México. Essa centralidade é reflexo tanto da importância doméstica dessas organizações como da identificação inicial das negociações de comércio multilateral como uma das prioridades da VC. Na escala global, sua principal demanda tem sido o fim das negociações do Acordo sobre Agricultura da OMC, mas também tem defendido mudanças nas negociações que abordam as questões de biotecnologia, biodiversidade e segurança alimentar.

Em várias arenas multilaterais, a VC tem procurado promover uma mudança conceitual no modo como a agricultura é debatida, passando do enquadramento de "segurança alimentar" ao de "soberania alimentar". Enquanto a "segurança alimentar" se refere a uma situação em que todas as pessoas, em qualquer momento, têm acesso a alimentos adequados e nutritivos, a "soberania alimentar" é um conceito mais amplo,

> que considera o alimento um direito humano em vez de apenas uma commodity, prioriza a produção local e o acesso do agricultor à terra e defende o direito das nações de proteger seus produtores das práticas de dumping e executar políticas de gestão de suprimentos. (Edelman, 2005, p.339)

No entanto, nem todas as organizações de agricultores concordam com as posições da VC. Muitas discordam da decisão da organização de não participar de qualquer diálogo na OMC, alegando que essa posição não é sustentável nem eficaz. Assim, na reunião de Cancún, a Confederação Nacional dos Trabalhadores em Agricultura (Contag) do Brasil e outras filiadas à IUF[23] apoiaram o clamor do G-20 (aliança de países em desenvolvimento) pela redução no uso de subsídios agrícolas por nações desenvolvidas, demandando ao mesmo tempo tratamento especial à agricultura familiar no mundo em desenvolvimento.[24]

---

23 Ver Nota 19.

24 Entrevista com Luís Facco, secretário de Relações Internacionais, Contag, Brasília, abr. 2005.

Alguns anos antes, o vínculo entre redução de pobreza e comércio e, mais especificamente, os impactos dos subsídios agrícolas sobre o comércio mundial, haviam se tornado fontes de forte controvérsia entre as organizações da sociedade civil, e entre estas e os atores governamentais.[25] Esse debate foi provocado pela divulgação do relatório da Oxfam International *Rigged Rules and Double Standards: Trade, Globalisation and the Fight against Poverty* [Mudar as regras: comércio, globalização e luta contra a pobreza] (2002b). Em um de seus trechos mais debatidos, a organização defende:

> O comércio internacional pode atuar como uma força para o bem ou para ao mal [...] O verdadeiro desafio é fazer que o comércio contribua para a redução da pobreza ao mudar instituições, leis e políticas que marginalizam os pobres [...] Os "globalofóbicos" oferecem algo radicalmente diferente. Por trás da bandeira da "soberania nacional", eles propõem uma retração do comércio em favor de maior "autonomia". Talvez não surpreenda que esse tipo de pensamento seja mais atraente para a população do mundo rico. (Oxfam, 2002b, p.24)

Para a VC, a Oxfam International está equivocada porque os subsídios ao comércio não são o problema em si, nem para os países desenvolvidos nem para as economias em desenvolvimento:

> não há debate sobre comércio [dentro da VC] porque compartilhamos a mesma posição. Para nós, está claro que os países têm o direito de subsidiar sua agricultura, mas também têm o direito de fechar suas fronteiras. A questão do acesso ao mercado é uma armadilha.[26]

---

25 Por exemplo, ver os debates da Oxfam International com o diretor-executivo da ONG Focus on the Global South (Bello, 2002b, 2002c; Oxfam, 2002a) e com a ativista indiana Vandana Shiva (Shiva, 2002; Twyford, 2002).

26 Entrevista por telefone com Víctor Quintana, Frente Democrático Campesino de Chihuahua, nov. 2005.

Os membros da VC têm defendido essa posição na escala transnacional, mas suas agendas e enquadramentos discursivos domésticos variam bastante. Por exemplo, o MST brasileiro prioriza a questão da posse da terra e a reforma agrária, enquanto a NFFC norte-americana dá atenção à questão dos preços das commodities – e ambos são favoráveis às proteções domésticas. A combinação de diferentes agendas na escala doméstica e a supressão de temas no nível transnacional deixam pouca margem para a formação de alianças além-fronteiras com outros movimentos rurais ou ONGs que tenham uma abordagem diferente sobre o problema dos subsídios agrícolas.[27]

Transnacionalismo rural nas Américas

Em uma proporção ainda maior do que no caso dos sindicatos, muitos dos vínculos colaborativos entre organizações rurais identificados neste estudo não existiam antes dos anos 1990 (ver Figura 6.2). No início dessa década, sabia-se muito pouco sobre a situação dos agricultores nos outros países das Américas (Brooks e Fox, 2002, p.42; Hernández Navarro, 2002). O comércio já se tornara uma questão importante para esses atores, em especial por causa das rodadas de negócios do Gatt e dos processos unilaterais de liberalização comercial, mas não fazia parte de uma agenda transnacional na região. Como explicou um dos participantes do Fórum Nacional da Reforma Agrária e Justiça no Campo, do Brasil, quando essa aliança foi criada, em meados da década de 1990, os participantes não fizeram nenhuma tentativa de associar as políticas agrárias domésticas ao que acontecia nas negociações internacionais.[28]

Alguns intercâmbios entre movimentos rurais da América do Norte tiveram início durante as negociações do Nafta. Em novembro

---

27 Para obter mais detalhes sobre as ideias defendidas pela VC, ver o documento Via Campesina (2002), disponível em <www.viacampesina.org>.

28 Entrevista com Edélcio Vigna, consultor para Reforma Agrária e Soberania Alimentar, Inesc, Brasília, fev. 2008.

de 1991, organizações rurais e ambientais de México, Estados Unidos e Canadá realizaram o primeiro Encontro Trinacional sobre Agricultura, Meio Ambiente e Nafta na Cidade do México. Os atores envolvidos nesses esforços iniciais de cooperação enfatizam que era a primeira vez que organizações desses três países colaboravam com base em problemas semelhantes e na busca de soluções compartilhadas (Lehman, 2002, p.169). Os vínculos entre organizações mexicanas e norte-americanas mostrados na Figura 6.2 começaram a ser promovidos aproximadamente nessa época. Outros vínculos são ainda mais recentes, datando da criação da VC e da cooperação em torno das negociações da Alca e da OMC, a partir do final dos anos 1990.

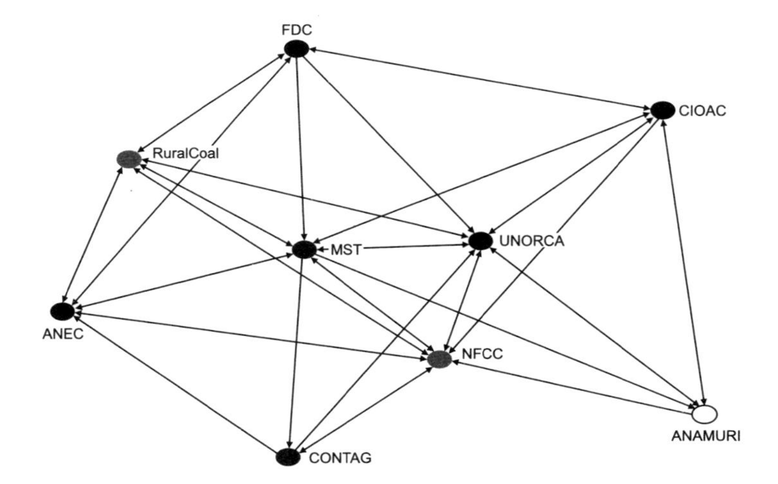

Figura 6.2 Vínculos mais próximos entre um grupo selecionado de organizações rurais (Brasil, Chile, México e Estados Unidos)

Países de acordo com a tonalidade dos nós: Chile (branco), EUA (cinza claro), Brasil (cinza escuro) e México (preto).
Acrônimos e abreviaturas: Anamuri: Associação Nacional de Mulheres Rurais e Indígenas – Chile; Anec: Associação Nacional de Empresas Comerciais de Produtores Rurais – México; Cioac: Federação Independente de Trabalhadores Rurais – México; Contag: Confederação Nacional dos Trabalhadores em Agricultura – Brasil; MST: Movimento dos Trabalhadores Rurais Sem Terra – Brasil; NFFC: Aliança Nacional de Agricultura Familiar – EUA; Unorca: União Nacional de Organizações Rurais Regionais Autônomas – México; RuralCoal: Coalização Rural – EUA.

Fontes: Entrevistas.

De maneira parecida ao que ocorreu no caso do movimento sindical, as organizações rurais também enfrentaram dificuldades ao tentarem promover a cooperação transnacional diante das negociações de acordos comerciais. Não havia consenso em relação à oposição às negociações do Nafta. Nessa época, a filiação de organizações mexicanas como a Confederação Nacional de Agricultores (CNC) ao Partido Revolucionário Institucional (PRI), então no poder, bem como a fragmentação organizacional existente tanto no México como nos Estados Unidos, limitavam as possibilidades de formação de alianças transnacionais que pudessem frear as negociações ou influenciá-las de modo significativo (Hernández Navarro, 2002, p.153-154; Lehman, 2002, p.172). Diferentemente do caso dos sindicatos, porém, a ausência de um histórico anterior de conflitos ideológicos permitiu que, quando as negociações começaram, atores nos três países encontrassem os primeiros pares com os quais compartilhar informações, ainda que esses contatos não levassem a processos sustentados de formação de alianças regionais.[29]

No extremo sul do hemisfério Sul, vínculos entre organizações rurais através de fronteiras nacionais são ainda mais recentes. Enquanto os sindicatos já tinham uma organização regional quando as negociações do Mercosul começaram, os movimentos rurais tiveram de criar uma nova: a Coordenadora das Organizações de Produtores Familiares do Mercosul (Coprofam), fundada em 1994. Essa aliança de agricultores reuniu organizações dos países-membros do Mercosul (Argentina, Brasil, Paraguai e Uruguai), além de Bolívia, Chile e Peru. Sua posição tem sido parecida ao "apoio crítico" dos sindicatos ao processo de integração. Seus objetivos são

29 Uma exceção interessante é a Rural Coalition, uma pequena aliança de agricultores familiares sediada nos Estados Unidos, que se transformou em uma organização binacional. Em 1992, essa organização promoveu sua assembleia em El Paso, México, com o objetivo de conhecer mais sobre a realidade mexicana e os possíveis impactos do Nafta. Desde então, organizações mexicanas e norte-americanas têm participado de seu conselho diretor. Entrevista com Lorette Picciano, diretora-executiva, Rural Coalition, Washington, D.C., out. 2004.

pressionar por políticas que ajudem os pequenos agricultores prejudicados pela liberalização do comércio e elaborar estratégias comuns para fortalecer a produção agrícola familiar (ver Tabela 6.2).[30]

No mesmo ano em que a Coprofam foi criada, movimentos rurais também fundaram a Coordenadora Latino-Americana de Organizações do Campo (Cloc). Essa iniciativa tinha menos a ver com as negociações de comércio regional e mais com as mobilizações da campanha "500 anos de Resistência", que culminou em 1992.[31] Foi apenas em seu terceiro congresso, em 2001, que a Cloc apresentou uma posição clara sobre a Alca e os acordos bilaterais de livre comércio (Berrón, 2007, p.109).

Desse modo, quando as negociações sobre a Alca tiveram início, havia um panorama organizativo novo em escala transnacional, mas fragmentado, sem uma aliança hemisférica que reunisse todos os atores – a VC, a Federação Internacional de Produtores Agrícolas (Ifap) e a IUF funcionavam em escala global, enquanto a Coprofam e a Cloc em escala latino-americana. Os obstáculos à unificação refletiam, em parte, divergências profundas sobre como avançar na tentativa de influenciar as negociações comerciais multilaterais. Essas divergências foram sentidas com mais intensidade na OMC do que em escala hemisférica, onde as várias organizações chegaram a um acordo sobre a oposição às negociações da Alca (ver Tabela 6.2). Assim como no caso dos sindicatos, esse amplo consenso permitiu que atores que normalmente não colaborariam entre si pudessem se dar as mãos em contextos específicos.

30 Em 2004, os governos do Mercosul concordaram em criar um espaço institucional específico para o debate de políticas sobre agricultura familiar com participantes dos movimentos rurais – a Reunião Especializada em Agricultura Familiar (Reaf).

31 Entrevistas com Geraldo Fontes, secretário de Relações Internacionais do MST, São Paulo, mar. 2005, e com Francisca Rodríguez, secretária de Relações Internacionais, Anamuri, Santiago, Chile, maio 2005. Essa campanha foi lançada por uma ampla aliança de organizações latino-americanas rurais, indígenas e religiosas (dentre outras), para protestar contra as comemorações do aniversário do "descobrimento" das Américas.

Tabela 6.2 Participação de organizações rurais em debates sobre comércio – principais atores no Brasil, Chile, México e Estados Unidos (2004)

Organização rural	Brasil	Chile			México	EUA		
	MST	Contag	Anamuri	Anec	Unorca	Cioac	NFFC	RC
Filiação a organização internacional	VC* Cloc**	Coprofam*** IUF****	VC Cloc	VC	VC	VC Cloc	VC	–
Posição em debates sobre comércio	Ativa na campanha contra a Alca.	Ativa no Mercosul e na campanha contra a Alca.	Contrária ao Acordo de Livre Comércio EUA-Chile e à Alca.	Contrária ao Nafta, menos ativa contra a Alca do que em reivindicar a renegociação do Nafta.	Contrária ao Nafta, menos ativa contra a Alca do que em reivindicar a renegociação do Nafta.	Contrária ao Nafta, menos ativa contra a Alca do que em reivindicar a renegociação do Nafta.	Contrária ao Nafta e à Alca.	Contrária ao Nafta e à Alca.
Participação ativa em alianças domésticas sobre comércio	Sim	Sim	–	Sim	Não	Não	Sim	Não
Participação ativa na ASC*****	Sim	Sim	Sim	Não	Não	Não	Não	Não

* Via Campesina.
** Coordenação Latino-Americana de Organizações Rurais.
*** Coordenadora de Organizações Agrícolas Familiares do Mercosul.
**** Sindicato Internacional de Alimentos, Agricultura, Hotéis, Restaurantes, Serviços de Bufê, Tabaco e Associações de Trabalhadores Afins.
***** Aliança Social Continental.

Fontes: Páginas oficiais das organizações e entrevistas na internet.

A inserção das organizações rurais em redes sociais e contextos políticos

Os vínculos entre organizações mapeados nas Figuras 5.1 a 5.4 mostram a alta proeminência dos movimentos rurais, em especial daqueles associados à VC, em redes de críticos aos acordos comerciais. Como foi discutido no capítulo anterior, os dados também revelam discrepâncias entre as posições doméstica e transnacional desses atores nas redes. Na escala transnacional, as organizações rurais apresentam a maior densidade intragrupo: isto é, tendem a manter vínculos estreitos com tipos semelhantes de organizações (ver Tabela 5.5). Da mesma forma, quando se perguntou como abordariam entidades de outros países para organizar sua participação em um evento paralelo a uma futura reunião ministerial da Alca, a maioria dos informantes respondeu que usaria, como seus portais preferenciais, alianças rurais transnacionais (como a VC) e não as coalizões nacionais sobre comércio.

No entanto, na escala doméstica, indicadores de densidade das redes mostram que as organizações rurais mantêm, sim, vínculos importantes com outros tipos de OSCs (ver Tabela 5.3). Na realidade, sua atuação relacionada aos acordos comerciais foi frequentemente baseada na cooperação com outras organizações, seja por meio de coparticipação em alianças e campanhas, seja por mecanismos mais informais. Alguns desses vínculos são históricos, como os que ligam organizações rurais e grupos religiosos no Brasil e nos Estados Unidos.[32]

Desse modo, as relações entre organizações rurais e outros críticos aos acordos de comércio têm sido muito mais complicadas e heterogêneas do que um relato baseado unicamente nos protestos de Cancún poderia sugerir. As dificuldades para coordenar a ação foram, naquele momento, exacerbadas pelos conflitos

32 Setores da Igreja Católica brasileira têm se envolvido em mobilizações em prol da reforma agrária há décadas e desempenharam um papel importante na criação do MST. Ver Comparato (2001, esp. p.114-115; Carter, 2005).

interorganizacionais no México e a falta de mobilização por parte dos demais atores (como os sindicatos mexicanos). Isso não significa, porém, que não havia nenhum tipo de relação de colaboração entre as organizações rurais e outros setores da sociedade civil nesse país.

Os debates sobre os impactos da liberalização do comércio de milho prevista pelas regras do Nafta oferecem um bom exemplo de cooperação intersetorial. Para muitas organizações rurais mexicanas, uma das principais demandas desde o final da década de 1990 consistiu em renegociar o capítulo agrário do Nafta e, mais especificamente, retirar o milho branco e o feijão do calendário de liberalização comercial.[33] O impacto negativo das importações sobre os pequenos produtores e a contaminação de espécies nativas por milho geneticamente modificado dos Estados Unidos levaram a esforços colaborativos inéditos entre organizações rurais, indígenas e ambientais.[34] Em 1999, essas organizações lançaram uma campanha contra a contaminação transgênica que associava as disposições do Nafta ao impacto local sobre comunidades rurais e indígenas no México.

Na rede mexicana (Figura 5.3), podemos verificar que organizações ambientais, como o Grupo de Estudos Ambientais (GEA) e o Greenpeace, e movimentos rurais, como a Unorca, a ONG

---

33 O movimento El Campo no Aguanta Más [O campo não suporta mais] conseguiu unificar temporariamente a ampla gama de organizações de trabalhadores rurais mexicanos em torno de demandas que incluíam a renegociação do calendário de liberalização de produtos agrícolas sob o Nafta e mudanças nas políticas rurais mexicanas. Não por coincidência, essa iniciativa floresceu em 2002, após a nova Lei Agrícola ser aprovada nos Estados Unidos e alguns meses antes do fim da transição de nove anos para a liberalização do comércio de arroz, soja, trigo e vários outros produtos.

34 Embora o milho tenha passado por um período mais longo de transição (quatorze anos) do que outros produtos, o México emitiu licenças de importação que não eram exigidas pelas regras do Nafta. Isso resultou em um aumento notável das exportações norte-americanas. Com a liberalização total do comércio de milho em 1º de janeiro de 2008, os produtores recearam que as exportações dos Estados Unidos ao México crescessem ainda mais. Ver dados sobre comércio bilateral de milho nos relatórios elaborados pelo Ministério da Agricultura dos Estados Unidos, em Zahniser e Coyle (2004).

Centro de Estudos para Mudança no Campo Mexicano (Ceccam) e a Associação Nacional de Empresas Comerciais de Produtores Rurais (Anec) aparecem como principais aliados entre si. Esses vínculos refletem a colaboração nessa campanha. Por um lado, trata-se de um exemplo de ação coletiva que conseguiu associar os impactos de um acordo de comércio multilateral ao bem-estar ambiental e econômico das comunidades locais. Por outro lado, mostrou como pode ser difícil levar esse tipo de colaboração para a escala internacional.

Quando os aliados mexicanos pediram que a Comissão para a Cooperação Ambiental dos Estados Unidos (CEC) investigasse a contaminação dos campos de milho, as organizações norte-americanas não aderiram a essa demanda. Como o diretor do Greenpeace-México explicou:

> O que acontece nos Estados Unidos é que a campanha contra organismos geneticamente modificados (OGMs) está muito fragmentada. As corporações são muito fortes e existem OGMs por toda a parte. Acho que é muito difícil propor uma aliança transnacional como estratégia [nesse assunto]. Talvez alguns grupos de agricultores norte-americanos concordem, por causa dos problemas que enfrentam para comercializar OGMs, mas, mesmo nesse caso, seriam aliados fracos.[35]

No entanto, quando os atores conseguem formar vínculos intersetoriais, essa interação pode impactar suas visões sobre os acordos comerciais e levar a novas abordagens. A colaboração da Oxfam International e Oxfam America com organizações rurais ilustra bem isso. Nesse caso, essas relações ajudaram a transformar a visão da Oxfam sobre negociações comerciais nas Américas e as estratégias a serem seguidas:

---

35 Entrevista com Alejandro Calvillo, diretor do Greenpeace-México, cidade do México, ago. 2004. Também é interessante observar que, embora o escritório do México fosse muito ativo, o Greenpeace dos Estados Unidos não tinha uma campanha contra OGMs.

> Quando a Oxfam se envolveu pela primeira vez no tema do comércio, o foco era a OMC. Na Europa, a Alca era invisível. Era aqui nas Américas, e em particular na América do Sul, creio eu, que as organizações da sociedade civil envolvidas disseram: "você não pode vir para a América Latina e falar sobre comércio desse jeito, não conhecemos a OMC, mas sim a Alca, e ela não apresenta nenhuma oportunidade para nós. Pelo contrário, é uma ameaça". Essa foi uma batalha, porque a Oxfam não queria uma mensagem negativa [sobre comércio]. Queria uma mensagem positiva de que o comércio pode ser um motor para a redução da pobreza. Essa foi uma luta empreendida de baixo para cima no âmbito da Oxfam, mas certamente pressionada pelos aliados.[36]

Por conseguinte, embora a Oxfam International e a VC entrassem em constante conflito nas reuniões da OMC, os escritórios da Oxfam na América Latina e nos Estados Unidos trabalhavam com os membros da VC em oposição a acordos como Alca, Cafta e outros. Entretanto, como no caso dos sindicatos, essa posição comum não eliminou as desavenças perenes sobre estratégias e temas importantes. Em particular, o tópico dos subsídios agrícolas aplicados pelos Estados Unidos persiste como fonte de controvérsia. Ao mesmo tempo que algumas das organizações que desafiaram as negociações de comércio os criticam, a NFFC argumenta que é a redução de preços que está realmente no cerne do problema, tornando os subsídios necessários à sobrevivência dos agricultores norte-americanos.[37] Além disso, as tensões entre demandas por preços justos para agricultores *versus* alimentos baratos para moradores das cidades ou matérias-primas de baixo custo para fabricantes de alimentos e fibras não foram resolvidas (Edelman, 2003, p.215).

Em suma, os movimentos rurais vêm ocupando cada vez mais espaço nos debates sobre comércio ao criar novas organizações

---

36 Entrevista com Stephanie Weinberg, consultora de Política Comercial da Oxfam America, Washington, D.C., fev. 2008.

37 Entrevista com Katherine Ozer, membro da Força-Tarefa sobre Comércio da NFFC, Washington, D.C., out. 2004.

transnacionais e reunir atores de países desenvolvidos e em desenvolvimento em torno da ideia de soberania alimentar e oposição a mais liberalização comercial. Os críticos aos acordos de comércio, contudo, permaneceram divididos entre os que eram filiados à VC e os que não eram, o que refletia as importantes diferenças nos caminhos para a transnacionalidade escolhidos. Nas escalas global e hemisférica, as discussões sobre o uso de subsídios agrícolas e o papel da OMC continuaram sendo fonte de fortes controvérsias. Essas diferenças eram suprimidas de tempos em tempos, quando havia tentativas de desenvolver agendas compartilhadas, que tendiam a ser mais bem-sucedidas no contexto de campanhas temáticas.

Mais especificamente, a supressão de controvérsias e o consenso minimalista de trabalhar contra a Alca permitiram que muitos desses atores atuassem juntos, ainda que as tensões ressurgissem periodicamente. Na escala doméstica, alianças mais abrangentes eram possíveis em torno de campanhas temáticas específicas, como a do milho no México. Na escala transnacional, as organizações rurais ligadas à VC envolviam-se menos do que as centrais sindicais na formação de amplas coalizões para enfrentar as negociações comerciais, como a análise de caminhos organizacionais para a transnacionalidade mostrará.

Os potenciais papéis de intermediação das ONGs

Além dos sindicatos e das organizações de trabalhadores rurais, o terceiro grupo de atores mais citado nas redes mapeadas no Brasil, Chile, México e Estados Unidos foi um conjunto de ONGs. Essas ONGs compartilham uma característica-chave: todas participaram de debates sobre comércio de uma perspectiva multitemática. Isso as distingue das que adotaram um olhar especializado sobre os acordos comerciais.[38] Além disso, são organizações bem estabelecidas, com

38 Por exemplo, a ONG Médicos Sem Fronteiras trabalha especificamente com os impactos dos acordos sobre o acesso a remédios, e a Human Rights Watch tem

raízes domésticas: no Brasil, a Federação de Órgãos para Assistência Social e Educacional (Fase), o Instituto de Estudos Socioeconômicos (Inesc) e o Políticas Alternativas para o Cone Sul (Pacs); no México, a Equipo Pueblo (Deca-EP); no Chile, a Aliança Chilena por um Comércio Justo e Responsável (ACJR) e o Centro de Estudos Nacionais sobre Desenvolvimento Alternativo (Cenda); nos Estados Unidos, a Public Citizen, o Grupo de Desenvolvimento para Políticas Alternativas (D-Gap) e o Instituto para Estudos Políticos (IPS) (ver Tabela 6.3 e Figuras 5.1 a 5.4).

É exatamente por adotarem uma abordagem ampla em relação aos acordos de comércio que esses atores podem desenvolver vínculos estreitos com uma variedade de tipos de organização. Esses vínculos não são automáticos, porém. Resultam da decisão desses atores de investir na capacidade de participar de debates sobre políticas a partir de uma variedade de pontos de acesso. Dadas as características específicas das negociações de comércio, arenas altamente técnicas que tratam de muitos temas e cujos efeitos são difíceis de avaliar plenamente, essas habilidades analíticas das ONGs podem ser ferramentas poderosas em redes de críticos aos acordos comerciais.

No entanto, a centralidade dessas ONGs é algo a ser explicado se considerarmos que, em comparação com sindicatos e organizações rurais, têm uma capacidade de mobilização muito restrita e nenhum histórico consistente de participação em debates sobre comércio. Tampouco representam uma parcela da população que se veja afetada especificamente pelos acordos de comércio, nem pretendem fazê-lo. Além disso, como já vimos, apesar das iniciativas recentes, muitas organizações de caráter associativo ainda resistem a compartilhar visibilidade e recursos com as ONGs,[39] e o inverso também

---

se concentrado na interface entre violações de direitos trabalhistas e acordos de comércio.

39 Essa resistência ficou clara, por exemplo, quando o capítulo brasileiro da ASC discutia se deveria enviar um representante para seguir as negociações de comércio global em Genebra, e os sindicatos opuseram-se a enviar alguém da ONG que fizera a proposta. No final das contas, o compromisso acertado foi

Tabela 6.3 ONGs multitemáticas em redes de críticos de acordos comerciais (2004)

ONG	Brasil			Chile		México	Estados Unidos		
	Fase	Inesc	Pacs	Cenda	ACJR	Deca-EP	D-Gap	IPS	Public Citizen
Posição em debates sobre acordos comerciais	Ativa na campanha contra a Alca.	Ativa na campanha contra a Alca e nos debates sobre o Mercosul.	Ativa na campanha contra a Alca.	Ativa na campanha contra o Acordo de Livre Comércio EUA-Chile.	Ativa na campanha contra o Acordo de Livre Comércio EUA-Chile e na campanha contra a Alca.	Ativa nas campanhas contra o Nafta e contra a Alca.	Ativa nas campanhas contra o Nafta e contra a Alca.	Ativa nas campanhas contra o Nafta e contra a Alca.	Ativa nas campanhas contra o Nafta e contra a Alca.
Participante ativa em alianças domésticas sobre comércio	Sim	Sim	Sim	–	–	Sim	Sim	Sim	Sim
Participante ativa na ASC	Sim	Sim	Não	Não	Sim	Sim	Sim	Sim	Não

Fontes: Entrevistas com representantes encarregados de acompanhar negociações comerciais.

é verdadeiro: muitas ONGs hesitam em colaborar com sindicatos e organizações de trabalhadores rurais. Por fim, nem todas as ONGs mais centrais nas redes patrocinavam os mesmos caminhos para a transnacionalidade. Embora algumas se aproximassem de uma transnacionalização sustentada à medida que se envolviam em debates sobre comércio, outras entravam na arena internacional apenas ocasionalmente e outras ainda preferiam nacionalizar os debates, concentrando-se em alvos e temas nacionais.

ONGs entram nos debates sobre comércio

A maioria das ONGs começou a prestar atenção às negociações de acordos comerciais somente nos anos 1990, e muitas destas não antes do final dessa década.[40] Muitas ONGs norte-americanas e mexicanas iniciaram atividades durante os debates do Nafta, mas, no Cone Sul, o processo de integração regional não teve o mesmo apelo. Para alguns, o Mercosul era um "projeto neoliberal" que beneficiaria apenas as corporações.[41] Para outros, tratava-se de mais uma tentativa de integração latino-americana fadada ao fracasso. Além disso, as ONGs ressentiam-se do fato de que os canais para o envolvimento da sociedade civil tinham uma "lógica corporativista

---

enviar dois representantes: um de um sindicato (o de metalúrgicos da CUT) e outro da ONG Inesc (entrevista com Fernando Lopes, secretário geral da CNM/CUT, São Paulo, mar. 2005). Para uma análise sobre as relações frequentemente hostis entre sindicatos e ONGs, e a forma de superá-las, ver os artigos em Eade e Leather (2005). Sobre como tensões semelhantes também estavam presentes durante o processo que levou à criação da Pro-Canada Network em meados da década de 1980, ver Huyer (2005).

40 Há algumas exceções, no entanto. As ONGs brasileiras Pacs e Ibase, por exemplo, começaram a acompanhar as negociações do Gatt no início da década de 1980. Como mencionamos no Capítulo 3, algumas ONGs norte-americanas e canadenses também começaram a prestar atenção às negociações de comércio global nessa época.

41 Entrevista com Marcos Arruda, coordenador geral, e Sandra Quintela, coordenadora de programas, Pacs, Rio de Janeiro, mar. 2005.

capital-trabalho"[42] que priorizava a participação de sindicatos e organizações empresariais nas arenas de negociação.

No entanto, podemos mencionar alguns precedentes da participação de ONGs no Cone Sul no período anterior à Alca: em 1993 e novamente em 1995, a ONG brasileira Inesc organizou seminários que reuniram parlamentares, negociadores e OSCs para debater os impactos potencialmente negativos do Mercosul para os pequenos agricultores.[43] Ao longo da década, ocorreram outras tentativas de participação em discussões sobre integração regional, lideradas por organizações de consumidores, mulheres e ambientalistas, mas não tiveram durabilidade nem geraram impactos relevantes nas negociações do Mercosul (von Bülow, 2003a, esp. p.99-100; Hochstetler, 2003).

O mais importante a considerar, no entanto, é que as ONGs *não* eram novatas nos debates sobre questões macroeconômicas e governança global. Desde a década de 1980, muitas haviam atuado em conjunto com movimentos sociais nos debates sobre temas como dívida externa e o impacto das políticas promovidas por instituições internacionais, principalmente o Banco Mundial e o Fundo Monetário Internacional. Esses vínculos eram tanto domésticos como transnacionais.[44] Além disso, pelo menos alguns relacionamentos anteriores, construídos com base em outras questões e em outras arenas internacionais – como as conferências das Nações Unidas ou o ativismo de direitos humanos durante as ditaduras militares latino-americanas (Keck e Sikkink, 1998; Friedman et al., 2005) – poderiam ser reativados quando o comércio se tornasse um assunto relevante para essas organizações.

Nos países do Nafta, um grupo muito maior de ONGs desempenhou um papel-chave nos debates sobre o acordo e na formação de coalizões que buscavam criticá-lo. Entretanto, havia diferenças

---

42 Entrevista com Iara Pietricovsky, colegiada de gestão, Inesc, Brasília, abr. 2005.

43 Entrevista com Edélcio Vigna, consultor de reforma agrária e soberania alimentar, Inesc, Brasília, fev. 2008.

44 Por exemplo, a relação entre a Fase no Brasil e a D-Gap nos Estados Unidos teve origem no contexto de debates sobre políticas de ajuste estrutural.

com respeito aos tipos de ONG envolvidos e seus caminhos para a transnacionalidade. Por exemplo, o movimento feminista canadense estava engajado ativamente nos debates sobre comércio (MacDonald, 2005); isso não acontecia da mesma maneira nem nos Estados Unidos, nem no México. Nos Estados Unidos, ONGs ambientais foram atores-chave durante os debates do Nafta, mas a interface entre meio ambiente e comércio tinha muito menos proeminência nos outros dois países. Os papéis também diferiam. Algumas ONGs tornaram-se importantes pontes entre diferentes tipos de organização e entre fronteiras nacionais, enquanto outras ganharam influência em decorrência de suas habilidades analíticas e organizacionais, mas focaram seu ativismo na escala doméstica.

ONGs multitemáticas como intermediadoras transnacionais?

Os intermediadores (*brokers*) têm sido definidos na literatura de análise de redes sociais como atores que, graças à sua posição, podem conectar grupos antes desvinculados (Marsden, 1982, p.202; Gould e Fernández, 1989). Mais recentemente, Doug McAdam, Sidney Tarrow e Charles Tilly definiram a intermediação (*brokerage*) como "a ligação de duas ou mais arenas sociais anteriormente desconectadas por uma unidade que intermedia as relações entre elas e/ou com outras arenas" (McAdam et al., 2001, p.26). A compreensão do que é intermediação neste livro é mais ampla do que essa definição, não limitando o papel dos intermediadores a situações de vínculo entre atores que estão necessariamente desconectados. Como Ann Mische (2008, p.49) argumentou, "a existência de agrupamentos completamente desconectados é apenas uma circunstância limitante em relação a formas parciais de intersecção e de disjunção que são mais comuns".

Desse modo, propomos definir intermediação como iniciativas que servem de ponte para ligar atores (indivíduos, organizações ou setores) que estejam separados por distância geográfica, falta de confiança ou escassez de recursos, ou simplesmente porque desconhecem a existência uns dos outros. Nesse sentido, a intermediação não se limita a conectar atores; envolve a negociação de divergências e o desenvolvimento de significados comuns, ainda que provisórios (Mische, 2008, p.50, 138-139). Isso se aplica particularmente à análise da ação coletiva transnacional entre atores heterogêneos que costumam manter múltiplos vínculos entre si, por meio da coparticipação em diversas campanhas, eventos ou alianças. Essa noção de intermediação passa de um foco em posições estáticas de atores em redes sociais para o estudo dos processos pelos quais os intermediadores chegam a essas posições e as mantêm (ou não) ao longo do tempo (Diani, 2003b).

Algumas ONGs tentaram desempenhar esse papel de intermediadoras nas redes que estamos analisando, mas só foram bem-sucedidas em alguns casos. A história de relações domésticas entre as OSCs tem um impacto importante nesses resultados. Por exemplo, algumas das ONGs brasileiras que ocupam posições centrais na rede nacional (Figura 5.1) tomaram conhecimento dos debates sobre comércio por meio de suas ligações históricas com organizações sindicais. Antes da reunião da Alca realizada em Belo Horizonte em 1997, o secretário de Assuntos Internacionais da CUT fez contato com a Fase (um aliado de longa data que, no início da década de 1980, ajudara a criar a central sindical) para discutir a criação de uma aliança nacional de organizações focada em comércio, que funcionaria como o par de outras alianças nacionais e como o capítulo nacional da ASC.[45] Nessa época, a Secretaria da Rede Brasileira pela Integração dos Povos (Rebrip) passou a ser sediada na Fase. Antes de 1997, essa ONG não tivera um papel proeminente nos debates sobre comércio.

A D-Gap, ONG de Washington que abrigou a secretaria da Aliança pelo Comércio Responsável (ART) desde sua fundação até 2006, é um caso semelhante de intermediação bem-sucedida.

45 Entrevista com Fátima Mello, coordenadora de Relações Internacionais da Fase e secretária executiva da Rebrip, Rio de Janeiro, mar. 2005.

Tanto a D-Gap como a Fase são ONGs bem estabelecidas que mantêm relações anteriores com vários tipos de OSCs em seus países e no exterior e atuam em uma ampla gama de temas, relacionados a desenvolvimento, pobreza e democratização de organizações internacionais.

A relativa discrição que a D-Gap e a Fase mantiveram nos debates sobre comércio ajuda a explicar por que não são as organizações com o maior grau recebido (*in-degree*) nas redes domésticas e, apesar de atuarem como intermediadoras entre escalas, são ainda menos centrais na rede transnacional. Como a pessoa responsável pela Rebrip na Fase explicou, a capacidade de desempenhar papéis de intermediação em ambientes organizacionais heterogêneos implica aceitar manter um perfil mais baixo:

> Não fazemos nada [que esteja relacionado com o comércio] como Fase [...] há um campo de ONGs no Brasil que conhece o seu papel e as suas limitações, que não quer representar nem substituir os movimentos sociais [...] eu acho que a gente está conseguindo, depois de décadas de trabalho junto, ter a maturidade para conhecer o papel de cada. Então há decisões que a gente não toma sem consultar o movimento. Isso é a política número um da Fase em termos da relação com as organizações: a gente prioriza a participação de movimentos sociais em tudo que faz. A gente é contra articulações exclusivamente de ONGs.[46]

Quando indagadas sobre como fariam contato com críticos da Alca em outros países, quase todas as ONGs multitemáticas incluídas neste estudo responderam que usariam as alianças nacionais sobre comércio como seus portais para organizar uma mobilização transnacional. Somente uma – a ONG chilena Cenda – recorreria a outros canais, mas, como veremos no próximo capítulo, o caso do Chile é diferente porque se tornou o único dos quatro países sem uma aliança nacional de organizações voltadas para o tema do comércio.

---

46 Ibid.

Em resumo, as ONGs têm maior probabilidade de desempenhar de forma exitosa os papéis de intermediação entre críticos dos acordos comerciais quando (1) abordam o comércio a partir de uma perspectiva multitemática; (2) estão dispostas a coordenar a ação coletiva, porém sem tentar falar pelos demais ou ocupar o palco central; (3) mantêm boas relações anteriores com as principais organizações de caráter associativo no país; e (4) mantêm boas relações com atores-chave em outros países, ou buscam isso ativamente. No entanto, nem todas as ONGs multitemáticas têm interesse em desempenhar o papel de intermediadoras.

"O problema não é o comércio"

O número crescente de temas atualmente tidos como relacionados ao comércio reflete não só a pressão dos governos para ampliar a agenda dos acordos, mas também o maior envolvimento de ONGs capazes de vincular as negociações a uma grande variedade de tópicos e de apresentar uma retórica que os unifica. Nesse sentido, esses atores são os principais impulsionadores do mecanismo de "extensão" de agendas em alianças nacionais e internacionais da sociedade civil sobre comércio. Debates sobre regras de investimento, serviços públicos, segurança alimentar e propriedade intelectual, por exemplo, ganharam relevância e têm mostrado grande potencial para a ação coletiva de diversos tipos de entidades. Essa agenda estendida também permitiu às ONGs e seus aliados evitarem o rótulo de "protecionistas" enquanto se mobilizavam contra acordos de livre comércio porque, afinal de contas, *o problema não é o comércio* (Wallach, 2004).

A atuação de Public Citizen, Equipo Pueblo, Pacs e Cenda nos Estados Unidos, México, Brasil e Chile mostra bem esse papel de extensão da agenda. Diferentemente da D-Gap e da Fase, essas ONGs têm participado de debates sobre comércio priorizando suas demandas e estratégias particulares. Sua centralidade nas redes é mais bem explicada pelas habilidades específicas que trazem ao campo de ação do que pelos papéis de intermediação desempenhados em alianças sobre comércio, embora também tenham desenvolvido vínculos sólidos com outros atores.

A Global Trade Watch foi criada em 1995 como uma das seis divisões internas da Public Citizen, que, desse modo, transformou o comércio em uma de suas áreas de ação prioritárias. Com uma equipe de onze pessoas dedicadas ao tema em 2008,[47] a Public Citizen destacava-se como uma das organizações que mais tinham investido na contratação de recursos humanos especializados.[48] Em geral, a prioridade tem sido influenciar o Congresso norte-americano. Considerando que o Poder Legislativo exerce poder significativo sobre as políticas de comércio (ver a discussão sobre políticas comerciais no Capítulo 10), influenciar deputados é uma atividade essencial para críticos de acordos comerciais nos Estados Unidos. A combinação de experiência em várias áreas de interesse relativas ao comércio e o conhecimento prévio sobre o funcionamento do Congresso explica porque a Public Citizen foi um dos atores mais citados nas redes, tanto em seu país como na escala hemisférica. Das 123 organizações nos quatro países pesquisados, 41 (quase 34%) mencionaram a Public Citizen como um aliado próximo. Como um líder sindical explicou:

> Quando eu queria saber sobre alguma questão específica de um pequeno detalhe do Nafta, da OMC ou da Alca, era só ligar para Lori [Lori Wallach, diretora da Global Trade Watch] para ter a resposta. É um recurso incrível de ter à disposição.[49]

47 Ver Citizen (2008).

48 Em 2004, uma organização bem maior como a Orit tinha apenas cinco funcionários para acompanhar as negociações de comércio. Entrevista com Víctor Báez, secretário-geral da Orit, Belo Horizonte, dez. 2004.

49 Entrevista com Christopher Townsend, diretor de Ação Política e representante internacional, United Electrical Radio and Machine Workers (UE), Arlington, VA, out. 2005.

Curiosamente, a centralidade da Public Citizen nas redes não significa concordância com suas estratégias. Muitos dos que a citaram como uma de suas principais aliadas também afirmaram que discordavam fortemente de várias das posições que essa organização defendia desde que o Nafta entrou em vigor. Em parte, essas tensões tinham a ver com diferenças pessoais entre indivíduos, mas também refletiam divergências sobre caminhos para a transnacionalidade. Essas divergências tornaram-se mais explícitas dada a estratégia da Public Citizen de internalização de assuntos de comércio, mais bem ilustrada na ênfase pragmática em vencer batalhas no Congresso norte-americano. Como um dos entrevistados explicou:

> Durante um dos debates no Congresso, a Public Citizen organizou grupos focais, que mostraram que as questões a abordar eram segurança alimentar, medicamentos e transporte com caminhões. Nós [da Aliança para o Comércio Responsável] discordávamos totalmente dessa abordagem. Eu compreendia que essas eram questões de grande repercussão entre os norte-americanos, e acho que eles eram muito cautelosos na forma como verbalizavam suas declarações, mas [...] um passo em falso da parte deles e esses argumentos soariam bastante antimexicanos.[50]

Da mesma forma, quando indagada sobre qual era a maior dificuldade nas relações com organizações do Sul, a então coordenadora para a Alca da Public Citizen respondeu que consistia em explicar as estratégias que teriam de ser implementadas a fim de conquistar votos no Congresso ou conseguir parar as negociações.[51] O caso da campanha contra a entrada de caminhões mexicanos nos Estados Unidos após a aprovação do Nafta é um bom exemplo que mostra que não somente os sindicatos, mas também as ONGs, podem cair em "armadilhas nacionalistas":

---

50 Entrevista anônima, Washington, D.C., set. 2005.

51 Entrevista com Timi Gerson, coordenadora para a Alca da Public Citizen, Washington, D.C., maio 2004.

> O problema [da entrada nos EUA] dos caminhões mexicanos é um pesadelo para nós. Nossa posição tem sido de que se trata de leis ambientais [...] Deixar entrar caminhões sem tornar os padrões mexicanos tão rigorosos quanto os norte-americanos implica permitir que a lei ambiental dos Estados Unidos seja atropelada por um tratado de comércio. Mas a visão dos mexicanos é que se trata de uma proposta xenofóbica, racista, que nós não queremos mexicanos nos Estados Unidos.[52]

Para a Public Citizen, a escolha de aliados e enquadramentos discursivos está associada à diferença entre os objetivos de curto prazo, quando pressiona o Congresso, e os de longo prazo, quando constrói alianças transnacionais e projetos compartilhados:

> Penso muito em termos de enquadramento 1 e enquadramento 2. O primeiro é [...] vencer batalhas específicas no Congresso. Mas o segundo é a perspectiva global: como queremos que o mundo seja. O enquadramento 1 refere-se a com quem se trava a batalha, o 2 é com quem se quer ganhar a guerra.[53]

Com mais de quinze anos de experiência em acompanhar negociações comerciais, a Public Citizen promoveu mudanças em suas atividades e atitudes que foram, ao menos em parte, resultantes de interações com aliados na América Latina. Durante os debates da Alca, a ONG investiu na contratação de pessoal com domínio da língua espanhola para poder encontrar aliados na região e comunicar melhor as suas decisões estratégicas.[54] No entanto, as desavenças persistem, e são um bom exemplo das dificuldades de tentar executar um caminho de internalização contínua ao mesmo tempo que se constrói relações de colaboração com organizações de outros países.

52 Ibid.
53 Ibid.
54 Ibid.

A força dos vínculos ausentes

A combinação de dados de redes sociais e informação qualitativa mostra que os críticos dos acordos comerciais inseriram-se em um novo ambiente relacional por meio de sua participação na ação coletiva sobre o comércio. Se o mesmo mapeamento de relacionamentos tivesse sido feito em meados da década de 1990, as redes resultantes teriam sido bastante diferentes. Muitas das organizações centrais simplesmente não estariam presentes. Os vínculos transnacionais entre as OSCs norte-americanas e latino-americanas ilustram bem essa mudança. Sem dúvida, antes da década de 1990 a CUT-Brasil não teria identificado a AFL-CIO como um aliado próximo, nem tantas organizações no Brasil, Chile e México teriam citado a D-Gap ou a Public Citizen. No primeiro caso, por causa dos conflitos ideológicos do período da Guerra Fria; no segundo, porque essas relações eram limitadas a poucas organizações ou não existiam. Mais importante ainda, a análise mostrou a relevância dos vínculos Sul-Sul e a cada vez mais importante presença das organizações da América Latina em mobilizações em torno das negociações de acordos de comércio.

Esse novo ambiente relacional não foi resultado automático das mudanças na governança global do comércio ou do fim da Guerra Fria. Foi a consequência de um processo dinâmico, contínuo e controvertido de negociação e aprendizagem entre os atores envolvidos. Bons exemplos desse processo, analisados neste capítulo, são a transformação das atitudes e posições dos escritórios da Oxfam nas Américas, a eliminação de referências claras ao problema dos subsídios agrícolas nas declarações assinadas pelas alianças e a ampliação do discurso das centrais sindicais de modo a abranger outras questões defendidas pelas OSCs, como as preocupações ambientais, tanto na escala doméstica como na transnacional.

As redes mapeadas fornecem informações esclarecedoras sobre ação coletiva não só pela análise dos vínculos presentes, mas também dos vínculos ausentes. Apesar de importantes diferenças entre os casos de Brasil, Chile, México e Estados Unidos, de modo geral podemos afirmar que três tipos de OSCs ou estão totalmente ausentes das redes de principais aliados, ou foram empurrados para a periferia dessas redes ao longo do tempo: organizações locais situadas fora das áreas urbanas mais populosas, atores reformistas que exigiam mudanças específicas nos acordos de comércio e organizações comunitárias. No que diz respeito aos temas em discussão, estão ausentes das redes as organizações indígenas, as com foco na igualdade racial e os grupos de jovens.

A ausência desses nós e vínculos é, até certo ponto, resultante da falta de recursos financeiros para incorporar atores geograficamente distantes entre si. Também é, contudo, produto de divergências políticas. No caso dos Estados Unidos, por exemplo, organizações de fora de Washington, D.C., criticaram alguns dos atores mais proeminentes em debates sobre comércio, como AFL-CIO e Public Citizen, por darem prioridade a atividades de lobby e por concentrarem em suas mãos um montante excessivo de recursos de campanha. No México, OSCs locais também se queixaram da falta de acesso a processos de tomada de decisão sobre as estratégias a serem seguidas, a distribuição de recursos financeiros e a definição de objetivos e metas. No Brasil, o capítulo nacional da ASC teve dificuldade de incorporar as organizações de base que participaram ativamente da campanha contra a Alca no país após 2004. No Chile, as críticas daqueles que se sentiam alijados dos processos decisórios acabaram levando ao desaparecimento da aliança nacional criada durante as negociações de livre comércio EUA-Chile.

A força desses vínculos ausentes faz parte da análise apresentada na próxima parte deste livro, que discute os caminhos organizacionais para a transnacionalidade tomados pelos críticos dos acordos comerciais. Mais especificamente, apresenta-se uma análise de como as diferentes escolhas em termos de formação de alianças foram capazes (ou não) de responder às críticas dos que se sentiam excluídos.

Parte IV
Caminhos organizacionais para a transnacionalidade

7
CRIAÇÃO E EXTINÇÃO DE ALIANÇAS TRANSNACIONAIS

À medida que um espectro crescente de OSCs começava a debater como coordenar ações para questionar os acordos de livre comércio, constatou-se uma flagrante falta de modelos a serem seguidos para a formação de alianças entre grupos, setores e países. As organizações transnacionais que existiam nas Américas eram, em geral, limitadas a certas categorias ou tipos de entidades, como as sindicais ou religiosas, com poucas interseções entre elas. Além disso, essas iniciativas eram institucionalizadas de forma hierárquica e territorial, de modo que as organizações nacionais se filiavam a entidades internacionais.

Os esforços para a criação de alianças relacionadas com o comércio nas Américas levaram ao surgimento de um novo repertório, que não apenas se baseava nas iniciativas preexistentes, mas também as extrapolava, dando origem a uma constelação de novos e antigos *caminhos organizacionais para transnacionalidade*. Como foi observado no Capítulo 2, esse processo de formação de alianças não é linear. As organizações não se tornam necessariamente mais internacionais ao longo do tempo. Além disso, não existe nenhuma tendência determinista que faça que as OSCs mudem de uma participação intermitente para a adoção de caminhos organizacionais mais estáveis e duradouros.

Para compreender essa dinâmica, este capítulo analisa o processo que levou à criação de alianças hemisféricas sobre o tema do comércio. O Capítulo 8 complementa a análise com foco na criação de alianças nacionais no Brasil, Chile, México e Estados Unidos. O principal argumento é que os atores desenvolveram arranjos organizacionais que foram influenciados por redes e coalizões anteriores, mas, ao mesmo tempo, transformaram esses arranjos por meio da geração de novos vínculos e de ações que buscavam equilibrar as relações de poder, difundir experiências bem-sucedidas, adaptar-se a novos ambientes e criar papéis de intermediação para vincular as escalas nacional e transnacional.

Apesar da falta de receitas acabadas sobre como formar alianças, os atores têm noção dos tipos de alternativas que lhes são inaceitáveis. A literatura sobre o transnacionalismo tem ressaltado a rejeição crescente dos atores a organizações hierárquicas e centralizadas. Por conseguinte, dá-se ênfase positiva à tendência de a ação coletiva transnacional ser organizada de modo menos rígido, preferencialmente em torno de campanhas com um ciclo de vida curto, a partir de acordos que tenham escopo restrito e temporário (Anheier e Themudo, 2002; Tarrow e della Porta, 2005). No entanto, pouco se escreveu sobre como os atores escolhem entre diferentes possibilidades e, mais especificamente, sobre a criação de coalizões que não sejam campanhas soltas, mas, ao mesmo tempo, também não sejam mera reprodução de formas hierarquizadas e centralizadas. É preciso analisar os diversos equilíbrios entre formas organizacionais do passado e a geração de novas, equilíbrios representados pelos atuais caminhos organizacionais para a transnacionalidade, e também compreender como os atores se movem entre as várias opções disponíveis.

Modos de formação de alianças: baseadas em campanha e filiação

As alianças de críticos dos acordos comerciais têm coexistido com uma variedade de outras alianças transnacionais, muitas das quais proliferaram após a década de 1980.[1] O objetivo não tem sido substituir coalizões já existentes, nem competir com estas, mas sim criar espaços de encontro para a coordenação de ações coletivas. Assim, em 2005, uma central sindical nacional como a AFL-CIO discutia objetivos e estratégias ligadas ao comércio simultaneamente no âmbito da ASC, da Campanha Continental contra a Alca, da Aliança Stop Cafta e das arenas sindicais internacionais. De modo análogo, diversas ONGs de gênero e direitos humanos participavam de várias alianças voltadas para os acordos comerciais, sem que isso colocasse em questão sua participação em outras coalizões domésticas, regionais e globais.

Esse pluralismo evidencia a rejeição das formas de organização com regras rígidas de filiação que caracterizaram muitas das ações coletivas transnacionais do passado. Como explicou um dos fundadores chilenos da ASC, houve consenso entre os participantes sobre a necessidade de definir regras de coexistência que levassem em conta uma ação coletiva transnacional plural:

> tínhamos em comum essa apreciação crítica, que está relacionada com a construção de um novo ator, de que precisávamos trabalhar de um modo eficiente, ligando os impactos internacionais aos nacionais, mas sem essas representações falsas, modernistas, de grandes conglomerados e [a criação de] representações que muitas vezes são fictícias.[2]

---

1 Em sua pesquisa sobre as organizações regionais latino-americanas (que denominaram de "redes regionais", Patricio Korzeniewicz e Bill Smith identificaram quase trezentas delas (ver Korzeniewicz e Smith, 2003a, p.13). Esse número seria ainda mais elevado se abrangesse todo o hemisfério.

2 Entrevista com Coral Pey, então diretora-executiva da Aliança Chilena por um Comércio Justo e Responsável (ACJR), Santiago do Chile, jun. 2005.

No entanto, o consenso sobre essa rejeição não se traduziu em um caminho organizacional comum. A variedade de formas disponíveis de construção de alianças reflete as diferentes visões sobre o que a ação coletiva transnacional deveria ser, qual o papel dos diferentes atores e com quem se aliar. Mais especificamente, os arranjos organizacionais representavam diferentes equilíbrios entre princípios aparentemente contraditórios de igualdade e eficácia. Esses arranjos variavam de uma formação de alianças que concedia grande autonomia a seus membros por meio de estruturas menos hierárquicas que não se sustentavam ao longo do tempo – a *campanha*, o modo de construção de alianças no qual a literatura sobre ação coletiva transnacional tem concentrado a maior parte de sua atenção – a projetos mais ambiciosos de criação de coalizões baseadas na *filiação* de membros, com limites para a adesão e regras mais claras de divisão interna do trabalho.

Essa diversidade de opções foi desenvolvida por críticos dos acordos comerciais nas Américas a partir da segunda metade da década de 1990, tanto na escala doméstica como na transnacional (ver Figura 7.1). Iniciativas como a Campanha Continental contra a Alca e a Aliança Stop Cafta constituem bons exemplos de alianças baseadas em campanha, enquanto a ASC e a Rede Internacional de Gênero e Comércio (IGTN) ilustram as alianças baseadas em filiação (ver Figura 7.2).

Esses modos de formação de alianças são em si internamente heterogêneos no que diz respeito a regras de governança. Por exemplo, as baseadas em filiação variam das formas tradicionais de organização hierárquica que ligam o nível local ao global, como no caso das organizações sindicais internacionais, a alianças mais flexíveis e multissetoriais, como a IGNT e a ASC. Ambas as coalizões foram criadas no contexto de mobilizações em torno dos acordos comerciais na década de 1990. Entretanto, enquanto a IGTN reúne grupos, ativistas e intelectuais preocupados em salientar a interface entre relações de gênero e negociações de comércio, a ASC é um espaço mais amplo de diálogo entre diversos setores da sociedade civil, incluindo a IGTN e outros grupos de mulheres.

DOMÉSTICAS	ANO	TRANSNACIONAIS
	1986 →	Criação da **Coordenadora de Centrais Sindicais do Cone Sul** (CCSCS)
Criação da Pro-Canada Network, mais tarde renomeada como **Action Canada Network** (ACN)	← 1987	
Criação da **Common Frontiers**, Canadá	← 1988	
Criação da **Rede Mexicana de Ação Frente ao Livre Comércio** (RMALC – Red Mexicana de Acción Frente al Libre Comercio), da Quebec Coalition on Trilateral Negotiations, mais tarde renomeada como **Rede Quebec sobre Integração Continental** (RQIC – Réseau Québécois sur l'Intégration Continentale), e da Mobilization on Development, Trade, Labor and the Environment, mais tarde renomeada como **Aliança pelo Comércio Responsável** (ART – Alliance for Responsible Trade), nos EUA	← 1991	
Criação da **Citizen's Trade Campaign** (CTC), EUA	← 1992	
Criação da Rede Chilena pela Integração dos Povos (Rechip), mais tarde renomeada como **Aliança Chilena por um Comércio Justo e Responsável** (ACJR – Alianza Chilena por un Comercio Justo y Responsable)	← 1994	
	1997 →	Lançamento da ideia de criação da **Aliança Social Continental** (ASC) durante a reunião ministerial da Alca

DOMÉSTICAS	ANO	TRANSNACIONAIS
Criação da **Rede Brasileira pela Integração dos Povos** (Rebrip)	← 1998 →	Primeira Cúpula dos Povos, Chile
	1999 →	Primeira reunião da Coordenação Hemisférica da ASC; lançamento da **Rede Internacional de Gênero e Comércio** (IGTN – International Gender and Trade Network)
	2001 →	Segunda Cúpula dos Povos, Québec; I Encontro Hemisférico contra a Alca em Havana
Lançamento dos **capítulos nacionais da campanha contra a Alca** na Argentina, Brasil, México, Bolívia, Colômbia, Equador, Uruguai e outro países	← 2002 →	Lançamento da **Campanha Continental contra a Alca**; II Encontro Hemisférico contra a Alca em Havana; lançamento da campanha **Stop Cafta**.
	2004 →	III Encontro Hemisférico contra a Alca em Havana
	2005 →	IV Encontro Hemisférico contra a Alca em Havana; Terceira Cúpula dos Povos, Mar del Plata
	2006 →	V Encontro Hemisférico contra a Alca

Figura 7.1 Duas décadas de formação de alianças relacionadas a comércio nas Américas, 1986-2006

		DURABILIDADE	
		–	+
INTERNACIONALIZAÇÃO	–	Capítulos domésticos da campanha contra a Alca; outras alianças domésticas	Capítulos domésticos da ASC; outras alianças domésticas
	+	Campanha Continental contra a Alca; outras campanhas transnacionais	Aliança Social Continental; Rede Internacional de Gênero e Comércio

Figura 7.2 Caminhos organizacionais para a transnacionalidade

Com respeito à durabilidade dos caminhos organizacionais, as alianças criadas em torno de campanhas sobre acordos comerciais tendiam a durar enquanto uma negociação específica estava em curso, ao passo que as iniciativas baseadas em filiação, como a IGTN e a ASC, não se extinguiam. Quanto ao grau de internacionalização, a participação em campanhas e/ou alianças baseadas na filiação não necessariamente acarretava uma nacionalização ou transnacionalização de estratégias e discursos. Por exemplo, as OSCs que se envolveram na Campanha Continental contra a Alca podiam limitar sua participação apenas ao capítulo nacional, ou podiam também desempenhar papéis ativos em eventos internacionais, como os encontros hemisféricos realizados periodicamente em Cuba (ver Figura 7.1).

Nessa pluralidade de iniciativas, o caso da ASC é especialmente interessante, porque seus membros buscaram criar o que os estudiosos da ação coletiva transnacional consideram ser mais difícil: a colaboração de longo prazo, baseada em regras consensuadas de coordenação e representação entre uma ampla gama de atores. No entanto, os fundadores da ASC tiveram sucesso apenas parcial em seu objetivo de criar uma coalizão hemisférica aberta e horizontal.

A criação da Aliança Social Continental

Durante a reunião ministerial da Alca realizada em Belo Horizonte, em 1997, OSCs de cinco países aprovaram a ideia de criar uma nova aliança hemisférica. Participantes de coalizões e ONGs de Brasil, Canadá, Chile, México e Estados Unidos, em conjunto com a Orit, propuseram que esse fosse um espaço permanente, que reunisse a mesma variedade de tipos de OSCs que haviam sido cruciais na mobilização da sociedade civil no México, Canadá e Estados Unidos durante as negociações do Nafta.

Durante a década que se seguiu, a ASC passou por quatro fases: definição dos objetivos e regras de governança interna, decisões sobre a direção a seguir, execução das tarefas acordadas e, por fim, revisão de metas e formas de relacionamento entre os membros.[3] Entre 1997 e a primeira reunião de coordenação, realizada em março de 1999, os membros discutiram como a ASC funcionaria, procuraram filiar mais organizações de diferentes países e reuniram as principais demandas apresentadas aos governos nacionais (a maior parte relacionada com as negociações da Alca). Entre 1999 e janeiro de 2002, a aliança passou por um período de consolidação, que se encerrou com o lançamento da Campanha Continental contra a Alca. Esse também foi um período de revisão da direção a ser tomada, durante o qual a aliança passou da formulação de demandas abrangentes que buscavam mudar a agenda e o teor das negociações para a defesa de uma posição mais clara de oposição às negociações hemisféricas.[4]

---

3 Para uma discussão das fases na formação de alianças, ver Brown e Fox (1998, p.449-450).

4 Antes de 2001, a ASC demandou maior acesso ao processo decisório e a informações sobre o processo de negociações, além de uma ampliação de seu escopo de modo a incluir uma agenda social e ambiental. A título de exemplo, ver a declaração conjunta de Belo Horizonte assinada por sindicatos e ONGs (Orit et. al., 1997). Na Cúpula dos Povos realizada em Québec, em 2001, a ASC lançou um novo slogan: "a ASC diz NÃO à Alca; outras Américas são possíveis" (ver Berrón, 2007, p.34-35; Smith e Korzeniewicz, 2007, p.160-164).

A terceira fase estendeu-se de 2002 até a reunião ministerial de Miami, no final de 2003. Nesses dois anos, a Alca persistiu como o principal tópico na agenda da aliança, e seus membros participaram da Campanha Continental contra o acordo. Por fim, em 2004, quando as negociações da Alca estagnaram, a aliança entrou em nova fase, ampliando progressivamente sua agenda para incluir negociações no nível global e outros acordos regionais, ao mesmo tempo que associava essas negociações a questões como dívida externa e militarização. Esse também foi um período de intensos debates sobre o futuro da coalizão na era posterior à Alca e de mudanças em sua organização interna.

A ASC não reuniu todo o universo das OSCs que visavam questionar as negociações de comércio, mas chegou a ter entre seus membros alguns dos principais atores desse campo (ver Figura 7.3).[5] A maioria dos seus integrantes situava-se a centro-esquerda do espectro ideológico, unida por uma crítica em comum às políticas de livre comércio e uma avaliação negativa das consequências dos acordos comerciais. Embora em vários países pudessem ser encontrados setores conservadores críticos aos acordos, estes mantinham somente relações informais com a ASC e seus capítulos nacionais, e se engajavam ocasionalmente em ações colaborativas de curta duração. Além disso, à medida que a coalizão passou a adotar uma posição mais crítica em relação às negociações da Alca, isso a afastou das organizações empresariais que desejavam modificar tópicos específicos da negociação e buscavam garantir uma presença maior na mesa de negociações.[6]

---

5 Como veremos a seguir, exceções importantes foram as organizações que participaram da Campanha Continental contra a Alca, mas não eram filiadas à ASC, como a Public Citizen dos Estados Unidos ou diversas entidades ecumênicas do Brasil, e também as organizações conservadoras que criticavam as negociações de livre comércio, mas não participavam de nenhuma dessas iniciativas.

6 Pouco antes da reunião de Belo Horizonte, em 1997, sindicatos do Cone Sul assinaram uma declaração conjunta com organizações empresariais no âmbito do Foro Consultivo Econômico e Social do Mercosul, em que clamavam por negociações mais transparentes e o estabelecimento de canais de diálogo (FCES, 1997). Alguns desses sindicatos passaram a participar na ASC.

O caráter hemisférico – não só latino-americano – da ASC era, por si só, uma novidade no que dizia respeito à formação de alianças na região. Como um dos participantes argumentou:

> Há uma ruptura em relação à visão latino-americana de que não podemos criar uma aliança com movimentos do Norte, e isso é muito importante, é uma contribuição da Aliança Social Continental [...] Vivemos uma era diferente, não se trata mais de "os do Sul lutam, os do Norte demonstram solidariedade".[7]

Embora tenha havido muitos exemplos no passado de cooperação Norte-Sul nas Américas, a ASC inovou por ser uma coalizão que buscava ser duradoura, baseada em objetivos e princípios comuns e apoiada por uma variedade de OSCs. Como se pode verificar na Figura 7.3, membros do Conselho Hemisférico incluíam capítulos nacionais e organizações regionais. Muitos existiam desde antes da criação da ASC.

Por causa da heterogeneidade dos seus membros, que vinham de vários setores da sociedade civil e cruzavam a divisão Norte-Sul, a ASC tem sido considerada um exemplo da "possibilidade de alianças mais abrangentes desenvolvidas em torno da questão mais ampla da democratização da governança econômica" (Anner e Evans, 2004, p.40). É definida por seus membros como um "espaço aberto":

> É um fórum de movimentos sociais e organizações progressistas das Américas, criado para trocar informações, definir estratégias e promover ações comuns, direcionadas à identificação de um modelo de desenvolvimento alternativo e democrático.[8]

7 Entrevista com Héctor de la Cueva, diretor, Cilas, Cidade do México, ago. 2004.

8 Ver ASC (2006).

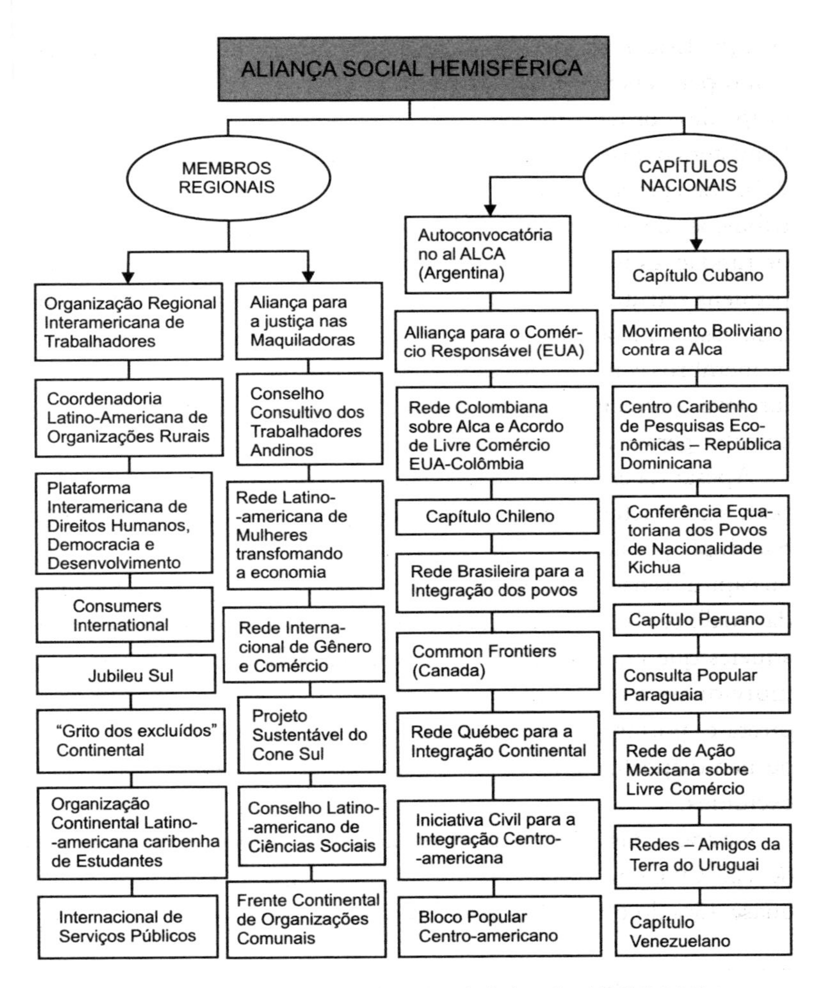

Figura 7.3 Membros do Conselho Hemisférico da ASC (2006)

No que se refere à estrutura organizacional, a Aliança não se concebeu como "uma organização com estruturas e hierarquias de qualquer tipo, mas como um processo contínuo em construção", ainda que admitisse a criação de "instâncias mínimas e flexíveis nos níveis hemisférico, regional, nacional, local e setorial".[9] Sem

9 Ibid.

espaços físicos próprios para seus escritórios, nem equipe de trabalho permanente, a ASC mantinha uma secretaria rotativa, um grupo de coordenação, grupos de trabalho temáticos e um conselho hemisférico do qual todos os filiados podiam participar (ver Figura 7.3).[10] Seu processo decisório era por consenso. Não arrecadava contribuições de seus membros. Em vez disso, buscava financiamento de fundações internacionais e ONGs para pagar os custos de sua pequena estrutura organizacional, reuniões e publicações.[11] Por um lado, isso evitava críticas de burocratização e reduzia a dependência de membros com mais acesso a recursos financeiros. Por outro lado, limitava o número de atividades que a Secretaria da ASC podia executar[12] e gerava dependência de atores externos à aliança.

Apesar da ênfase na horizontalidade e no consenso, a ASC não pode ser caracterizada como um "espaço aberto" acessível a todos. Sua dupla possibilidade de filiação (por meio de alianças regionais ou capítulos nacionais) gerava maior flexibilidade do que a maioria das coalizões baseadas em membros, mas havia uma distinção entre aqueles que podiam se filiar e os que não podiam. Organizações individuais e autônomas não podiam pleitear sua participação direta e, portanto, os atores não filiados a coalizões regionais e/ou não dispostos a aderir a capítulos nacionais eram, na prática, excluídos.

Na época das entrevistas feitas para este estudo com informantes de 123 OSCs no Brasil, Chile, México e Estados Unidos, 55 – quase 45% do total – não participavam da ASC. Embora não seja

10 A intenção inicial era criar uma organização mais sofisticada, com grupos de trabalho temáticos de abrangência hemisférica, mas somente dois foram ativados até 2005: o grupo encarregado de monitorar as negociações da Alca e o Comitê de Gênero. Entrevista com Gonzalo Berrón, Secretaria da ASC, abr. 2005.

11 Por exemplo, a publicação de diversas versões do documento da ASC "Alternativas para as Américas", em espanhol, português e inglês, foi financiada pela John D. and Catherine T. MacArthur Foundation, a Rockfeller Foundation e a Solidago Foundation.

12 Para conhecer essa crítica da parte de participantes canadenses, ver Koo (2001, p.44).

uma amostra significativa, esse número indica que um importante segmento das redes de críticos de acordos comerciais permanecia fora dessa aliança. Além disso, como já foi argumentado, mesmo no caso dos membros de capítulos nacionais e/ou organizações regionais filiadas à ASC, o nível de comprometimento com a formação de coalizões transnacionais variava consideravelmente.

No período pesquisado, persistiam debates abertos sobre as regras de participação, como um dos participantes explicou:

> Há questões sobre a legitimidade de certos participantes que virão à tona. Tivemos alguma discussão com respeito à Central de Trabalhadores Cubanos: se deveria ou não fazer parte da ASC. Na minha opinião, a inclusão das organizações mais oficiais cubanas não tem sido tão prejudicial ao processo, mas é evidente que a grande questão passa a ser: as organizações oficiais de Cuba serão tão críticas à Alca depois que o embargo for suspenso e o país incluído no acordo?[13]

Essa questão nunca precisou ser respondida, mas aponta para importantes debates sobre as regras de participação em alianças transnacionais. É verdade que, desde sua criação, os membros da ASC têm feito esforços conscientes para ampliar a participação e reduzir as assimetrias internas de poder. Em sua primeira fase, os "veteranos do Nafta", como John Foster chama os capítulos nacionais de Canadá, México e Estados Unidos, eram o núcleo das atividades da Aliança (Foster, 2005, p.221). Contudo, na composição do Grupo de Coordenação, criado em 1999, houve um equilíbrio entre o Norte e o Sul, e entre os capítulos nacionais e as organizações regionais.[14] A sede da Secretaria ficava no capítulo nacional mexi-

---

13 Entrevista anônima, Washington, D.C., out. 2004.

14 Os membros do Grupo de Coordenação da ASC eram: Common Frontiers (Canadá), Rede Quebec sobre Integração Continental (RQIC), Aliança para o Comércio Responsável (EUA), Rede Mexicana de Ação Frente ao Livre Comércio (RMALC), Rede Brasileira pela Integração dos Povos (Rebrip), Iniciativa Civil para a Integração Centro-Americana (Icic), Organização Regional

cano, depois se mudou para o Brasil e, por fim, para a Colômbia, em 2007. Essa guinada para o Sul contribuiu para mitigar a desconfiança de algumas organizações latino-americanas em relação às do Norte, algo que gerava tensões entre os participantes na primeira fase da Aliança (Saguier, 2007, p.256-257).

No entanto, a ASC também foi criticada por não ser "tão hemisférica quanto o nome sugere" (Massicotte, 2003, p.121). O espanhol tornou-se o idioma dominante da organização, o que garantia que os participantes de língua espanhola não tivessem de enfrentar a barreira da comunicação. No entanto, para os falantes de português, inglês e francês da região, isso poderia ser um fator de exclusão. Esse talvez seja um problema menos importante no caso dos brasileiros acostumados a participar de arenas do Mercosul, mas certamente representa um obstáculo para as nações de língua inglesa e francesa, bem como para organizações de povos originários.[15] Embora algumas OSCs contratassem pessoal que falasse espanhol e/ou português, muitas não seguiam esse exemplo, o que limitava efetivamente sua participação em reuniões e conferências telefônicas, como uma representante dos Estados Unidos na ASC argumentou: "todas as reuniões da ASC são em espanhol, portanto quem fala inglês nem pensa em ir [...] Sim, o idioma era um grande obstáculo".[16] Na prática, o resultado disso foi a tendência de sempre o mesmo grupo restrito de indivíduos – que dominavam o idioma e/ou representavam organizações com mais recursos – participar das reuniões e conferências telefônicas.

Interamericana de Trabalhadores (Orit) e Coordenadora Latino-Americana de Organizações do Campo (Cloc).

15 Por exemplo, os participantes canadenses levantaram a questão da exclusão dos povos indígenas por causa de barreiras da língua (ver Koo, 2001, p.58).

16 Entrevista com Karen Hansen-Kuhn, secretária da ART e D-Gap, Washington, D.C., set. 2005. No início de 2008, a ART teve de encontrar voluntários para traduzir o boletim da ASC, que foi publicado somente em espanhol, idioma que a maioria de seus membros não falava e que restringia a possibilidade de uso desses materiais como ferramentas efetivas de difusão de informações e mobilização entre organizações de base.

A paralisação das negociações hemisféricas e o lançamento de uma série de negociações bilaterais e regionais envolvendo os Estados Unidos e países latino-americanos provocaram um duplo efeito negativo na ASC. O elemento unificador – a oposição à Alca – deixou de existir. Além disso, a existência de diversas negociações de acordos de livre comércio levou a uma fragmentação das ações e agendas na região. Não obstante, a ASC sobreviveu. Em 2007, seus membros reafirmaram a posição da Aliança como "um espaço permanente de articulação para a ação" que "desenvolve suas próprias campanhas, além de apoiar e participar das promovidas por outros movimentos e organizações" (ASC, 2007a). Um dos principais desafios identificados por atores nesse contexto foi o de ampliar ainda mais sua base de filiados, em especial incluindo os que haviam participado da Campanha Continental contra a Alca, o que levou à ampliação dos temas debatidos e à revisão de sua estrutura organizacional (ASC, 2007b).

A Campanha Continental contra a Alca

O lançamento da Campanha Continental contra a Alca, no início de 2002, foi uma oportunidade para os que não podiam – ou não *queriam* – participar da ASC de aderir às redes de críticos de acordos de comércio por outro caminho organizacional. A Campanha diferia da ASC no nível de comprometimento exigido dos participantes, na tática de mobilização e no estabelecimento de regras internas e papéis de intermediação. Seu objetivo também era mais restrito: paralisar as negociações da Alca. Apesar de concebida no âmbito da ASC, aos poucos a ideia da Campanha tornou-se maior do que a Aliança e ganhou vida própria. Em países como Brasil, México e Peru, dentre outros, ocorreu uma bifurcação organizacional temporária entre a ASC e os capítulos nacionais da Campanha. Já em outros, como Canadá, Chile, Estados Unidos e Venezuela, essa divisão não ocorreu, porque não chegaram a formar um capítulo separado (Berrón, 2007, p.150-151).

Dois grupos justapostos de OSCs participavam da Campanha, mas não da ASC: os que tinham diferenças políticas anteriores com algum dos principais fundadores da Aliança[17] e os que não desejavam se comprometer com a criação de uma aliança transnacional baseada na filiação de membros. Muitas dessas organizações (mas não todas) privilegiaram a participação nos capítulos domésticos da Campanha, em vez da criação de relações transnacionais duradouras com aliados de outros países. Como um dos principais participantes desses esforços de formação de alianças argumentou, setores como o de trabalhadores rurais e movimentos indígenas sentiam-se mais à vontade e participavam mais ativamente no contexto de uma coalizão menos formal, com uma agenda mais estrita do que a da ASC (Berrón, 2007, p.36).

A Campanha incentivou a participação de OSCs, membros de partidos políticos, parlamentares e indivíduos em geral que compartilhassem o objetivo de paralisar as negociações da Alca. Criou-se uma estrutura baseada em um grupo de coordenação, uma secretaria e capítulos nacionais, porém com regras de participação mais flexíveis do que as da ASC. O Grupo de Coordenação Continental era composto de dois representantes de movimentos, comitês, capítulos ou plataformas por país, além de dois representantes de cada rede continental ou regional (Campanha Continental contra a Alca 2002). A participação em reuniões locais, nacionais e hemisféricas era aberta a todos.

Entre 2001 e 2005, os espaços transnacionais de reunião mais importantes da Campanha foram os encontros hemisféricos organizados em Cuba – o primeiro dos quais ocorreu antes do lançamento oficial da Campanha (ver Figura 7.1). As edições do Fórum Social Mundial de Porto Alegre realizadas em 2002, 2003 e 2005, bem como as do Fórum Social das Américas, também foram eventos

17 Quando a decisão de lançar a Campanha foi tomada, em 2001, havia resistência de alguns atores da América Latina a participar da ASC por causa da presença da Orit como uma das principais organizações fundadoras. Entrevista com Gonzalo Berrón, Secretaria da ASC, São Paulo, abr. 2005. Ver também a discussão sobre tensões internas na coalizão em Saguier (2007).

importantes para a Campanha, nos quais se buscava recrutar novos membros, realizar reuniões e apresentar demandas (Midlej e Silva, 2008, p.23). Não por acaso, o lançamento oficial da Campanha ocorreu em Porto Alegre, no ano de 2002.

A decisão mais importante da Campanha foi a de organizar consultas públicas sobre a Alca em vários países, para que as pessoas pudessem se manifestar contra o acordo, seja por voto secreto seja por abaixo-assinados. Essa ideia foi apresentada por ativistas brasileiros, que tinham a experiência de ter organizado o Plebiscito Nacional sobre a Dívida Externa alguns anos antes. Promovido por uma ampla coalizão, sob o guarda-chuva organizacional da Campanha do Jubileu Sul, o Plebiscito contou com seis milhões de votos contra o pagamento da dívida.[18] A consulta sobre a Alca visaria os mesmos objetivos, sendo os mais importantes: aumentar a conscientização popular sobre os impactos do acordo, mobilizar as organizações de base e pressionar governos nacionais a realizarem uma consulta oficial e/ou cessarem as negociações (Campanha Continental contra a Alca 2002). Cada capítulo nacional da Campanha tinha autonomia para decidir como organizar essa consulta.

Apesar do foco em educação popular e mobilização de base, esse tipo de aliança também não pode ser caracterizado como um "espaço aberto". Enfrentavam-se muitos dos mesmos desafios da ASC, a saber, as barreiras de comunicação e a falta de recursos para financiar a participação de organizações de base locais em reuniões internacionais. Além disso, embora para alguns a realização dos encontros hemisféricos anuais em Cuba fosse um modo de motivar os ativistas, por causa da relevância do país como a Meca[19] para os que vinham de tradições de esquerda, para outros representava um obstáculo a mais. Por exemplo, muitas OSCs norte-americanas não foram a Cuba, pois, como explicou uma dessas organizações:

18 Ver Jubileu Brasil (2006).

19 Entrevista com Gonzalo Berrón, secretaria da ASC, São Paulo, abr. 2005.

> É extremamente difícil levar a essas reuniões em Cuba pessoas de alto nível provenientes dos grupos que detêm poder político nos Estados Unidos. Refiro-me aos sindicatos com milhões de filiados e aos principais grupos progressistas ambientais e rurais. Penso que muitos desses grupos poderiam hesitar em ir a esses encontros apenas por causa das manobras que é preciso realizar para contornar as leis norte-americanas de viagens [a Cuba].[20]

A principal demanda da Campanha nunca foi atendida – consultas oficiais sobre a Alca jamais ocorreram em nenhum país das Américas – e, após 2004, a estagnação das negociações levou a um declínio nos níveis de mobilização em todo o hemisfério.[21] A maior fonte de fragilidade desse modo de formação de alianças é seu foco restrito em um único acordo: a Alca. Entretanto, como veremos no próximo capítulo, os impactos da Campanha e da ASC foram muito diferentes em cada país.

---

20 Entrevista com Lori Wallach, diretora-executiva, Global Trade Watch, Public Citizen, Washington, D.C., set. 2005.

21 No primeiro encontro hemisférico realizado em Cuba, em 2001, registrou-se cerca de 800 participantes. Esse número aumentou nas edições seguintes, mas caiu após 2004.

8
Difusão e diferenciação de alianças nacionais

A criação de alianças sobre acordos comerciais em vários países das Américas constitui um exemplo interessante de difusão transnacional de novas fórmulas organizacionais que buscavam fornecer respostas a problemas de coordenação, representação, mobilização e geração de conhecimento. Apesar das importantes diferenças entre sociedades civis no hemisfério, iniciativas parecidas foram disseminadas através das fronteiras nacionais. As alianças criadas no México e nos EUA, no início da década de 1990, eram muito parecidas com a Action Canada Network, criada anteriormente (ver Figura 7.1). Essas, por sua vez, influenciaram as coalizões surgidas posteriormente ao sul do hemisfério. Por exemplo, quando se começou a debater sobre a necessidade de se criar o capítulo nacional da Aliança Social Continental no Brasil, no final daquela década, os envolvidos nas discussões iniciais conceberam seu objetivo como o de "criar uma RMALC brasileira" (referindo-se à Rede Mexicana de Ação Frente ao Livre Comércio).[1] De fato, a experiência de criação de uma coalizão no único país em desenvolvimento que fazia parte do Nafta foi uma referência fundamental para os fundadores do capítulo da ASC no Brasil, mais do que a experiência geograficamente

1 Entrevista com Fátima Mello, secretaria da Rebrip, Rio de Janeiro, mar. 2005.

mais próxima do Mercosul, que, conforme vimos no capítulo anterior, não havia gerado uma coordenação duradoura entre os diversos setores da sociedade civil nos anos 1990.

As primeiras alianças sobre o tema do comércio foram formadas com objetivos muito específicos em mente: satisfazer a necessidade de coordenação da ação coletiva no âmbito da sociedade civil, constituir espaços políticos para o debate entre ideias, setores e países diferentes, e traduzir a linguagem técnica dos acordos de comércio para os atores da sociedade civil e a população em geral. Essas iniciativas não visavam ser simples espaços de convergência de movimentos, como o Fórum Social Mundial, nem meras arenas para a organização de encontros de curta duração, como as alianças de eventos criadas em torno das cúpulas paralelas. Ao mesmo tempo, os participantes não pretendiam impor uma estrutura de tomada de decisão rígida e hierárquica que restringisse a autonomia de seus membros (Rebrip, 2007).

Ao tentarem alcançar um equilíbrio entre institucionalização e autonomia, as coalizões criadas compartilhavam das seguintes características organizacionais: (1) baseavam-se na filiação de membros (OSCs e alianças da sociedade civil, embora em alguns casos indivíduos também pudessem participar); (2) eram multissetoriais; (3) o processo decisório era por consenso; (4) havia uma divisão interna de trabalho, conforme a qual indivíduos e/ou organizações encarregavam-se de funções de coordenação interna e representação externa; e, naturalmente, (5) focavam primordialmente as negociações de acordos de comércio.

Os desafios que essas alianças enfrentavam eram semelhantes: por exemplo, equilibrar forças para evitar que os membros com o maior montante de recursos dominassem a coalizão e lidar com as tensões decorrentes da necessidade de prover os recursos necessários para a aliança, sem deixar de garantir a sobrevivência e a autonomia das organizações-membro.[2] Contudo, diante de desafios parecidos,

2 Existe ampla literatura sobre formação de alianças que aborda esses desafios. A título de exemplo, ver Staggenborg (1986, p.384-385).

Tabela 8.1 Principais alianças sobre comércio no Brasil, Chile, México e Estados Unidos

País	Aliança	Período de atividade	Número de membros em 2006*	Filiada à ASC
Brasil	Rebrip	1999 –	38	Sim
Chile	ACJR	1995 – 2006	Deixou de ser uma associação de membros após 2004	Sim
México	RMALC	1991 –	16	Sim
EUA	ART – Aliança para o Comércio Responsável CTC	1991 – 1992	32 19 (mais coalizões estaduais filiadas)	Sim Não

* Números aproximados, baseados em estimativas feitas pelas secretarias das próprias alianças. O número de membros flutuava com o tempo e, frequentemente, alguns dos listados como membros não eram participantes ativos.

Fontes: Sites oficiais das alianças, último acesso em 31 out. 2006: <http://www.citizenstrade.org>; <http://www.art-us.org>; <http://www.rmalc.org.mx>; <http://www.rebrip.org.br>; <http://www.comerciojusto.cl>.

os atores reagiam de formas diferentes. Os exemplos das alianças que funcionavam nos quatro países pesquisados – listados na Tabela 8.1 – mostram dois resultados distintos: crise e tentativas de reconstrução em bases diferentes (os casos de Chile e México) e divisão (os casos de Brasil e Estados Unidos).

A Tabela 8.2 lista as alianças mais citadas como aliadas mais próximas em atividades relacionadas com o comércio pelos informantes entrevistados no Brasil, Chile, México e Estados Unidos. Os dados sugerem que tanto a RMALC como a Aliança Chilena por um Comércio Justo e Responsável (ACJR) continuaram sendo referências importantes nos debates sobre negociações comerciais em outros países. O fato de uma organização mexicana ser a mais identificada como uma aliada próxima no nível transnacional confirma o ponto levantado no capítulo anterior sobre a importância dos vínculos Sul-Sul e a visibilidade das organizações do Sul em debates sobre acordos comerciais. No entanto, para compreender melhor o significado desses vínculos, é necessário complementar essa informação com uma análise qualitativa dos processos de formação de coalizões. As próximas seções deste capítulo vão abordar primeiramente os casos de formação de alianças de México e Chile e, em seguida, os de Estados Unidos e Brasil.

Os exemplos de RMALC no México e ACJR no Chile

A Rede Mexicana de Ação Frente ao Livre Comércio (RMALC) foi criada em 1991 como um espaço de encontros cujo tempo de vida estava atrelado à duração dos debates sobre as negociações do Nafta.[3] Quinze anos depois, ainda existia. Nessa época, porém, tinha um perfil organizacional e político bastante diferente. Durante os primeiros anos, a RMALC foi administrada por voluntários e ocupou temporariamente uma parte do escritório da Frente Autêntica do Trabalho (FAT). Em 2005, a coalizão mantinha seis funcionários remunerados[4] e ocupava uma parte maior do prédio da FAT na Cidade do México, em bases permanentes. Apesar dessa capacidade organizacional ampliada, a RMALC tornou-se cada vez menos poderosa ao longo do tempo no que se refere à habilidade de reunir um amplo espectro de atores da sociedade civil mexicana. Tinha menos membros ativos,[5] e um número ainda menor destes eram organizações de natureza associativa. Além disso, importantes mobilizações relacionadas ao tema do comércio, como protestos

3 Entrevista com Bertha Luján, ex-coordenadora executiva da RMALC, Cidade do México, ago. 2005.

4 Entrevista com María Atilano, coordenadora executiva da RMALC, Cidade do México, ago. 2004. Somente em 2005 a entidade conseguiu ter seu primeiro aparelho de fax e um computador, contratar sua própria secretária e diminuir a dependência financeira da FAT. Ver Massicotte (2004, p.255).

5 Começou com 42 organizações filiadas; esse número cresceu durante os debates do Nafta para mais de cem e, em 2006, girava em torno de dezesseis.

maciços de trabalhadores rurais e agricultores familiares contra a liberalização do comércio prevista no Nafta, não foram organizadas pela RMALC, nem a entidade teve um papel importante nesses movimentos.[6]

Tabela 8.2 Alianças mais frequentemente citadas como aliadas mais próximas no Brasil, Chile, México e Estados Unidos (por grau [*in-degree*], país e tipo de organização)

Organização	País	Grau (%)*	Tipo de organização e filiações associadas ao comércio
RMALC	México	29	Aliança sobre comércio; capítulo nacional da ASC
ACJR	Chile	19	Anteriormente, Aliança Chilena de Comércio; capítulo nacional da ASC até 2006
Rebrip	Brasil	15,9	Aliança sobre comércio; capítulo nacional da ASC
ART	EUA	14,6	Aliança sobre comércio; capítulo nacional da ASC
Campanha do Jubileu Sul	Brasil	11,7	Secretaria Nacional da Campanha do Jubileu Sul; Secretaria da Campanha Nacional contra a Alca; cossecretaria da Campanha Continental contra a Alca

* Porcentagem do total possível de menções feitas pelas organizações da sociedade civil entrevistadas.
Fontes: Entrevistas.

A primeira aliança sobre o tema do comércio a ser criada no Chile foi a Rede Chilena por uma Iniciativa dos Povos (Rechip), que ajudou a organizar a Cúpula dos Povos de 1998. No entanto, essa organização não teve vida longa, por causa das fortes desavenças entre as OSCs chilenas. Como vimos no Capítulo 6, foi no Chile que ocorreram algumas das mais sérias tensões entre organizações de

6 Uma aliança de organizações de trabalhadores rurais organizou diversos protestos na Cidade do México e na fronteira entre México e Estados Unidos entre 2003 e 2006. Ver a análise dos movimentos de trabalhadores rurais no Capítulo 6 deste livro.

caráter associativo e as ONGs. A central sindical nacional e as organizações de trabalhadores rurais não estavam dispostas a colaborar com as ONGs por considerarem que estas não eram suficientemente representativas (Jakobsen, 2007, p.5). Além disso, até mesmo entre os participantes da Rechip havia significativas divergências políticas, como resume um dos atores na época:

> Da Cúpula dos Povos surgiram três desafios: o primeiro era a definição de uma política de formação de alianças. Quem queria atuar na Alca teria de trabalhar com os principais atores do Norte, com [atores como] Orit. Deveríamos ir além da [política de alianças típica da] Guerra Fria. O segundo consistia em agir simultaneamente nos níveis nacional e internacional, algo que soa óbvio agora, mas com o qual tivemos dificuldade para lidar por um bom tempo [...] E o terceiro era definir uma política de influência diante do Estado [...] Acho que a Rechip deveria ter tratado dessas questões antes da Cúpula, mas também considero que a ruptura foi positiva, pois constatamos que tínhamos visões incompatíveis [sobre esses desafios].[7]

Nem a Rechip nem sua sucessora, a ACJR, conseguiram chegar a um consenso de longo prazo sobre essas questões. Por conseguinte, nunca tiveram tantos membros nem tanta visibilidade internacional quanto a RMALC. No entanto, a ACJR era o único espaço a reunir as OSCs chilenas que criticavam o Acordo de Livre Comércio EUA--Chile e outras negociações, além de desempenhar um papel central nas primeiras fases da criação da ASC.

É justamente porque até o final da década de 1990 exerceram papel de liderança nos debates latino-americanos sobre o comércio que as alianças mexicana e chilena foram as mais citadas pelas organizações entrevistadas nos quatro países (ver Tabela 8.2). Apesar de sua centralidade nessa rede transnacional, contudo,

---

7 Entrevista com Coral Pey, então diretora-executiva da ACJR, Santiago do Chile, jun. 2005.

ambas as coalizões pareciam fadadas a desaparecer na virada do século. As acusações feitas eram semelhantes: as duas tiveram de enfrentar críticas de OSCs domésticas por falta de transparência em tomada de decisões, além de queixas sobre o controle de alguns indivíduos sobre temas específicos. Intensos conflitos internos de poder levaram a uma participação cada vez mais escassa dos membros, instigada por acusações de que as alianças estavam gradualmente sendo controladas por alguns poucos indivíduos que não tinham legitimidade para assumir funções de coordenação ou representação.

Em 2004, após um processo contencioso de discussões, a ACJR deixou de existir como aliança, mas foi refundada como uma ONG de mesmo nome por um pequeno grupo de pessoas. Dada a ausência de um capítulo nacional da Campanha Continental contra a Alca, ela persistiu como a única organização chilena a manter os debates sobre comércio no topo de sua agenda, a acompanhar com regularidade as negociações e a produzir documentos de análise de forma consistente.

A decisão de desistir de tentar formar uma aliança baseada na filiação de membros não foi fácil. Aqueles que defendiam essa mudança argumentavam que era a única maneira de atuar de modo "real", sem depender da contribuição dos membros para manter a coalizão viva.[8] Outros advertiram que a nova organização seria mais fraca do que uma aliança, porque não poderia contar com o apoio institucional e político dos membros nem tirar proveito de sua inserção nas redes internacionais.[9] De fato, após dois anos, a ACJR fechou as portas por falta de financiamento para seus projetos.[10]

Embora a opção de transformar a aliança em uma ONG também fosse aventada como uma solução possível para a crise da RMALC, seus membros remanescentes preferiram promover uma

---

8 Ibid.

9 Entrevista com Bernardo Reyes, Instituto de Ecología Política (IEP), Santiago do Chile, jun. 2005.

10 Comunicação por e-mail com Coral Pey, a ex-diretora executiva da ACJR, jun. 2008.

reestruturação negociada, visando restabelecer seu papel político como uma aliança de organizações. Os principais desafios consistiam em ampliar a participação e manter altos níveis de ativismo dos membros de base associativa.

Apesar das consideráveis diferenças nas relações Estado-sociedade civil nos dois países, em ambos os casos os vínculos próximos entre OSCs importantes e os partidos políticos no poder afetaram negativamente as tentativas de formação de alianças.[11] Como vimos no Capítulo 6, alguns dos principais sindicatos e organizações rurais preferiam usar seus canais diretos com autoridades governamentais para negociar demandas setoriais específicas e muitas vezes evitavam fazer críticas abertas às negociações de acordos comerciais. Em termos gerais, RMALC e ACJR tiveram dificuldade de sustentar a participação de organizações de base associativa e foram mais exitosas em atrair ONGs e pesquisadores, a maioria baseados nas capitais, Santiago e Cidade do México.

Também é verdade que poucas OSCs de ambos os países mantinham funcionários dedicados a acompanhar os acordos de comércio, em contraste com organizações com mais recursos financeiros nos Estados Unidos. Seus desafios iam além, no entanto, do que a questão de escassez de recursos. Para a maioria das OSCs, após a aprovação do Nafta e do Acordo de Livre Comércio EUA-Chile, o comércio passou a ser uma questão marginal em suas agendas. Desse modo, nem no México nem no Chile a Campanha Continental contra a Alca mobilizou tantas pessoas e OSCs quanto no Brasil. Críticos da RMALC e da ACJR alegam, contudo, que a falta de participação não se deveu simplesmente à falta de interesse ou recursos, mas a uma centralização de atividades em um punhado de indivíduos que decidiam e falavam em nome dos demais.

---

11 No caso do México, refiro-me aos vínculos próximos da maioria dos sindicatos trabalhistas e organizações rurais com o Partido Revolucionário Institucional (PRI), no poder em nível federal até 2000. No caso do Chile, refiro-me aos vínculos que ligavam as OSCs aos partidos políticos da coalização Concertación de Partidos por la Democracia, que ocupou a Presidência do país entre 1990 e 2010.

As organizações mexicanas e chilenas que continuavam a considerar a RMALC e a ACJR espaços políticos estratégicos na década de 2000 enxergavam sua maior força não tanto como portais de acesso à formação de alianças transnacionais ou coordenadores de ação coletiva, mas como lugares domésticos de geração de conhecimento. Elas perduraram como as mais importantes referências intelectuais para as OSCs que buscavam uma análise crítica dos acordos comerciais e seus impactos, análise que traduzia as questões para termos que seus membros pudessem compreender facilmente.[12] No entanto, ao longo do tempo, ambas as coalizões foram em grande medida incapazes de exercer os papéis de coordenação, articulação e representação que lhes foram atribuídos. Sua habilidade de produção de conhecimento contribuiu para solidificar seu perfil como ONGs ou centros de pesquisa aos olhos de outras OSCs, e não como atores políticos relevantes.

Ironicamente, como um dos mais ativos participantes da RMALC explica, o enfraquecimento dessas alianças ocorreu ao mesmo tempo que a agenda relativa ao comércio ganhou amplitude e complexidade:

> a RMALC funciona cada vez menos como uma rede de organizações [...] Ao mesmo tempo que sua agenda se ampliou e seu prestígio aumentou, há um fenômeno de participação reduzida dos membros da RMALC diretamente como RMALC, o que criou uma equipe de trabalho ainda menor que se vê mais e mais sobrecarregada por uma agenda ambiciosa demais.[13]

---

12 Vários entrevistados mexicanos e chilenos ressaltaram a importância da RMALC e da ACJR na geração de conhecimento. Desde sua fundação, a RMALC desempenhou um papel fundamental na difusão de informações sobre negociações e na análise crítica de acordos comerciais, acessíveis a OSCs no México e também em outros países. Entre 1991 e 2003, a RMALC publicou ou coeditou 23 publicações, além de inúmeros materiais educacionais e boletins (Massicotte, 2004, p.289).

13 Entrevista com Héctor de la Cueva, diretor, Centro de Investigação e Consultoria do Trabalho (Cilas), Cidade do México, ago. 2004.

As divergências entre os participantes ficavam mais explícitas quando surgia uma função representativa que necessitava ser preenchida no nível transnacional. As tensões foram intensificadas com a criação da ASC, porque se esperava que capítulos nacionais como RMALC e ACJR fossem capazes de representar seus membros em reuniões internacionais. Por exemplo, quando o Conselho Hemisférico da ASC se reuniu em São Paulo, em 2005, havia recursos para pagar a participação de somente um representante de cada capítulo nacional. No México, a questão era: quem deveria viajar para o Brasil, alguém que estivera acompanhando os debates sobre a agenda daquela reunião específica ou alguém novo, que poderia ir para aprender? Aqueles favoráveis à primeira opção foram criticados por quererem manter o domínio do tema; os que favoreciam a outra alternativa foram, por sua vez, criticados por criarem problemas de eficiência. Como um dos participantes mexicanos desse debate argumentou:

> recebemos um e-mail de alguém que achava que [ele/ela] era o representante adequado, porque estava acompanhando determinado assunto. Eu fui muito crítico dessa posição, porque havia outras organizações que também seguiam o tema, e nós não somos idiotas.[14]

Esse exemplo refere-se às dificuldades de expandir a participação na aliança, desafio que tem sido reconhecido, tanto por participantes como por críticos, desde que a RMALC foi fundada.[15] Uma estratégia destinada a lidar com esse desafio foi a criação de espaços paralelos de coordenação, orientados a assuntos ou eventos específicos, como o Comitê Mexicano da Campanha Continental contra a Alca, o Comitê de Cidadãos Mexicanos sobre o Acordo

---

14 Entrevista com um membro anônimo de uma OSC mexicana, Cidade do México, ago. 2005.

15 Para uma descrição e uma análise das várias tentativas de melhorar o funcionamento da RMALC, ver Massicotte (2004, esp. p.316-332).

União Europeia-México e a Coordenação do Fórum dos Povos, em preparação para os protestos realizados durante a reunião da OMC em Cancún. No entanto, esses espaços eram provisórios e, portanto, incapazes de gerar o tipo de aliança de base associativa e de longo prazo a partir da qual os capítulos nacionais da ASC deveriam funcionar. Tensões também ocorriam entre grupos localizados na Cidade do México e os de fora da capital, que reclamavam de falta de transparência e acesso a processos decisórios.[16]

A incapacidade de descentralizar o poder, apesar de inúmeras queixas e propostas nas duas últimas décadas, levou a um aumento do ceticismo em relação à capacidade da RMALC de mudar, muito embora em 2004 um novo e mais abrangente comitê provisório tenha sido criado para supervisionar sua reestruturação. Como um dos participantes do comitê expandido provisório explicou, persistia o risco de reproduzir erros anteriores:

> eles [o núcleo dirigente da RMALC] são chamados de "Quatro Fantásticos" [...] Nós [os indivíduos que participam da coordenação provisória ampliada] temos de tomar cuidado para não nos tornarmos os "Oito Fantásticos". Conversei com pessoas que disseram: "há muito tempo tem havido conversas sobre abertura e democratização na RMALC, mas nada jamais muda".[17]

Intermediação através de escalas de ativismo

Para entender a capacidade de RMALC e ACJR de desempenharem um papel de intermediação entre as escalas doméstica e transnacional, perguntamos às OSCs como fariam para entrar em contato com organizações norte-americanas no caso de um evento

16 Entrevista por telefone com Víctor Quintana, conselheiro, Frente Democrático Campesino de Chihuahua, nov. 2005.

17 Entrevista com um dos participantes do comitê expandido da RMALC, Cidade do México, ago. 2005.

sobre comércio organizado nos Estados Unidos.[18] Quase a metade das OSCs mexicanas entrevistadas disse que entraria em contato com seus pares por meio da RMALC. No entanto, somente uma a usaria como o único portal. A maioria faria contato direto com pares norte-americanos específicos e/ou usaria outros intermediários, como a Secretaria da ASC, entidades setoriais de alcance regional e demais organizações mexicanas (ver Figura 8.1). Como dois dos participantes da RMALC explicaram, tem havido uma proliferação de vínculos transnacionais e uma menor dependência dessa organização como o portal exclusivo pelo qual contatar organizações em outros países:

> a princípio, talvez a única porta de acesso fosse a RMALC, mas atualmente temos uma série de relacionamentos construídos [...] O processo disseminou-se para outros temas, as pessoas especializaram-se, contatos bilaterais ocorreram. Agora existem outros níveis de relacionamento.[19]
>
> A RMALC possui contatos e um peso considerável no nível internacional, mas realmente não faz a ponte entre as esferas nacional e global. Estabelece contatos, mas a informação não é compartilhada [...] Assim, não nos sentimos bem representados por ela e não a julgamos útil. Por isso, começamos a formar laços por conta própria.[20]

Embora essa fragmentação represente um desafio para a RMALC (e para a ASC), também indica uma vitalidade do campo

18 A pergunta foi: "Suponha que a próxima reunião ministerial da Alca seja realizada nos Estados Unidos e você precise discutir com organizações norte-americanas uma estratégia de participação. Você: a) entra em contato diretamente; b) entra em contato por meio de alianças como a RMALC e ACJR; c) entra em contato por intermédio de outras organizações mexicanas/chilenas; d) entra em contato via alianças regionais; e) não sei." Os entrevistados podiam escolher mais de uma alternativa.

19 Entrevista com Brisa Maya, Centro Nacional de Comunicação Social (Cencos), Cidade do México, ago. 2005.

20 Entrevista com um participante anônimo, Cidade do México, ago. 2005.

de ação sobre comércio que não existia antes no México. Como um dos fundadores da RMALC esclarece:

> Há um lado positivo nisso: a gama de organizações envolvidas em questões de comércio foi ampliada. Ainda está longe do ideal [...] os movimentos nacionais mais importantes reagem às agendas locais e nacionais, mas muito raramente à agenda internacional [...] Apesar disso, porém, tem havido um crescimento do que antes era algo bastante centralizado na RMALC e que passou a incorporar diversas outras organizações.[21]

Ao responder à mesma pergunta, a maioria das OSCs chilenas respondeu que não faria contato com seus pares norte-americanos por meio da ACJR, nem diretamente, mas sim por meio de outros intermediadores, como as entidades setoriais regionais ou outras organizações chilenas (ver Figura 8.2). No México, o enfraquecimento da RMALC foi causa e consequência de uma proliferação de vínculos, mas, ao menos em parte, esse tem sido um processo positivo de criação de novos laços transnacionais diretos. No Chile, porém, a tendência era a ACJR ser substituída por outros intermediadores e não por vínculos diretos.

Em resumo, tanto a RMALC como a ACJR permaneceram influentes quanto a sua capacidade de produzir e disseminar conhecimento e informações sobre as negociações comerciais. A experiência dos indivíduos que estavam acompanhando essas negociações de perto há muito anos gerava legitimidade e respeito. Elas também se beneficiaram de suas posições como capítulos nacionais da ASC. No entanto, no período estudado, a capacidade de desempenhar papéis de representação no nível transnacional e ser ponte entre as escalas transnacional e doméstica foi muito enfraquecida. A lacuna entre como se percebia o papel da RMALC e da ACJR no âmbito doméstico e como esse era percebido no exterior foi reconhecida por OSCs mexicanas e chilenas, as quais sentiam que essas

21 Entrevista com Héctor de la Cueva, Cilas, Cidade do México, ago. 2004.

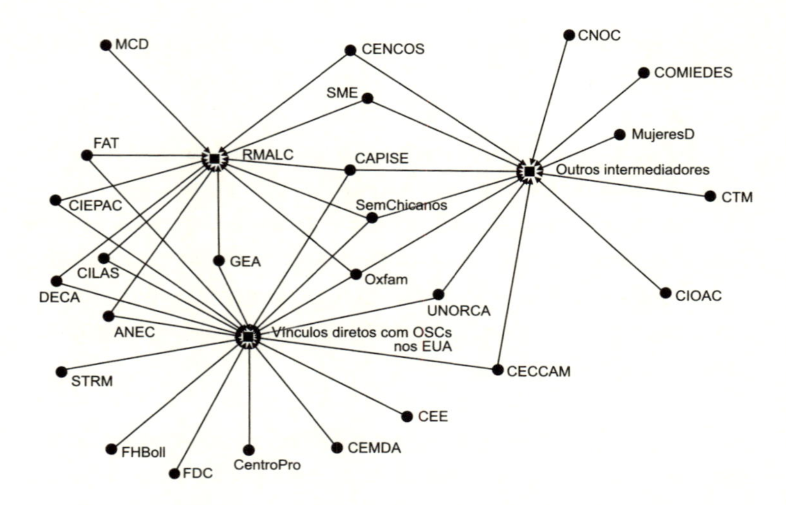

Figura 8.1 Vias de acesso usadas por OSCs mexicanas para fazer contato com OSCs norte-americanas

- Organizações da sociedade civil
- □ Portais de acesso usados para contatar aliados nos Estados Unidos antes de uma reunião da Alca

Fonte: Entrevistas com representantes de OSCs.

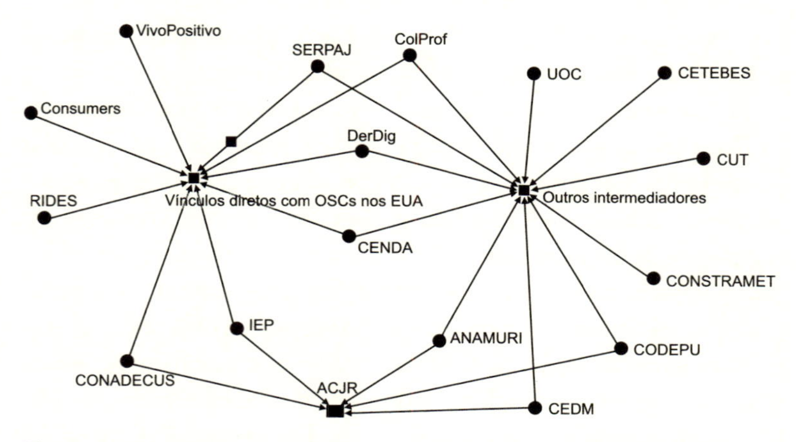

Figura 8.2 Vias de acesso usadas por OSCs chilenas para fazer contato com OSCs norte-americanas

- Organizações da sociedade civil
- □ Portais de acesso usados para contatar aliados nos Estados Unidos antes de uma reunião da Alca

Fonte: Entrevistas com representantes de OSCs.

alianças tinham deixado de ser portas abertas aos contatos internacionais e haviam passado a controlar suas chaves (e, por conseguinte, as informações e recursos financeiros).

Formação de alianças nos Estados Unidos e no Brasil: diferentes caminhos dentro do mesmo país

Quando os críticos norte-americanos do Nafta começaram a se encontrar no início da década de 1990, dividiram-se em três grupos principais, que acabaram criando a Aliança para o Comércio Responsável (ART), a Campanha dos Cidadãos sobre Comércio (CTC) e um grupo menos institucionalizado de organizações da sociedade civil que deu apoio ao acordo depois que Bill Clinton assumiu a Presidência em 1993. Embora sempre tenha havido sobreposições entre os filiados e as agendas da ART e da CTC, elas representam dois caminhos fundamentalmente diferentes para a transnacionalidade.

A ART tem sido uma aliança heterogênea formada por grupos que reúnem a AFL-CIO, entidades religiosas, ONGs de desenvolvimento e ambientalistas, organizações da agricultura familiar e movimentos feministas. A CTC possui um perfil semelhante no que se refere a tipos de membros, congregando importantes sindicatos, como o United Steelworkers of the Americas, organizações ambientais e outras de base, mas com uma presença bem menor de grupos religiosos. As principais diferenças entre as duas relacionam-se com suas escolhas estratégicas, que, por sua vez, refletem diferentes visões sobre como deveria dar-se a ação coletiva sobre acordos comerciais. Enquanto a ART investia grande parte de seus recursos na criação de vínculos com organizações na América Latina e se apresentava como defensora de "uma posição conscientemente internacionalista sobre comércio",[22] a CTC concentrava-se na coordenação de ações para mudar políticas comerciais por meio do lobby com tomadores de decisão nos Estados Unidos.

---

22 ART (2006).

Por causa dessas diferenças, a CTC critica a ART por não ser suficientemente pragmática (ou "estratégica", o termo preferido pelos membros da CTC) e, portanto, eficiente, enquanto a ART critica a CTC por ter uma visão de mudança estreita e de curto prazo, que frequentemente aliena os parceiros internacionais. A ART foi uma das fundadoras da ASC e tem atuado como o capítulo nacional da aliança desde sua criação. Como consequência de seu internacionalismo, tornou-se mais conhecida entre seus pares brasileiros, chilenos e mexicanos do que a CTC (daí a ausência desta na Tabela 8.2). Por outro lado, a CTC era mais conhecida do que a ART no Congresso norte-americano e entre autoridades governamentais nas esferas federal, estadual e local. Para a CTC, formar laços transnacionais simplesmente não era prioritário. Isso foi deixado por conta dos próprios membros,[23] e/ou para que a ART se encarregasse, como a diretora do Programa Global Trade Watch da ONG Public Citizen explica:

> Quando começo a dizer a meus amigos sindicalistas: "o pessoal da Costa Rica quer saber por que não conhecem seu nome", eles retrucam: "não há ninguém para fazer isso? Existem todos esses grupos religiosos que estão fazendo isso, certo?". Portanto, existe certa desconexão entre a atuação doméstica nos Estados Unidos e o trabalho transnacional em questões de comércio hemisférico pela CTC e pela ART. Isso às vezes confunde os aliados latino-americanos, que não sabem quem faz o quê [...] Por exemplo, quando estou em uma reunião do Fórum Social Mundial no Brasil, alguém da América Central pode perguntar o que eu penso de determinado documento – que eu não conheço, porque é uma declaração ampla criada como parte do processo de solidariedade. Então, encaminho essa pessoa para alguém da ART.[24]

---

23 Entrevista por telefone com Larry Weiss, diretor-executivo da CTC, set. 2005.
24 Entrevista com Lori Wallach, Global Trade Watch, Public Citizen, Washington, D.C., set. 2005.

Quando as organizações norte-americanas foram questionadas sobre como manteriam contato com OSCs mexicanas se houvesse uma importante reunião de negociação da Alca prestes a ser realizada no México, metade das 28 que responderam afirmou que recorreria à ART e/ou à CTC para coordenar os contatos; a outra metade optou por estabelecer contato direto com as organizações mexicanas e/ou a fazê-lo por meio de outros intermediadores, como outras organizações norte-americanas (ver Figura 8.3). Não surpreende que entre aqueles que disseram que recorreriam a alianças nacionais sobre comércio haja uma clara preferência pela ART em detrimento da CTC.

Embora não tenha passado por uma crise como a que impactou as alianças no México e no Chile, a ART não é o portal exclusivo que conecta as escalas nacional e internacional. Como se pode verificar na Figura 8.3, somente quatro das 23 OSCs responderam que usariam essa aliança como sua única via de acesso para coordenar contatos internacionais. Esse é o resultado do crescimento dos vínculos diretos de cooperação transnacional entre organizações, da divisão em duas coalizões e da insatisfação de um grupo de OSCs ao perceberem que eram excluídas dos processos decisórios, tanto pela ART como pela CTC. Desde as negociações do Nafta, no início da década de 1990, organizações que se caracterizavam como "de base" e estavam localizadas fora do Distrito de Columbia reclamavam intensamente de serem "negligenciadas e subestimadas pelos outros grandes setores envolvidos nas campanhas de comércio" (Grassroots Global Justice, 2005, p.1).

Em parte, trata-se de uma questão de disponibilidade de recursos. Quando há financiamento, os representantes das organizações podem viajar a Washington, D.C. (ou à Cidade do México) e participar de reuniões, ou, então, as organizações baseadas em Washington podem incluir as localizadas em outro lugar.[25] No

25 Por exemplo, a ART contratou um "coordenador de organizações de base" (*grassroots coordinator*) que operava fora de Chicago, mas essa iniciativa terminou por falta de financiamento. Entrevista com Karen Hansen-Kuhn, Secretaria da ART, Washington, D.C., set. 2005.

entanto, por si só, a falta de recursos não explica a ausência nas coalizões de muitas dessas organizações. Como nos casos de México e Chile, a exclusão é fundamentalmente uma questão de luta pelo poder, no que se refere a quem tem acesso aos recursos e quem pode definir objetivos e estratégias, conforme está registrado em um documento produzido pela aliança norte-americana Grassroots Global Justice, que vale a pena citar na íntegra:

> Alguns de nossos desafios nascem de divergências sobre quem deve levar a efeito as estratégias e táticas de uma campanha – as organizações de D.C. que estão contando votos no Capitólio ou as de base que trabalham o ano todo para obrigar os representantes eleitos a prestar contas. Embora seja útil às ONGs se comunicarem sobre alvos específicos e distritos-chave com as organizações de base, a estas devem ser dados recursos e espaço político para que

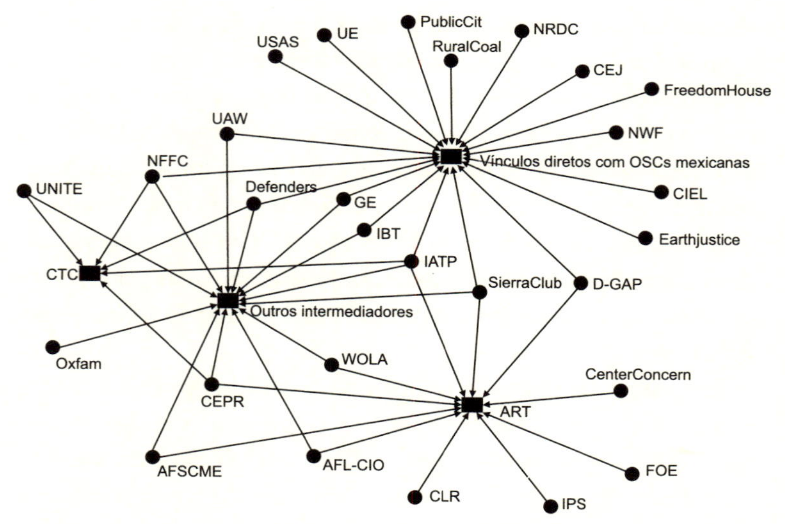

Figura 8.3 Vias de acesso usadas por OSCs norte-americanas para fazer contato com OSCs mexicanas

• Organizações da sociedade civil

□ Portais de acesso usados para contatar aliados nos Estados Unidos antes de uma reunião da Alca

Fonte: Entrevistas com representantes de OSCs.

> avaliem quais são as melhores estratégias e táticas para mobilizar os parlamentares. Não é isso que tem ocorrido. Pelo contrário, temos visto ONGs chegarem a nossas comunidades com recursos e seu próprio plano [...] Também sentimos que há uma falta de respeito ao trabalho diário e permanente de organização de base, a partir do qual se se cria infraestrutura para uma campanha de curta duração sobre um tema específico, da qual as ONGs podem, então, se beneficiar. (Grasroots Global Justice, 2005, p.6)

É verdade, contudo, que para as organizações de base locais é muito difícil sustentar uma ação sobre comércio que não tenha importância na agenda política local ou nacional, por causa da falta de tempo e recursos em geral, mas também por causa de um entendimento diferente dos objetivos das mobilizações referentes ao comércio. Para essas organizações, os acordos comerciais fazem parte de uma agenda mais abrangente e de objetivos mais amplos, não devendo ser tratados separadamente. Assim, quando a ART tentou incorporá-las em seu Comitê Executivo, "algumas aderiram e depois não foram muito ativas".[26] As mobilizações têm sido reativas, de modo que, quando há um acordo a ser votado no Congresso, há um escalonamento da ação coletiva.

Para a ASC, a divisão entre ART e CTC e a ausência de grupos importantes da sociedade civil em ambas eram desafios cruciais. O fato de organizações-chave representadas na CTC, como Sierra Club e Public Citizen, não serem parte da ASC indicava uma considerável lacuna, parcialmente preenchida pela participação de alguns desses atores na Campanha Continental contra a Alca:

> Por exemplo, quando ouvimos de nossos parceiros: "Por que os Teamsters e a Public Citizen não são membros da ASC?". [Respondo que] "Não há filiação individual à ASC, somente de alianças, e existem diversas coalizões nesse país, sendo que a filiada à ASC [como o capítulo nacional da ASC] não é a que tem esses grupos".

26 Ibid.

> A Campanha Continental facilitou, é mais ampla e tem um modelo diferente, mais orientado a campanhas, e isso é útil, porque nos deu um lugar, um espaço, para falar sobre estratégia comum no hemisfério.[27]

Em contraste com os outros três países, no Brasil a ação coletiva sobre o comércio tornou-se parte importante das agendas das OSCs somente após as negociações da Alca terem começado, na segunda metade da década de 1990. Uma aliança nacional de organizações voltadas para o tema do comércio, a Rebrip, foi criada formalmente apenas em 2001.[28] Apesar de serem retardatárias, as OSCs brasileiras conquistaram rapidamente uma posição central na rede transnacional de críticos dos acordos comerciais, em especial no contexto dos protestos contra a Alca (ver Tabela 5.4 e Figura 5.5). Essa centralidade não existiria se os dados tivessem sido coletados antes de 2001. O crescimento rápido das organizações brasileiras também significava uma complexidade cada vez maior no campo transnacional dos debates sobre o comércio, como um dos participantes explicou:

> Havia um grupo de meia dúzia de bambambãs, que todo mundo conhecia: Lori Wallach, Walden Bello, Martin Khor, Vandana Shiva, Oxfam e Action Aid. Em grande medida essa era a turma do Jet Set internacional, que tinha as suas divergências [...] [mas] era muito funcional, pouquinha gente, né, funcionava bem. Ao haver uma rede brasileira enraizada, com conexão com a base – quando há uma Contag [Confederação Nacional dos Trabalhadores na Agricultura] que diz: "escuta, querido, eu represento 9 milhões de trabalhadores e tenho 3 mil sindicatos na minha base" –, a coisa muda de figura, e a Rebrip começa a crescer e ter influência [...] Eu acho que o pessoal se sente mal ao ver a capacidade de uma rede do

27 Entrevista com Lori Wallach, Global Trade Watch, Public Citizen, Washington, D.C., set. 2005.

28 Entrevista com Fátima Mello, secretaria executiva da Rebrip, Rio de Janeiro, mar. 2005.

> Sul, que não é a rede de uma pessoa só, diferentemente de outras pessoas do Sul que estão no Jet Set em grande medida por sua capacidade pessoal [...] Acho que a turma que está acostumada a ser os bambambãs do comércio ainda não se sente totalmente confortável ao ver uma rede grande vindo, e como é uma rede grande, vem cheia de contradições. Na Public Citizen é muito fácil ser coerente; se duas pessoas se põem de acordo, já há acordo. Tente fazer acordo na Rebrip [para ver como é difícil]![29]

Embora fosse considerada no início uma espécie de réplica da RMALC, como observamos anteriormente, a Rebrip foi criada em um contexto muito diferente daquele de seus pares mexicanos. Em primeiro lugar, sua formação ocorreu em paralelo à da ASC e, portanto, nasceu como parte de um debate de abrangência hemisférica a respeito da ação coletiva sobre acordos comerciais, um espaço intermediador de negociação e coordenação de significados e posições não só no nível doméstico, mas também entre as escalas nacional e transnacional. Em segundo lugar, quando a Rebrip se tornou efetivamente ativa, ficou claro que a experiência da RMALC não poderia nem deveria ser reproduzida no Brasil, mas sim adaptada. Isso tanto porque o contexto mexicano era diferente do brasileiro como porque, para essa época, os brasileiros haviam se conscientizado sobre os desafios que a RMALC enfrentava em matéria de participação e legitimidade.

Os membros da Rebrip tentaram evitar esses problemas com a criação de uma estrutura baseada em filiações que dependia menos do papel de intelectuais em formular análises e mais da abertura de canais para a incorporação das principais OSCs. Embora a tentativa da RMALC de formar grupos de trabalho internos não tenha sido sustentável, no caso da Rebrip os grupos de trabalho temáticos eram importantes para assegurar a participação de algumas das OSCs mais representativas do país. O exemplo do Grupo de Trabalho em Agricultura ilustra bem isso, porque reuniu as principais

---

29 Entrevista com um participante anônimo, Rio de Janeiro, abr. 2005.

organizações de caráter associativo que, em outras circunstâncias, não cooperariam entre si (como MST e Contag), nem com ONGs internacionais (como Oxfam e Action Aid). Os membros da Rebrip também estavam cientes da necessidade de alcançar um equilíbrio de poder interno, se a coalizão pretendia evitar os problemas que contaminavam seus pares mexicanos e chilenos. Como um membro da CUT esclareceu, não era fácil encontrar equilíbrio entre grandes organizações e ONGs:

> Há o perigo de a Rebrip se transformar em uma ONG, dada a força das ONGs em seu interior, [mas] depende muito do ritmo que os movimentos vão dar ali dentro. Por exemplo, se nós da CUT entrarmos com perfil baixo, o risco de uma cara mais de ONG acontece; se entrarmos com o perfil muito alto, explode a aliança.[30]

Dos quatro capítulos nacionais da ASC analisados aqui, nos primeiros anos da década de 2000, a Rebrip tornara-se o que tinha maior capacidade de agregação de OSCs. Não era, contudo, o único espaço de encontro dos críticos dos acordos comerciais no Brasil. Tampouco reunia todos os atores. O lançamento da Campanha Nacional contra a Alca, em 2002, congregou em torno do objetivo de parar as negociações um grupo ainda mais amplo de atores, que se reuniam em assembleias nacionais e em um conjunto de "comitês populares" locais, organizados em todos os 27 estados. Esses comitês locais podiam ser criados por iniciativa de qualquer pessoa, com ou sem filiação organizacional, e possuíam muita autonomia para organizar atividades (Midlej e Silva, 2008, p.90-91). Entre esses atores, alguns não participavam ativamente da Rebrip, como os grupos religiosos, indivíduos que não participavam de organizações e membros de partidos políticos.

Uma característica comum entre a Rebrip e a Campanha Brasileira contra a Alca era a de que ambas evitavam criar organizações

30 Entrevista com Rafael Freire, secretário de Relações Internacionais da CUT--Brasil, São Paulo, maio 2005.

com escritórios e equipes próprios. Em vez disso, recorriam à estrutura das organizações preexistentes. Assim, a Secretaria da Rebrip situou-se em uma ONG brasileira de longa existência (a Federação de Órgãos para Assistência Social e Educacional – Fase), e a Secretaria da Campanha funcionava na sede do Jubileu Sul.

O capítulo brasileiro da Campanha ilustra especialmente bem como é importante considerar a sobreposição entre as redes sobre comércio e redes sociais anteriores. A Campanha do Jubileu Sul foi criada no início da década de 1990 para promover a mobilização pelo cancelamento das dívidas externas de países em desenvolvimento. No Brasil, esse é um exemplo precoce da formação de uma coalizão multissetorial com formato de campanha. A consulta sobre endividamento externo, realizada em 2000, foi um precedente fundamental para o lançamento de uma iniciativa semelhante sobre a Alca. Em 2002, os membros do Jubileu Sul incorporaram à sua agenda a luta contra as negociações da Alca, tratando-a como uma continuação de ações anteriores.

Em setembro de 2002, aproximadamente 10 milhões de pessoas votaram em uma consulta que visava demonstrar a força da oposição popular às negociações da Alca.[31] O Brasil foi, de longe, o país no hemisfério capaz de mobilizar mais pessoas. Para isso, foi extremamente importante a capacidade de setores da Igreja Católica que abraçaram com entusiasmo a campanha de alcançar todas as partes do país (Midlej e Silva, 2008, p.101). Outras consultas foram realizadas no Canadá, Estados Unidos, México, El Salvador, Colômbia, Paraguai e Argentina. Foi na Argentina que o segundo melhor resultado em termos de participação foi obtido, com 2,5 milhões de votos (Berrón, 2007, p.37).

No entanto, o processo de mobilização também mostrou de forma clara as diferenças entre os participantes da Campanha,

31 De acordo com a Campanha do Jubileu Sul, 10.149.542 pessoas votaram em 41.758 locais de votação espalhados por todo o país, e mais de 95% foram favoráveis a que o Brasil deixasse a mesa de negociações. Ver Jubileu Brasil (2006). Para uma análise detalhada sobre a Campanha Brasileira contra a Alca, ver Midlej e Silva (2008).

em especial entre, por um lado, a mais importante central sindical (CUT), outras OSCs de nível nacional e partidos políticos que estavam engajados na campanha presidencial de Luiz Inácio Lula da Silva, e, pelo outro, organizações como o MST, grupos de católicos progressistas e alguns partidos de esquerda. A organização da consulta pública somente um mês antes das eleições presidenciais levou a divergências entre os que receavam que uma oposição radical à Alca "contaminasse" e influenciasse negativamente a candidatura de Lula e os que queriam aproveitar a oportunidade para pressioná-lo a assumir claramente o compromisso de, se eleito, excluir o Brasil das negociações do acordo.[32]

Quando questionadas sobre como fariam contato com aliados no caso de uma reunião da Alca realizada nos Estados Unidos, as organizações brasileiras ficaram divididas. Como ilustra a Figura 8.4, algumas (somente quatro de 27 OSCs respondentes) estabeleceriam contato direto com as organizações norte-americanas, mas apenas duas o fariam exclusivamente por intermédio da Rebrip, sem também recorrer à Campanha Nacional contra a Alca e/ou a outros intermediadores. Resultados parecidos foram obtidos quando as OSCs brasileiras foram perguntadas sobre os portais de acesso para se alcançar organizações chilenas e mexicanas.

Esses resultados sugerem que, assim como nos demais países, os críticos das negociações comerciais no Brasil rejeitam alianças nacionais sobre comércio como sua única via de acesso aos contatos internacionais. Além disso, também tendem a recorrer a conexões diretas ou, então, a conexões indiretas usadas por outros aliados. No entanto, no caso do Brasil, há uma tendência maior do que em outros países de uso de diferentes portais de acesso *como complemento* das alianças sobre comércio, e não em vez destas.

32 A exclusão do Brasil das negociações não fazia parte das promessas de campanha de Lula, embora os discursos do candidato mantivessem um tom crítico com relação ao acordo.

Alianças nacionais: de facilitadores a guardiões?

Quando as negociações da Alca cessaram, a ação coletiva sobre o comércio foi definhando aos poucos, e as alianças sentiam cada vez mais dificuldade de lidar com a tendência à dispersão e à diminuição do interesse à medida que as OSCs concentravam sua atenção em questões mais prementes de sua agenda. Nesse contexto, o desafio que se impôs aos capítulos nacionais da ASC tem sido o de se reinventarem com base em outras metas e estratégias. Enquanto isso, a Campanha Continental contra a Alca desapareceu.

A prioridade dada pela literatura sobre transnacionalismo ao estudo de campanhas ou eventos de curta duração foi muito importante para entender a nova dinâmica da ação coletiva além-fronteiras que surgiu na década de 1990. No entanto, por causa dessa ênfase na

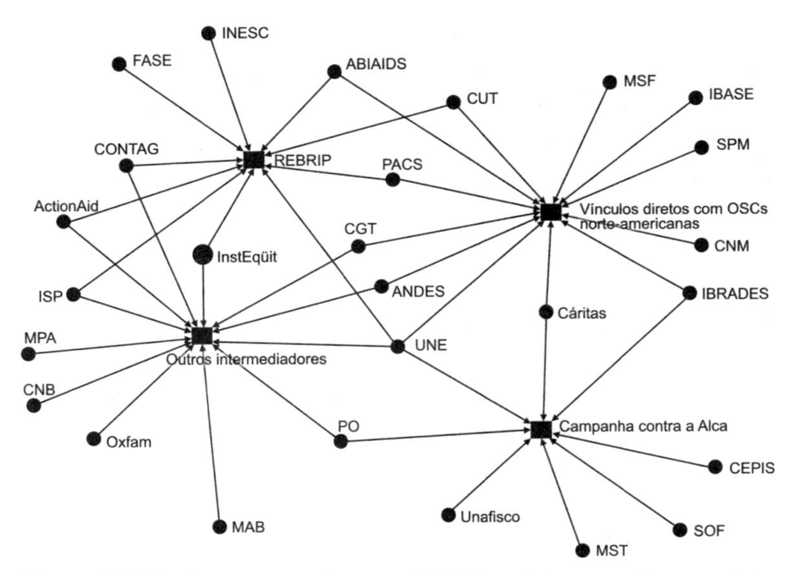

Figura 8.4 Vias de acesso usadas por OSCs brasileiras para fazer contato com OSCs norte-americanas

- Organizações da sociedade civil

□ Portais de acesso usados para contatar aliados nos Estados Unidos antes de uma reunião da Alca

Fonte: Entrevistas com representantes de OSCs.

ação coletiva episódica, proporcionou poucos indícios sobre como essas formas emergentes se sobrepunham aos caminhos organizacionais preexistentes ou se entrecruzavam com estes. Os esforços de formação de alianças analisados neste capítulo reforçam a necessidade de adoção de uma perspectiva de longo prazo, para que se possa compreender as diferentes chances de sucesso dessas iniciativas.

Apesar das diferenças nas dinâmicas de formação de alianças dos quatro países pesquisados, há padrões e desafios semelhantes que vale a pena destacar. No que se refere ao escopo dos participantes, em todos os países encontramos atores que reclamam de sua exclusão das alianças, sejam as baseadas na filiação de membros, sejam as de campanha. No México e no Chile, isso acarretou uma profunda crise de coalizões domésticas de caráter associativo, mas o mesmo problema foi levantado por atores no Brasil e nos Estados Unidos, bem como em iniciativas hemisféricas.[33] Uma questão mal resolvida é como prover canais eficazes para a participação de organizações de fora das principais áreas urbanas, em especial as locais com orçamentos restritos. Embora esse problema não tenha sido ignorado pelos criadores de alianças, nenhuma solução adequada foi encontrada ainda. Isso é reconhecido pela literatura como um desafio geral da formação de alianças, mas se torna ainda mais difícil de abordar quando envolve uma ação coletiva multiescalar em torno de um assunto complicado, como no caso do comércio nas Américas. A maioria das organizações nas redes mapeadas de críticos dos acordos comerciais está sediada em grandes áreas metropolitanas, e são as que têm mais acesso a financiamentos, informações e conexões com aliados em outros países, além do contato com negociadores e autoridades legislativas.

Um desafio diferente – porém correlato – é fato de, com o passar do tempo, menos organizações passarem a se apoiar exclusivamente nas alianças nacionais sobre comércio ao planejarem uma ação coletiva transnacional. Como vimos no Capítulo 6, sindicatos,

33 No caso argentino, queixas parecidas foram feitas por OSCs localizadas fora da região de Buenos Aires (ver Herkenrath, 2006).

organizações rurais e ambientais tendiam a fazer contato com seus equivalentes institucionais em outro país e/ou com organizações internacionais, como a Organização Regional Interamericana de Trabalhadores ou a Via Campesina. Este capítulo mostrou que a especialização dos vínculos é uma tendência mais ampla, que afeta muitos atores no campo transnacional do comércio. Na medida em que as alianças sobre comércio são substituídas por outros intermediadores, essa tendência coloca em questão não só a potencial sobrevivência dessas alianças, mas também toda a estrutura instalada de formação de alianças multissetoriais por meio das escalas local, nacional e hemisférica. Também indica a tendência dos atores de se afastarem da formação de alianças transnacionais duradouras com foco no comércio. Entretanto, se outros portais de acesso são usados em conjunto com essas alianças, isso sugere um processo positivo de multiplicação de vínculos.

Além disso, verifica-se uma tendência geral de que a ação coletiva permaneça reativa, seguindo os ciclos e as agendas de negociações oficiais, apesar dos esforços de formação de alianças que visam estabelecer cooperação de longo prazo. Nos vários países, a manutenção de altos níveis de mobilização entre uma e outra negociação comercial tem sido um desafio.

Por fim, em todos os quatro países pesquisados, as relações entre OSCs e as forças políticas no poder afetaram os processos de formação de alianças, embora de formas diferentes (ver a discussão no Capítulo 10). Os atores da sociedade civil divergiam com respeito a como deveriam relacionar-se com autoridades governamentais, e essas divergências tornaram-se ainda mais pronunciadas em contextos de mudança política.

O próximo capítulo aborda em profundidade a capacidade dos atores de apresentar propostas alternativas às políticas de livre comércio que combatiam. No contexto pós-Alca, era consenso entre os debatedores de acordos comerciais que não era mais suficiente repetir o slogan "Just say no" [apenas diga não].

Parte V
Em busca dos caminhos ideacionais

9
ALTERNATIVAS PARA AS AMÉRICAS

Parlamentares, autoridades governamentais, mídia e organizações da sociedade civil costumam confrontar aqueles que questionam os acordos comerciais com a seguinte pergunta: *o que vocês propõem como alternativa?* A pressão por apresentar alternativas durante as negociações é sentida tanto em fóruns domésticos como internacionais. Como este capítulo vai mostrar, os críticos de negociações comerciais têm-se empenhado em elaborar propostas, mas por meio de diferentes visões, ou caminhos ideacionais. Dada a heterogeneidade ideológica e a fragmentação organizacional entre os críticos dos acordos de comércio, analisados nos capítulos anteriores, isso não chega a surpreender. Além disso, considerando-se que, desde o início da década de 1990, os debates sobre a política de comércio internacional nas Américas tendem a se tornar cada vez mais polarizados, com acanhado terreno para a concordância entre apoiadores e críticos de novas negociações de livre comércio, tem sido mais fácil para as OSCs unirem-se em torno à oposição a acordos específicos.

No início da década de 1990, as OSCs que criticavam o Nafta realmente se empenharam em apresentar um conjunto de propostas alternativas. Os fundadores da RMALC tomaram o cuidado de dar esse nome para a aliança como forma de evitar apresentar-se simplesmente como contrária ao comércio ou ao Nafta. Em vez disso, demandavam a abertura de canais de diálogo e denunciavam a falta de transparência nas negociações. Organizaram inúmeros eventos para debater alternativas e propostas.[1] No entanto, essas iniciativas tiveram impacto muito limitado. De modo análogo, no Chile, a Aliança Chilena por um Comércio Justo e Responsável (ACJR) apresentou diversas propostas que visavam a inclusão de novas cláusulas nos acordos comerciais, relacionadas com igualdade de gênero, direitos trabalhistas e propriedade intelectual, entre outros assuntos.

Nos Estados Unidos, a maioria das tentativas de influenciar negociadores domésticos focava um conjunto limitado de temas, como o teor dos acordos paralelos do Nafta sobre meio ambiente e trabalho. Da mesma forma, no Cone Sul, a Coordenadora de Centrais Sindicais demandou, no início da década de 1990, a aprovação de uma carta regional de direitos trabalhistas fundamentais (CCSCS, 1993).

Durante as mobilizações sobre a Alca, grupos de críticos dos acordos comerciais tentaram não se limitar a denunciar acordos ou fazer reivindicações específicas no nível doméstico, e passaram a criar um entendimento comum sobre o que deveria ser uma alternativa mais geral às negociações de livre comércio em escala hemisférica. Este capítulo apresenta uma análise dessa iniciativa. O documento produzido pelos membros da Aliança Social Continental, intitulado "Alternativas para as Américas" (doravante "Alternativas"), é um esforço único[2] de um amplo leque de OSCs de criar uma plataforma que buscasse formar uma identidade coletiva dentro dessa coalizão heterogênea e fomentar a credibilidade dos

1 A título de exemplo, ver os resultados do Fórum Trinacional sobre Alternativas de Cidadãos ao Nafta, realizado na Cidade do México (RMALC, 1992), e a avaliação de atividades preparada em 1993 pela RMALC, em que se argumentava que o desenvolvimento de uma proposta alternativa para as negociações de livre comércio deveria ser prioritária para a coalizão (RMALC, 1997).

2 Conforme caracterizado por Doucet (2005).

críticos junto a negociadores e outros atores da sociedade civil.[3] Em sua primeira versão, os autores definiram o documento como "mais do que uma doutrina econômica [...] Reúne propostas consideradas viáveis e sobre as quais houve amplo consenso. A prioridade era o estabelecimento das bases de uma aliança inclusiva" (ASC, 1998, p.6, 10).

As demandas apresentadas no "Alternativas" não são anticapitalistas.[4] Não se trata de uma plataforma anticomercial nem antiglobalização. Em todas as edições publicadas, os autores enfatizaram que seu objetivo não era reestabelecer barreiras protecionistas, muito embora haja proposta de proteção de setores específicos e sejam feitas invocações a um Estado mais intervencionista.[5] Trata-se, porém, de um documento revolucionário no sentido de que, baseado em sua crítica às políticas de livre comércio, apresentou uma negação inegociável de políticas neoliberais e propôs a criação de "uma nova sociedade". Esse "salto para a generalidade"[6] proporcionou uma justificativa mais ampla à continuidade de existência da

---

3 Por exemplo, durante uma reunião entre OSCs e negociadores oficiais, realizada em Miami em paralelo à reunião ministerial da Alca de 2003, autoridades governamentais criticaram os manifestantes por não apresentarem propostas alternativas. Em resposta, um dos membros da RMALC argumentou que desde o início da década de 1990 os críticos dos acordos de livre comércio trabalhavam em propostas alternativas, que haviam sido consolidadas no documento "Alternativas para as Américas".

4 Por exemplo, sobre a questão do investimento estrangeiro, todas as versões do documento defendem que "a regulamentação do investimento não deveria implicar a imposição de controle excessivo dos investidores ou o estabelecimento de proteção a indústrias ineficientes. Antes, deveria tratar da orientação do investimento e da criação de condições que permitam que o investimento ajude a alcançar as metas do desenvolvimento nacional sem deixar de obter retornos razoáveis" (ver Tabela 9.1).

5 Por exemplo, a quarta edição afirmava que "a questão para nós, portanto, não é a de livre comércio *versus* proteção, ou integração *versus* isolamento, mas quais regras vão prevalecer e quem se beneficiará delas" (ASC, 2002, p.2).

6 O salto para a generalidade ["*generality shifting*", no original] é definido por Mische como um mecanismo pelo qual "os que discursam mudam os níveis de abstração para cima e para baixo no que se refere ao caráter generalizado ou inclusivo de categorias de identidade" (Mische, 2003, p.271).

ASC do que a oferecida pelos ciclos de negociações de acordos de livre comércio. Na versão publicada em 2005, o movimento rumo a uma agenda mais duradoura e ampla, em que o neoliberalismo se tornasse o alvo, ficou mais explícito: "a ASC rejeita qualquer acordo baseado no modelo neoliberal [...] Ao mesmo tempo, consideramos a derrota dos acordos comerciais apenas o primeiro passo [...] O derradeiro objetivo é uma nova sociedade não neoliberal" (ASC, 2005, p.5).

Embora não fique claro o que substituiria a "sociedade neoliberal", as diferentes versões do documento demandam de forma consistente uma mudança no equilíbrio entre as regulamentações (domésticas e internacionais) e as iniciativas privadas, com forte ênfase no papel dos Estados nacionais como os principais atores nas relações internacionais e nas populações nacionais como as detentoras da soberania popular, por meio da democracia participativa:

> A meta não deve ser o protecionismo, mas a construção de um Estado responsável perante a sociedade, que seja capaz de pôr em prática um plano de desenvolvimento nacional definido de modo democrático. Isso pode envolver a proteção de certos setores considerados estratégicos no contexto de um plano nacional, mas o mais importante é que signifique a promoção do desenvolvimento com vistas ao futuro. A regulamentação não implica inibir a iniciativa privada. Pelo contrário, implica estabelecer regras claras que equilibrem direitos e deveres.[7]

Ao colocar o desafio de criar um novo modelo de negociações comerciais como parte do marco de uma cruzada mais ampla contra o neoliberalismo, os autores de "Alternativas" apresentaram suas ideias como não restritas a negociações específicas de acordos de comércio. No que se refere a suas metas, os participantes desse esforço visavam à construção de um projeto de mudança de longo prazo orientado não a um único governo, mas a todo o hemisfério.

---

7 Cf. ASC (2001, p.42).

Tal esforço representa apenas um dos caminhos ideacionais para a transnacionalidade. Não foi o seguido pela totalidade – nem mesmo pela maioria – dos críticos de acordos comerciais nas Américas.

Mecanismos e caminhos ideacionais

Entre 1998 e 2005, os membros da ASC produziram cinco edições sucessivas do "Alternativas para as Américas". Uma comparação dessas edições ilustra bem os mecanismos pelos quais os autores tentaram desenvolver acordos ao longo do tempo: extensão, difusão, supressão e transformação do teor do documento (ver Tabela 9.1).

Embora inicialmente os autores focalizassem os tópicos que estavam na agenda das negociações oficiais, as últimas edições acrescentaram questões que eram consideradas importantes para os próprios críticos dos acordos. Destaca-se a incorporação de novos capítulos sobre educação, comunicações, gênero e serviços (ver Tabela 9.1). Além disso, em vários capítulos também foram inseridas modificações que acarretaram uma abordagem mais abrangente e uma lista mais extensa de demandas. Essas modificações refletem a pluralidade crescente das redes dos críticos dos acordos comerciais, que, no decorrer da década de 1990, haviam se tornado cada vez mais heterogêneas (como vimos no Capítulo 3). Inicialmente, o "Alternativas" era um documento escrito em grande parte pelos assim chamados "veteranos do Nafta" e repercutiam os debates que esses atores julgavam mais relevantes.[8]

Um exemplo que ilustra a extensão dos temas é a maior ênfase no debate sobre imigração. A questão foi, naturalmente, levantada pelas OSCs mexicanas e por organizações latinas nos Estados Unidos a partir das negociações do Nafta, mas ocupou um lugar de mais destaque no "Alternativas" somente em suas últimas edições.

8 Entrevista com Alejandro Villamar, membro da RMALC, Cidade do México, maio 2001.

A extensão está diretamente relacionada a outro mecanismo: a difusão. Talvez o melhor exemplo da difusão (do Norte para o Sul) seja o tema do investimento. Não se tratava de um tópico prioritário na agenda das OSCs de fora da região do Nafta, mas foi rapidamente difundido, especialmente após as primeiras demandas de compensação feitas pelos investidores com base no sistema de resolução de disputas investidor-Estado criado pelo acordo. A crítica às regras de investimento do Nafta foi rapidamente incorporada aos discursos dos críticos de acordos de comércio por todo o hemisfério. A difusão do Sul para o Norte também ocorreu, no final da década de 1990, à medida que mais organizações do Sul se tornaram ativas no processo de reflexão sobre alternativas no âmbito da ASC. Por exemplo, a edição de 2005 do capítulo sobre meio ambiente incluiu o tema dos organismos geneticamente modificados, que, conforme discutido no Capítulo 6, passara a ser um assunto importante nas agendas das OSCs latino-americanas.

As cinco edições do "Alternativas" são tão interessantes pelo que trazem escrito como pelo que é suprimido. Não se menciona, por exemplo, uma posição comum sobre os processos existentes de integração Sul-Sul. Apesar do apoio crítico dado pelas centrais sindicais do Cone Sul ao Mercosul, algumas das quais eram participantes ativas da ASC, esse processo de integração não é citado. A supressão, nesse caso, resulta de divergências insuperáveis entre os membros. Assim, a CUT-Brasil recusou-se a abrir um debate dentro da aliança que pudesse questionar a posição há muito mantida sobre essa questão.[9] Também ausentes estão referências a propostas Sul-Sul recém-lançadas, como a criação de uma Comunidade Sul-Americana de Nações, os Tratados de Comércio dos Povos e a Aliança Bolivariana para os Povos de Nossa América (Alba) proposta pelos governos de Cuba e Venezuela em dezembro de 2004. Essas iniciativas foram recebidas com variados graus de simpatia e desconfiança pelos membros da ASC. A sua omissão permitiu aos atores "concordar em discordar" sobre como reagir a essas propostas.

9 Entrevista com líderes da CUT, São Paulo, abr. 2005.

Por fim, o teor das demandas e propostas passou por transformações ao longo do tempo, como podemos ver a partir do exemplo das chamadas cláusulas sociais. A proposta apresentada na versão de 2005 do "Alternativas" (ver Tabela 9.1) é resultado de uma controvérsia entre críticos dos acordos, que envolveu tanto sindicalistas como não sindicalistas, sobre até que ponto era recomendável introduzir cláusulas sobre direitos trabalhistas com sanções comerciais aos infratores. Dado o receio de muitas OSCs de que essas cláusulas prejudicassem os trabalhadores do Sul e beneficiassem os atores do Norte, o consenso a que se chegou mostra a transformação de posições, que convergiram no apoio a uma proposta segundo a qual as cláusulas sociais teriam como alvo prioritário as empresas (e não os países, como no caso do acordo paralelo sobre trabalho do Nafta) e seriam acionadas somente quando expressamente solicitado pelas organizações representativas dos trabalhadores cujos direitos houvessem sido violados.

Apesar da dedicação dos membros da ASC à elaboração do "Alternativas", nem todos os críticos dos acordos comerciais tinham uma visão favorável dessa iniciativa. Para alguns, a falta de consenso sobre os principais temas, bem como as contradições internas e as inconsistências encontradas no texto, tornavam o documento inútil como ferramenta prática de negociação.[10] Embora a necessidade de apresentar propostas alternativas não fosse questionada, para alguns, o exercício de preparar várias edições do "Alternativas" era uma perda de tempo, porque não fornecia diretrizes para uma mudança no curto prazo. Para outros, a questão do alvo também era importante. Um documento que fosse aceitável a todos os países não poderia ser adequado para influenciar atores políticos domésticos.

Os debates sobre alternativas estão, portanto, associados a debates sobre as estratégias mais eficazes em diferentes contextos políticos. Para organizações como a Public Citizen, ONG sediada em Washington, os recursos seriam mais bem encaminhados

10 Membros das OSCs que não eram da ASC fizeram essas críticas durante as entrevistas.

Figura 9.1 Caminhos ideacionais para a transnacionalidade de críticos dos acordos comerciais nas Américas

		DURABILIDADE –	DURABILIDADE +
INTERNACIONALIZAÇÃO	–	Reivindicações domésticas: capítulos nacionais da Campanha da Alca	Projetos domésticos: CTC
	+	Reivindicações internacionais: Campanha Continental da Alca	Projetos internacionais: Aliança Social Continental

fazendo-se demandas e apresentando-se queixas especificamente destinadas a abordar os assuntos de interesse de parlamentares norte-americanos.[11] Isso implica o foco em questões eleitorais delicadas, como ameaças a empregos nos Estados Unidos, meio ambiente e segurança alimentar, em vez do enquadramento das preocupações no contexto do neoliberalismo como um todo.

As diferentes abordagens ao desafio de refletir sobre propostas e como enquadrá-las permitem que os críticos dos acordos comerciais sejam divididos, de forma aproximada, em quatro grupos (ver Figura 9.1). O primeiro defendia uma visão pragmática das alternativas, em que se priorizasse reivindicações especificamente dirigidas à arena doméstica. A *internalização periódica* era o caminho usado pelas OSCs cujo objetivo principal era influenciar os processos decisórios apresentando demandas relacionadas com acordos específicos voltadas para atores domésticos. Os capítulos nacionais da Campanha contra a Alca são o melhor exemplo desse caminho ideacional. Um segundo grupo apoiava um projeto de mais longo prazo, mas

11 Entrevista com Lori Wallach, Global Trade Watch, Public Citizen, Washington, D.C., set. 2005.

que também era dirigido primordialmente à escala doméstica. A aliança norte-americana Citizen's Trade Campaign (CTC) ilustra bem esse caminho de *internalização sustentada*, porque, embora seja muito focada em mudanças no nível local, patrocinava um projeto mais duradouro de transformação das políticas comerciais, que ia além das negociações de acordos de livre comércio.

Os dois outros caminhos ideacionais são representados pelos atores que buscaram negociar enquadramentos comuns com aliados de outros países. A *transnacionalização periódica* é mais bem ilustrada pela Campanha Continental contra a Alca. Suas reuniões de âmbito hemisférico eram tentativas de buscar acordos com atores dos diversos capítulos nacionais. Por fim, a *transnacionalização sustentada* refere-se à rota seguida pelos membros da ASC, em especial os que viam a arena internacional não somente como uma opção circunstancial para promover seus objetivos imediatos, mas também como um espaço de longo prazo para a ação política. Foram eles que escreveram as sucessivas edições do "Alternativas para as Américas".

Embora essa tipologia de caminhos ideacionais para a transnacionalidade permita que entendamos melhor as diferentes prioridades das OSCs, ela é simplista demais, por três razões principais. Primeiramente, as fronteiras que separam esses diferentes tipos são fluidas. Com frequência, atores engajavam-se simultaneamente na elaboração de reivindicações e projetos, tanto na escala doméstica como internacional. Em segundo lugar, como discutiremos em detalhes no próximo capítulo, os caminhos dos atores mudavam de acordo com as transformações no contexto político. Além disso, todos os grupos mencionados compartilhavam um ponto central: a ênfase nas ameaças à soberania nacional representadas pelas negociações comerciais. Por conseguinte, a necessidade de reinstaurar o poder local e nacional para executar políticas públicas tornou-se um tema comum, que servia como fio condutor dos diferentes caminhos ideacionais.

O dilema da soberania

O foco dos discursos dos ativistas nas ameaças à soberania nacional cruzava as fronteiras Norte-Sul, bem como a divisão esquerda-direita no espectro ideológico. No entanto, a identificação das fontes dessas ameaças, e a compreensão de quais deveriam ser as reações mais adequadas, variava consideravelmente ao longo desses dois eixos. Nos Estados Unidos, alguns dos críticos mais veementes das negociações de acordos comerciais durante toda a década de 1990 e nos primeiros anos do século XXI eram grupos conservadores para os quais essas negociações minavam o interesse nacional. Para esses atores, os Estados Unidos deveriam participar do sistema de comércio multilateral somente a partir de regras definidas unilateralmente. Como argumentou um pesquisador da United States Business and Industrial Council Educational Foundation (USBICEF):

> Certamente, não fazemos objeção às leis liberais sobre comércio quando atendem ao nacionalismo norte-americano, mas não acreditamos que sempre atendam aos interesses nacionais dos Estados Unidos. Quero que o governo norte-americano estabeleça os termos das negociações de modo unilateral [...] Não acredito em um sistema de comércio baseado em regras [...] A OMC transformou-se em uma [...] antiamericana. A prioridade máxima de seus membros é manter os mercados norte-americanos muito mais abertos às suas importações do que seus mercados estão abertos às exportações norte-americanas.[12]

Os argumentos dos grupos conservadores enfatizam os perigos do crescente déficit comercial dos Estados Unidos resultante das negociações de livre comércio, os custos de criar novas organizações

12 Entrevista com Alan Tonelson, Research Fellow, United States Business and Industrial Council Educational Foundation (USBICEF), Washington, D.C., fev. 2005.

e burocracias e os impactos negativos de pressões pela redução de custos de produção, com a consequente perda de empregos para outros países.[13] Outros grupos conservadores norte-americanos concentravam-se na alegada transferência de poder das instituições nacionais para as internacionais, tendência supostamente intensificada pelos acordos comerciais, e o potencial aumento dos fluxos de migrantes para os Estados Unidos. Segundo um artigo publicado na *The New American*, "os arquitetos internacionalistas da Alca pretendem transformar os Estados-nação do Hemisfério Ocidental – incluindo os Estados Unidos – em meras unidades administrativas de uma Alca supranacional" (Jasper, 2002).

As sobreposições parciais dos argumentos apresentados por esses grupos e os defendidos por críticos mais progressistas dos acordos comerciais levaram a polêmicas alianças de curto prazo durante os debates sobre o Nafta. Como Michael Dreiling explica, algumas vezes OSCs de centro-esquerda tinham dificuldade de distinguir sua abordagem da oposição nacionalista conservadora ao acordo, problema que acarretou fissuras internas nas alianças norte-americanas e tensões com seus pares mexicanos (Dreiling, 2001, esp. p.77-85). Nos anos subsequentes, a maioria das interações que cruzavam o espectro ideológico limitou-se a trocas de informações que não eram públicas, com ocasionais reuniões estratégicas sobre como influenciar formuladores de políticas e a assinatura de cartas conjuntas com redação genérica dirigidas aos negociadores dos acordos.[14]

As diferenças entre esses grupos de opositores aos acordos comerciais nos Estados Unidos ficavam mais claras quando se debatia como lidar com ameaças à soberania nacional. Enquanto os grupos de centro-direita argumentavam a partir de uma posição estritamente nacional e de um discurso de interesse nacional,

13 Para conhecer uma exposição mais completa desses argumentos, ver Tonelson (2000).

14 Por exemplo, em 7 de novembro de 2001 um total de 170 OSCs, incluindo a USBICEF e diversos sindicatos, ONGs e organizações rurais, enviaram uma carta ao presidente da Câmara dos Deputados opondo-se à lei do *fast track* que estava em debate.

esta pesquisa mostrou como ao menos parte dos atores de centro-esquerda seguiram caminhos mais internacionalistas. Como já mencionamos, porém, todos os críticos de acordos comerciais, independentemente de ideologia, muitas vezes se viam espremidos entre pressões para agir de acordo com os "interesses nacionais" e a criação de acordos transnacionais e a solidariedade com outros países. Um integrante da Conferência dos Bispos Católicos dos Estados Unidos explicou claramente seu dilema:

> É de enlouquecer. [Temos de responder] por que os bispos norte-americanos estão apoiando pessoas em outros países, que não são os negociadores, por cima e contra os Estados Unidos? [...] Dizemos que [se trata de] uma justiça comutativa, que a barganha em si deve ser justa, que os Estados Unidos têm a responsabilidade de analisar não se a negociação será boa para o país ou o povo norte-americano, mas se vai ser boa para as pessoas com que os bispos se preocupam nesse [outro] país. É um argumento político muito complicado [a fazer] quando as pessoas perguntam se estamos a favor ou contra um acordo comercial.[15]

Outras organizações lidaram com essa questão mantendo uma divisão interna de trabalho entre a equipe que acompanhava as negociações comerciais no nível doméstico e a encarregada das relações internacionais. Enquanto o primeiro grupo se concentrava nas agendas local e nacional, o outro apresentava uma retórica mais ampla. Esse foi o caso de vários sindicatos norte-americanos, que mantinham um escritório encarregado da assessoria legislativa e outro responsável por relações internacionais.[16] Ambos lidavam com questões relacionadas com o comércio, mas nem sempre coordenavam suas ações. Essa separação de discursos e estratégias domésticas e transnacionais pode provocar tensões e desentendimentos com

15 Entrevista com o reverendo Andrew Small, assessor político, Conferência dos Bispos Católicos dos Estados Unidos, Washington, D.C., jan. 2006.

16 Foi o caso, por exemplo, de USWA, Unite e UE durante os debates sobre a Alca.

aliados, como no caso da pressão bem-sucedida dos metalúrgicos norte-americanos no Congresso por proteção contra importações. "Não nos comunicamos com os sindicatos [em outros países] que seriam mais afetados pela nova lei. Esse erro não voltará a acontecer, essa foi uma lição que aprendemos."[17]

Do ponto de vista do Sul, as alegações de que os acordos de livre comércio ameaçavam a soberania nacional dos Estados Unidos têm sido difíceis de compreender e aceitar, porque os atores de países em desenvolvimento tendem a considerar essas iniciativas ferramentas que promovem – em vez de ameaçar – os interesses nacionais e o imperialismo norte-americanos na região. Como explicou um dos mais proeminentes ativistas que durante as mobilizações sobre o Nafta buscava estabelecer vínculos transnacionais a partir do México, a visão do Sul sobre as ameaças à soberania era unilateral:

> O problema da soberania no México estava diretamente relacionado com o nível de desenvolvimento e o modelo econômico que pressupunha uma economia subordinada aos Estados Unidos. O tratado era visto como mais um mecanismo de perda de soberania [...] Nos Estados Unidos e no Canadá, dado seu nível de desenvolvimento e sua normatividade, havia proteções jurídicas, econômicas e até mesmo políticas [que não tínhamos no México].[18]

O *slogan* da campanha brasileira contra a Alca – *Soberania, sim! Alca, não!* – ilustra o modo como o processo de negociação multilateral foi internalizado por meio do enquadramento da soberania nacional. Nesse caso, andava lado a lado com uma narrativa anti-imperialista característica da esquerda política. Embora as organizações brasileiras não questionassem tal opção de enquadramento

17 Entrevista com Jerry Fernández, responsável pela área internacional, United Steelworkers of America (USWA), Brasília, abr. 2005.

18 Entrevista com Bertha Luján, ex-membro da FAT e do Grupo de Coordenação da RMALC, Cidade do México, ago. 2005.

em sua campanha,[19] esses apelos também significavam um obstáculo em potencial ao desenvolvimento de bases transnacionais comuns. Como esclareceu um representante da AFL-CIO quando indagado sobre as relações com aliados latino-americanos:

> é muito difícil explicar esse sentimento [anti-imperialista] para os trabalhadores nos EUA. Eu digo a eles: "aqui está uma foto fantástica de um protesto anti-Alca no Brasil. Vejam como estamos juntos contra esse acordo". E alguém me pergunta: "Por que a bandeira dos Estados Unidos está sendo queimada?!" Tentar explicar isso não é nada fácil.[20]

A interação entre os atores no decorrer dos anos não eliminou por completo as tensões resultantes de enquadramentos nacionalistas, mas ao menos algumas OSCs aprenderam a evitá-las. Por exemplo, quando ativistas latino-americanos foram conversar com deputados norte-americanos no período pós-Nafta, alegações anti-imperialistas foram minimizadas:

> Quando falamos com nossos parceiros que vêm para os EUA, tentamos ajudá-los a refletir sobre como fazer sua argumentação de tal maneira que sejam escutados. Sabe como é, falar do imperialismo norte-americano provavelmente não será muito efetivo com a maioria dos membros do Congresso.[21]

Nas últimas edições do "Alternativas para as Américas", os membros da ASC assumiram que a questão da soberania nacional era chave para todos os países. Quatro elementos principais

19 Uma pergunta específica a esse respeito foi feita à encarregada da Secretaria da Campanha contra a Alca, que respondeu que a questão (sobre a pertinência ou não de um enquadramento baseado em soberania) nunca foi levantada pelas organizações participantes. Entrevista com Rosilene Wansetto, São Paulo, abr. 2005.

20 Entrevista com um representante da AFL-CIO, Washington, D.C., ago. 2004.

21 Entrevista com Karen Hansen-Kuhn, secretaria da ART, Washington, D.C., set. 2005.

compunham a visão compartilhada pelos autores a esse respeito: primeiro, a soberania nacional é considerada um direito fundamental e deve ser preservada; segundo, é responsabilidade dos Estados-nação assegurar que a soberania nacional seja protegida; terceiro, os derradeiros fiadores da soberania são os cidadãos e, portanto, a soberania deve ser compreendida como "soberania popular"; e quarto, a soberania nacional não está em contradição com o estabelecimento de regulamentações internacionais, contanto que sejam definidas no âmbito doméstico, com o consenso explícito dos cidadãos de cada país.

A versão 2002 do "Alternativas" esclareceu ainda mais a compreensão dos atores sobre o tema:

> Soberania nacional não deve ser entendida como autarquia, isolacionismo ou pretexto para esconder violações de direitos humanos universais. A soberania continua a ser um direito das nações e a base para a igualdade jurídica dos Estados no âmbito do concerto das nações. (ASC, 2002, p.53-54)

Assim, as reivindicações por soberania representam argumentos políticos sobre o direito à autodeterminação, mais do que argumentos econômicos contra a liberalização do comércio. Apesar desse entendimento comum, os atores permaneceram presos entre a ênfase nas capacidades e na autodeterminação nacionais e a proposição de alternativas que na prática levam a *mais* regulamentação internacional e *menos* autodeterminação.

Presos entre o interno e o externo nos debates sobre governança global

As seções do "Alternativas" (2005) sobre resolução de disputas e sua aplicação, direitos trabalhistas, proteção ambiental e direitos humanos ilustram as posições ambíguas com frequência adotadas por críticos de acordos comerciais em debates sobre governança global.[22] Por exemplo, os autores defendem a primazia dos acordos ambientais internacionais sobre tratados de livre comércio, ao mesmo tempo que demandam soberania nacional sobre o direito de restringir investimentos que tenham impactos ambientais negativos. Não se trata de uma posição "antiglobalização", mas uma abordagem que admite que regras globais podem ser simultaneamente o problema *e* a solução. Na realidade, as organizações ambientais costumam se mostrar dispostas a impor limites à soberania nacional em troca de padrões superiores de proteção, como explica um participante norte-americano:

> Há um conflito central de enquadramento e pensamento no âmbito do mundo ambiental. Temos uma forte crença de que as comunidades deveriam ter um direito imperioso de proteger seu modo de vida e meio ambiente. O problema é que, quando se trata de problemas de escala global, como o aquecimento global, é preciso lidar com eles na escala global. Em certo sentido, vai-se reduzir os direitos individuais de pessoas e comunidades. É uma tensão fundamental sobre a qual não conversamos muito.[23]

A posição favorável à maior governança global é ainda mais forte nas seções sobre direitos humanos e trabalho. Não só os autores demandam a ratificação das convenções internacionais de direitos humanos como também defendem a inclusão de seu conteúdo em acordos comerciais. No caso das questões trabalhistas, as duas principais demandas eram a incorporação de uma cláusula social e a progressiva harmonização das leis e condições trabalhistas entre os signatários dos acordos comerciais. Seria difícil encontrar qualquer membro da ASC que se opusesse a essas demandas, mas estas pressupõem uma visão de governança global que não era necessariamente compartilhada por todos, uma visão que aceita as

22 Doucet (2005) aborda essa tensão por meio de uma discussão sobre formas territoriais de democracia no "Alternativas".

23 Entrevista com Jacob Scherr, diretor, Programa Internacional National Resources Defense Council (NRDC), Washington, D.C., out. 2004.

regulamentações internacionais que colocam limites à soberania nacional. Embora reivindicassem que os acordos comerciais não impusessem padrões inferiores a nações desenvolvidas, os autores do "Alternativas" não avaliaram plenamente se desejavam mesmo uma instituição global que controlasse normas domésticas em escala internacional, nem quais instituições deveriam fazer isso (Aaronson, 2001, p.176-178).

E era quando se discutiam possíveis sanções e regras internacionais de cumprimento e resolução de disputas que a construção de um consenso se tornava mais difícil, como os próprios autores do documento admitiram:

> Devemos reconhecer publicamente o extraordinário desafio de elaborar um acordo sobre o processo de cumprimento de normas em acordos comerciais. É relativamente fácil chegar a acordos sobre um conceito de direitos substantivos [...] Mas acrescentar o tema do cumprimento a essa combinação levanta a importante questão da "sanção à custa de quem?". Durante as inúmeras discussões em grupo que levaram à criação deste documento, foi a questão do cumprimento dos processos de resolução de disputas que evocou sentimentos de nacionalismo, facções regionais e preocupações em torno do protecionismo. A proposta de um salário digno no contexto de um processo de aplicação pode ser interpretada como um plano destinado a forçar países de baixos salários a perderem sua vantagem comparativa de mão de obra barata, uma manobra protecionista dos países de altos salários para frear a migração de empregos a outros de baixos salários, ou uma teoria econômica irrealista que destruirá as diferenças salariais "naturais" estabelecidas pelo livre mercado [...] As propostas aqui contidas refletem um consenso emergente.[24]

Não surpreende, então, que essa seja a seção mais modificada na comparação entre a primeira e a quinta edições do "Alternativas" apresentadas na Tabela 9.1. A versão de 2005 colocou mais ênfase

---

24 Cf. ASC (2001, p.74; 2002, p.95).

nos incentivos do que na coerção. Como no caso dos direitos trabalhistas, os que cometem violações (e não os países) deveriam ser os responsabilizados. Essa versão aceita a ideia de tribunais supranacionais para investigar casos e decidir sanções, mas exige a participação no processo de representantes dos afetados pelas decisões (ver Tabela 9.1). Analogamente aos casos das seções sobre trabalho, meio ambiente e direitos humanos, essa parte do documento produziu um equilíbrio ambíguo entre a criação de (e adesão a) regras e instituições internacionais e o respeito à soberania nacional.

As diferentes ênfases das abordagens sobre a governança global não dividiram nitidamente os atores entre grupos que defendiam os caminhos ideacionais "internacionalistas" *versus* os "nacionalistas". Em vez disso, os mesmos atores adotaram propostas que levariam, de modo ambíguo, a mais ou a menos governança global, dependendo do assunto, do contexto e dos resultados de interações negociadas com aliados. Embora houvesse muitas outras divergências no campo dos críticos de acordos comerciais, as derivadas da ênfase em uma ou outra dessas forças constituíam o principal obstáculo a ser enfrentado pelos atores ao pensarem conjuntamente em alternativas.

Ao longo de anos de mobilizações contra a Alca, os membros da ASC evitaram enfrentar essas questões pendentes, mantendo o "Alternativas para as Américas" como um "documento vivo" que poderia ser modificado na versão seguinte. Todavia, os atores tinham de lidar com um dilema conhecido em seus esforços para criar um marco programático comum. O desenvolvimento de um conjunto progressivamente mais sofisticado e detalhado de demandas e propostas limitava o leque de interpretações sobre o que são os acordos comerciais e quais seus impactos, e arriscava transformar a Aliança naquilo que seus criadores rejeitavam desde o início: uma nova "Internacional" para o século XXI. Em última instância, para permanecerem como membros da ASC, os atores podem ter de abrir mão da possibilidade de seguirem diferentes caminhos para a transnacionalidade. O próximo capítulo analisa a relevância desse problema de compatibilidade entre caminhos quando atores da sociedade civil percebem que novas oportunidades de ação se abriram para eles.

Tabela 9.1 "Alternativas para as Américas": principais temas e propostas em duas versões (1998 e 2005)

Principais temas	Principais propostas e demandas	
	1998 (1ª versão)	2005 (5ª versão)
Direitos humanos	• Agenda comum sobre direitos humanos a ser incluída em todos os acordos; • Ratificação das principais convenções internacionais; • Inclusão de uma "cláusula democrática" nos Acordos de Livre Comércio; • Reforma e fortalecimento do Sistema Interamericano de Direitos Humanos.	• *Direitos humanos como o enquadramento jurídico e normativo;* • Ratificação das principais convenções internacionais *e a inclusão de seu conteúdo nos acordos comerciais;* • Inclusão de uma "cláusula democrática" nos Acordos de Livre Comércio; • Reforma do Sistema Interamericano de Direitos Humanos, *que deve monitorar os impactos dos acordos comerciais nos direitos humanos.*
Meio ambiente	• Primazia dos acordos ambientais internacionais sobre os Acordos de Livre Comércio; as regras devem ser guiadas pelo "princípio da precaução"; • Reorientação dos investimentos para projetos de energia alternativa; • Prevalência da soberania nacional sobre o direito ao investimento quando este acarreta problemas sociais ou ambientais.	• Primazia dos acordos ambientais internacionais sobre os Acordos de Livre Comércio; as regras devem ser guiadas pelo "princípio da precaução"; • Reorientação dos investimentos para projetos de energia alternativa; • Prevalência da soberania nacional sobre o direito ao investimento quando este acarreta problemas sociais ou ambientais; • *Rejeição ao desenvolvimento de organismos geneticamente modificados;* • *Moratória da mineração em áreas de importância cultural e ecológica;* • *Regulamentação mais rigorosa do uso de inseticidas, lixo tóxico e procedimentos para registro de emissões e transferência de poluentes.*
Sustentabilidade	(Parte da Seção de Desenvolvimento Energético Sustentável e Florestas) • Maior incentivo a investimentos em renovação e eficiência energética; • Eliminação de políticas que estimulem o aumento da demanda por combustíveis fósseis; • Criação de um Consórcio de Tecnologias de Energia Eficiente e Renovável.	• *Inclusão nos acordos comerciais de mecanismos que favoreçam a produção doméstica de bens necessários à provisão de necessidades básicas;* • *Redução progressiva de exportações de bens de uso intensivo de recursos naturais e energia;* • *Estabelecimento de mecanismos que impeçam a deterioração dos preços de matérias-primas;* • *Gestão conjunta de recursos ambientais comuns no hemisfério.*

Principais temas	Principais propostas e demandas	
	1998 (1ª versão)	2005 (5ª versão)
Trabalho	• Incorporação de uma cláusula social (o compromisso de respeito aos direitos básicos dos trabalhadores com um mecanismo de sanção delegado à Organização Internacional do Trabalho (OIT) e a possibilidade de sanções comerciais a governos ou empresas) e uma rede de segurança para trabalhadores que fiquem desempregados; • Harmonização progressiva de direitos e condições de trabalho.	• Incorporação de uma cláusula social (*com a possibilidade de sanções comerciais dirigidas principalmente às empresas e somente aplicáveis quando expressamente solicitadas por organizações representativas dos trabalhadores cujos direitos tenham sido violados*), e uma rede de segurança para trabalhadores que fiquem desempregados; • Harmonização progressiva de direitos e condições de trabalho; • *Acesso de migrantes, mulheres e trabalhadores informais aos direitos trabalhistas.*
Mineração	• Moratória sobre a mineração em áreas de importância cultural e ecológica.	(Incorporado à seção de meio ambiente)
Imigração	• Maior proteção aos direitos dos imigrantes; • Inclusão nos Acordos de Livre Comércio de ações de desenvolvimento de zonas que sejam grandes exportadoras de mão de obra.	• Inclusão nos Acordos de Livre Comércio de ações de desenvolvimento; • *Eliminação de obstáculos à livre movimentação de mão de obra no Mercosul e nas regiões do Pacto Andino;* • *Inclusão da questão da imigração nas negociações da Alca;* • *Anistia a trabalhadores clandestinos;* • *Ratificação de uma convenção hemisférica sobre direitos de imigrantes.*
Papel do Estado	• Sem limitações ao exercício da soberania popular e à capacidade do Estado de atender as demandas econômicas e sociais de seus cidadãos; • Reconhecimento de que setores estratégicos necessitam de tratamento especial; políticas de compras governamentais devem dar preferência a fornecedores domésticos e grupos marginalizados.	• Sem limitações ao exercício da soberania popular e à capacidade do Estado de atender as demandas econômicas e sociais de seus cidadãos; • Reconhecimento de que setores estratégicos necessitam de tratamento especial; políticas de compras governamentais devem dar preferência a fornecedores domésticos e grupos marginalizados; • *Exclusão de educação e saúde das negociações de acordos de comércio;* • *Submissão de acordos internacionais vinculantes à ratificação popular.*

Principais temas	Principais propostas e demandas	
	1998 (1ª versão)	2005 (5ª versão)
Investimento estrangeiro	• Regulamentação mais rigorosa do investimento estrangeiro; • Regulamentações multilaterais para prevenir concorrência desonesta e "uma corrida ao fundo do poço"; • Direitos humanos, trabalhistas e ambientais internacionalmente reconhecidos devem ter primazia sobre os diretos de investidores; • Introdução de requisitos de desempenho.	• Regulamentação mais rigorosa do investimento estrangeiro; • Regulamentações multilaterais para prevenir concorrência desonesta e "uma corrida ao fundo do poço"; • Direitos humanos, trabalhistas e ambientais internacionalmente reconhecidos devem ter primazia sobre os diretos de investidores; • Introdução de requisitos de desempenho; • *Remoção de mecanismos de disputa investidor-Estado dos Acordos de Livre Comércio.*
Finanças internacionais	• Total reestruturação do Banco Mundial e do Fundo Monetário Internacional, ou sua substituição por novas instituições; • Regulamentação mais rigorosa dos fluxos de capital especulativo e instituição da "taxa Tobin"; • Abandono das condições de ajuste estrutural; • Inclusão nos Acordos de Livre Comércio da questão da renegociação de dívidas externas.	• *Substituição das instituições de Bretton Woods por outras, incluindo um Banco Central Global e uma Corte Internacional de Falências;* • Regulamentação mais rigorosa dos fluxos de capital especulativo e instituição da "taxa Tobin"; • Abandono das condições de ajuste estrutural; • *Auditorias de dívidas externas e cancelamento das dívidas de países de baixa renda;* • *Reconhecimento da existência de uma dívida ecológica por parte dos países do Norte.*
Acesso ao mercado e regras de origem	• Tratamento não recíproco e preferencial a nações menos desenvolvidas; • Negociações devem abordar barreiras não tarifárias usadas para fins de protecionismo enquanto se aceitam restrições à proteção da saúde pública e do meio ambiente; • Reduções de tarifas devem ser decididas por um processo participativo e acompanhadas de suporte a indústrias locais na fase de transição;	• Tratamento não recíproco e preferencial a nações menos desenvolvidas; • Negociações devem abordar barreiras não tarifárias usadas para fins de protecionismo enquanto se aceitam restrições à proteção da saúde pública e do meio ambiente; • Reduções de tarifas devem ser decididas por um processo participativo e acompanhadas de suporte a indústrias locais na fase de transição; • Harmonização e modernização de procedimentos alfandegários; • Os países devem estar aptos a estabelecer regras de conteúdo nacional.

Principais temas	Principais propostas e demandas	
	1998 (1ª versão)	2005 (5ª versão)
	• Harmonização e modernização de procedimentos alfandegários; • Os países devem estar aptos a estabelecer regras de conteúdo nacional.	
Direitos de propriedade intelectual	(Parte da seção de Direitos Autorais) • Rejeição ao patenteamento de formas de vida e proteção dos direitos coletivos de comunidades locais à conservação de espécies; • A Convenção sobre Biodiversidade de Cartagena deve ter primazia sobre os acordos de comércio; • Licenciamento obrigatório a produtores de medicamentos genéricos.	• *Os países devem ter a liberdade de estabelecer sistemas de propriedade intelectual que reflitam seu nível de desenvolvimento;* • *Respeito ao direito de invocar salvaguardas para licenciamento compulsório, importação paralela e provisões públicas de uso não comercial;* • *Períodos de proteção a patentes não devem passar de dez anos e, para direitos humanos, de vinte anos;* • *Exclusão de questões de propriedade intelectual das negociações de comércio;* • Rejeição ao patenteamento de formas de vida e proteção dos direitos coletivos de comunidades locais à conservação de espécies; • *Regras de primazia do Protocolo sobre Biodiversidade de Cartagena em relação a organismos geneticamente modificados sobre os acordos de comércio;* • *Primazia das convenções internacionais de direitos humanos sobre os direitos de propriedade intelectual.*
Agricultura	• Tratamento especial à agricultura em acordos de comércio e investimentos; • Os países devem assegurar a segurança alimentar, incluindo o direito a excluir produtos estratégicos dos acordos; • Reforma agrária para redistribuição de terras; • Incentivos ao desenvolvimento de agricultura sustentável e reflorestamento; • Suporte à agricultura familiar; • Harmonização de políticas de subsídios, para atingir porcentagem equilibrada do PIB.	• *Respeito ao princípio da soberania alimentar em todos os Acordos de Livre Comércio;* • Os países devem assegurar a segurança alimentar, incluindo o direito a excluir produtos estratégicos dos acordos; • *Proibição do uso de patentes de sementes e plantas;* • Reforma agrária para redistribuição de terras; • Incentivos ao desenvolvimento de agricultura sustentável e reflorestamento; apoio a pequenos produtores e pagamento de *preços justos;* • *Subsídios baseados nas necessidades da maioria dos produtores e financiados por taxas indiretas cobradas de grandes produtores que praticam dumping.*

Principais temas	Principais propostas e demandas	
	1998 (1ª versão)	2005 (5ª versão)
Resolução de disputas e cumprimento das decisões	• Mecanismos de resolução de disputas e cumprimento devem focar a redução de desigualdades; as questões trabalhistas, de direitos humanos e ambientais devem ser parte integral dos acordos comerciais; • Revisão das leis e práticas dos países antes de se filiarem a um acordo; • Auditorias regulares de empresas e a criação de um mecanismo para receber queixas sobre a conduta de empresas em cada país; • Transparência por meio de relatórios públicos e um mecanismo de apelações aberto a governos e a organizações da sociedade civil; • Mecanismos de compensação e fundos regionais para ajudar os países a aderirem às regras.	• *Padrões e cláusulas sociais devem formar o núcleo dos Acordos de Livre Comércio;* • *Sistema de cumprimento baseado em incentivos, de modo que a aplicação afirmativa dos padrões deva ser uma ocorrência incomum e extrema. Em casos de violação, a ênfase deve passar das entidades governamentais às empresas que deixaram de aderir às leis. O processo de cumprimento deve ser transparente e público; relatórios de adesão elaborados por especialistas neutros e parceiros da sociedade civil, e o desenvolvimento de planos para facilitar a adesão dos países. A aplicação deve se basear na lei nacional. O tribunal deve ser formado por especialistas e representantes do setor afetado, com um processo claro de apelação e participação da sociedade civil. Penalidades devem focar a retificação da violação e a retenção de benefícios do Acordo de Livre Comércio;* • *Auditorias sociais de empresas que operam em dois ou mais países dentro da área de um Acordo de Livre Comércio, monitoradas por organizações locais independentes.*
Serviços	–	• *Padrões que regulamentam o comércio de serviços devem ser diferentes daqueles aplicados a bens;* • *Preservação da capacidade dos Estados de manter empresas públicas como provedoras exclusivas de serviços vitais e a inclusão de tratamento especial e diferenciado para países em desenvolvimento;* • *Os países têm direito a excluírem serviços essenciais das negociações, ou introduzirem medidas temporárias de salvaguarda;* • *Leis de proteção ao consumidor têm primazia sobre os Acordos de Livre Comércio.*

Principais temas	Principais propostas e demandas	
	1998 (1ª versão)	2005 (5ª versão)
Gênero	–	• *Inclusão de grupos de mulheres em processos decisórios;* • *Avaliação de impacto de gênero de políticas de comércio e a integração de preocupações concernentes a gênero na negociação de acordos.*
Educação	–	• *A educação deve ser excluída das negociações, nos níveis hemisférico e global;* • *Financiamento para educação pública deve ser equivalente a, no mínimo, 8% do PIB;* • *Acesso igualitário e livre a todos os níveis educacionais, com especial atenção para meninas e mulheres.*
Comunicações	–	• *Respeito ao direito à comunicação como um direito humano universal;* • *Transmissão pública de rádio e TV deve ser isentada das provisões da Alca, e setores de mídia comunitária e independente devem receber tratamento especial;* • *Soberania de Estados para regulamentar questões de comunicação.*

10
Ação coletiva transnacional em contextos políticos dinâmicos

Em dezembro de 2007, o Congresso norte-americano aprovou o acordo de livre comércio entre Peru e Estados Unidos. Esse acordo não provocou impactos econômicos significativos na região nem abriu caminho para ressuscitar as negociações no nível hemisférico. No entanto, o que é interessante observar é que foi aprovado por uma expressiva votação bipartidária, apesar do crescente ceticismo sobre acordos de livre comércio nos anos anteriores e da recente eleição de uma nova maioria de parlamentares do Partido Democrata. Em 2001, o projeto de lei da Autoridade de Promoção Comercial (TPA) havia sido aprovado por somente um voto na Câmara dos Representantes. Em 2006, o Cafta tinha passado por apenas dois votos. Entretanto, as OSCs dos Estados Unidos que haviam combatido inflexivelmente essas iniciativas anteriores estavam divididas quanto à proposta de livre comércio com o Peru. Pela primeira vez desde que o Nafta havia sido aprovado, a AFL-CIO decidia não se opor a um novo acordo comercial negociado nas Américas. Só podemos entender essa posição à luz das mudanças no ambiente político dos Estados Unidos.

O Partido Democrata conquistou a maioria de assentos no Congresso nas eleições de 2006, nas quais muitos dos candidatos ganharam votos ao criticarem em suas campanhas acordos como o Nafta (Destler, 2007, p.1). Nesse contexto, críticos da política de livre comércio dos Estados Unidos consideraram ter uma nova oportunidade, que lhes permitiria ir além de dizer "não" a cada nova proposta de tratado. No entanto, enquanto um grupo de OSCs preparava-se para apresentar à liderança democrata um modelo de proposta que mudaria significativamente o teor de negociações futuras, em maio de 2007 um grupo de democratas e republicanos anunciou um novo acordo bipartidário.[1]

Embora a maioria dos democratas da Câmara dos Representantes tenha votado contra o acordo de livre comércio Estados Unidos-Peru, o compromisso bipartidário assegurou sua aprovação.[2] Na véspera da votação, a presidente da Casa, Nancy Pelosi, explicou a disposição do Partido Democrata de negociar: "Não quero que este partido seja visto como anticomércio". O acordo, alcançado sem uma ampla consulta às OSCs, propunha um conjunto limitado de reformas na linguagem dos acordos de livre comércio que se concentrava na questão dos direitos trabalhistas.[3]

Ao promover algumas das mudanças que os sindicatos norte-americanos demandavam há mais de uma década, como a proibição de que os países signatários dos acordos reduzissem os padrões trabalhistas, a liderança democrata pôde pressionar a AFL-CIO a não se opor ao tratado.[4] A relação histórica entre a federação e o Partido Democrata ajuda a explicar por que essa pressão surtiu tanto efeito. Após a ascensão de uma nova liderança na AFL-CIO, em 1995, esta fortaleceu seus vínculos com o partido, mobilizando mais pessoas e recursos a fim de eleger políticos pró-sindicatos (Francia, 2006).

---

1 Entrevista com Todd Tucker, diretor de pesquisas, Global Trade Watch, Public Citizen, Washington, D.C., mar. 2008.

2 Na Câmara dos Representantes, 116 democratas votaram "não" e 109 "sim", enquanto oito se abstiveram. No Senado, os democratas continuaram divididos, mas a maioria (29) votou a favor do acordo.

3 Entrevista com Todd Tucker, diretor de pesquisas, Global Trade Watch, Public Citizen, Washington, D.C., mar. 2008.

4 Para uma análise da linguagem sobre direitos trabalhistas em acordos de livre comércio negociados pelos Estados Unidos e o acordo fechado entre democratas e republicanos em 2007, ver Elliott (2007).

Após doze anos de maioria republicana no Congresso, os líderes sindicais não queriam queimar suas pontes com democratas dispostos a lutar por sua agenda, se não em relação ao tema do comércio, certamente em relação a outros.[5] O fato de o acordo não acarretar uma perda importante de empregos nos Estados Unidos também contribuiu para torná-lo mais palatável aos sindicatos.

No entanto, a posição neutra assumida pela AFL-CIO diante do acordo de livre comércio Estados Unidos-Peru não foi de modo algum consensual entre as organizações de trabalhadores. Os debates antes de sua votação no Congresso expuseram as claras divergências existentes entre os próprios membros da AFL-CIO[6] e entre a liderança dessa federação e os sindicatos filiados à recém-criada Coalizão Mudança para Vencer (CTW). Quando os sindicatos dessa coalizão se separaram da AFL-CIO em 2005, uma de suas principais críticas era que a liderança da federação investia recursos demais para tentar eleger democratas aliados, com resultados pífios, em vez de dar apoio às necessárias campanhas de sindicalização (Chaison, 2007). Após a divulgação do acordo bipartidário, os líderes da CTW aproveitaram a oportunidade para se distanciar ainda mais da AFL-CIO, mantendo sua oposição ao acordo. Além do movimento sindical, também havia fortes desavenças entre a AFL-CIO e alguns dos seus aliados mais próximos em mobilizações anteriores. Naquele momento, essas divergências quase levaram a uma séria

---

5 Ver a análise de Roof (2008) sobre o apoio democrata à agenda legislativa sindical.

6 Por exemplo, embora a United Auto Workers (UAW) concordasse em apoiar o acordo, a Associação Internacional de Maquinistas e Trabalhadores do Setor Aeroespacial (IAM), outro membro importante da AFL-CIO, manteve a sua oposição. Para a UAW, tratava-se de um modo de fortalecer sua rejeição a outros acordos de livre comércio que eram percebidos como mais prejudiciais, como o que estava em negociação com a Coreia do Sul (entrevista com representante anônimo da AFL-CIO, Washington, D.C., mar. 2008). Para a IAM, as modificações nas cláusulas sociais ainda ficavam aquém de suas demandas. Além disso, os maquinistas também alegavam que se preocupavam com os capítulos do acordo sobre aquisição, investimento e serviços. Ver os argumentos apresentados em uma carta do presidente internacional da IAM ao Congresso norte-americano (Buffenbarger, 2007).

ruptura dentro da Aliança pelo Comércio Responsável (ART), uma das coalizões que se mobilizavam em oposição aos acordos de livre comércio nos Estados Unidos.[7]

Os aliados peruanos da AFL-CIO tampouco compartilhavam a posição da federação. O fato de a central sindical norte-americana ter feito questão de informar o presidente da Central Unitária de Trabalhadores do Peru (CUT-Peru) da sua decisão e explicar as razões da mudança de posição sobre o acordo de livre comércio confirma a importância dos vínculos transnacionais.[8] No entanto, também vale a pena observar que a oposição ao acordo não foi muito forte no Peru, onde os críticos se dividiram entre um grupo que o rejeitava e outro que desejava negociar modificações em seu conteúdo. Além disso, a rede transnacional das OSCs norte-americanas e peruanas não era tão densa quanto as que ligavam os críticos dos acordos comerciais nos Estados Unidos e outros países latino-americanos, como Brasil e México. Por conseguinte, e em contraste com o que aconteceu dentro dos Estados Unidos, as divisões internas da AFL-CIO e sua posição de neutralidade não foram nem muito divulgadas nem criticadas naquele país.[9]

Há muito tempo, a literatura sobre movimentos sociais tem nos ensinado que, para compreender as origens e o desenvolvimento da mobilização, é importante levar em conta as ameaças e oportunidades apresentadas pelo contexto político específico em que a ação ocorre (ver, por exemplo, Tilly, 1978). Pesquisadores latino-americanos também contribuíram para essa literatura analisando as relações historicamente complexas e dinâmicas entre Estados, partidos políticos e movimentos sociais na região.[10] À medida que a

---

7 Entrevista com membros da ART, Washington, D.C., mar. 2008.

8 Entrevista com representante anônimo da AFL-CIO e com Julio César Bazán, presidente, CUT-Peru, Lima, Peru, jul. 2008.

9 Entrevistas com Juan José Gorriti, secretário geral, Confederação Geral dos Trabalhadores do Peru (CGTP-Peru), e Julio César Bazán, presidente, CUT-Peru, Lima, Peru, jul. 2008.

10 Existe ampla literatura sobre o corporativismo estatal que analisa os laços históricos entre Estado, sindicatos de trabalhadores e empresas. Para comparações

ação coletiva transnacional se tornou um fenômeno mais relevante, a literatura passou a enfatizar a necessidade de uma abordagem analítica que examinasse as percepções de oportunidades políticas através das escalas doméstica e internacional (Sikkink, 2005; Smith e Korzeniewicz, 2007).

Este capítulo visa contribuir para essa literatura, focando especificamente em um aspecto das interações dinâmicas entre as escalas doméstica e internacional: os impactos que mudanças nos contextos políticos nacionais podem exercer sobre a ação coletiva transnacional. Analisamos variações nas expectativas de sucesso e nas estratégias das OSCs à medida que aliados em potencial adquiriam mais força política em seus próprios países e/ou outras localidades. Para entender essas variações, é importante reconhecer a relevância da inserção política dos atores.

Ação coletiva transnacional e sistemas políticos

O caso do acordo de livre comércio Estados Unidos-Peru confirma a ideia de que as expectativas dos atores em relação às oportunidades políticas variam de acordo com sua inserção política e constituem um componente-chave de qualquer explicação sobre a dinâmica da ação coletiva transnacional. Esse caso também mostra que uma análise das motivações da ação que seja baseada em interesses estáticos de categorias inteiras, como, por exemplo, "os sindicatos dos Estados Unidos", é insuficiente. Em vez de assumir que os sindicatos formarão uma frente unida em defesa dos interesses de seus membros, que as organizações rurais defenderão os interesses de trabalhadores rurais e que os brasileiros reivindicarão os interesses do seu país, argumentamos que o que os atores percebem como interesse próprio varia até mesmo entre aqueles que pertencem aos mesmos setores e compartilham as mesmas nacionalidades.

---

entre países latino-americanos, ver Murillo (2001) e Bensusán e von Bülow (1997).

Além disso, essas visões sobre o interesse de cada um mudam com o passar do tempo. Como foi enfatizado pela literatura sobre o papel das ideias, em situações de incerteza, como o período de turbulência ideológica que se seguiu ao fim da Guerra Fria, o modo como os atores percebem seus interesses, e o modo de alcançá-los, fica mais suscetível a mudanças.[11] Não se trata de apresentar um argumento sobre o fim das ideologias. O importante é entender como as reações do passado aos impactos da liberalização do comércio, que iam de demandas por proteção de determinados setores à retomada do desenvolvimentismo liderado pelo Estado, tornaram-se em geral inadequadas no contexto político e econômico da década de 1990 (ver Murillo, 2001; Panfichi, 2002; Dagnino, 2002). Essa crise de modelos protecionistas como propostas viáveis criou uma lacuna ideológica e, portanto, um desafio às OSCs de todo o hemisfério que buscavam alternativas. As diferenças entre cada país no que diz respeito às regras institucionais de formulação de políticas comerciais ajudam a explicar a variedade de maneiras como os atores enfrentaram esse desafio.

As instituições e a formulação de políticas comerciais

Parte da literatura sobre formulação de políticas comerciais entende seu resultado pelas lentes do jogo de dois níveis de Putnam, segundo o qual grupos domésticos pressionam governos no nível nacional a adotarem políticas favoráveis e, por sua vez, governos nacionais buscam maximizar sua capacidade de atender às pressões domésticas no nível internacional (Putnam, 1988).[12] Essa dinâmica é, certamente, uma parte importante da história, mas a literatura sobre a ação coletiva transnacional tem mostrado que isso implica

---

11 A título de exemplo, ver Blyth (2002, esp. caps.1 e 2) para uma análise do impacto das ideias no contexto da "incerteza knightiana".

12 Para exemplos sobre a aplicação desse modelo às negociações comerciais hemisféricas, ver Ostry (2002) e Sáez (2005).

um acesso limitado de atores não estatais ao sistema internacional, o que não é o caso em muitas áreas temáticas (Keck e Sikkink, 1998, p.4; Sikkink, 2005, p.153-154). O comércio é, sem dúvida, uma dessas áreas. Os laços formados entre atores estatais e não estatais nas duas últimas décadas revelam uma dinâmica bem mais complicada da interação entre escalas do que a que se pode ver por meio de um modelo de jogo de dois níveis.

Quase todas as 123 OSCs incluídas nesta pesquisa mantinham algum tipo de vínculo relacionado ao debate sobre comércio com atores no sistema político nacional, variando de um diálogo informal a formas institucionalizadas de participação em processos decisórios.[13] Um número menor, porém crescente, de organizações também estabeleceu vínculos com deputados e autoridades governamentais em outros países.[14] As formas como essas relações eram criadas ou ativadas dentro dos países, e entre estes, representava fonte constante de divergências entre os críticos de acordos comerciais, cujos laços com partidos políticos e autoridades governamentais variavam significativamente. Esses debates ganhavam contorno específico conforme as diferentes regras de formulação de política comercial em vigor em cada país.

No Brasil, Chile e México, a negociação de acordos de comércio internacional está sob jurisdição exclusiva do Poder Executivo. Em seguida, são submetidos ao Congresso Nacional para votação, a favor ou contra, sem a possibilidade de revisões ou emendas. Assim, os principais atores das negociações têm sido as burocracias

13 Das 123 OSCs, somente 16 responderam que não mantinham atividades relacionadas ao debate sobre comércio com a arena legislativa, enquanto apenas 18 não se engajavam em nenhum tipo de diálogo com autoridades governamentais.

14 Desde as negociações do Nafta, muitas organizações latino-americanas têm participado de audiências públicas e reuniões no Congresso dos Estados Unidos referentes aos debates sobre acordos comerciais. Na época das entrevistas, a maioria não possuía vínculos diretos com parlamentares, mas estabelecia relações de curta duração mediadas por OSCs norte-americanas. De modo análogo, essas OSCs viajavam para a América Latina e se reuniam com negociadores e parlamentares, normalmente por meio de arranjos feitos por aliados locais.

ministeriais, embora variem os órgãos específicos responsáveis por conduzi-las.[15]

Os Estados Unidos diferenciam-se dos países latino-americanos porque sua Constituição concede ao Congresso a prerrogativa sobre a elaboração de políticas comerciais. Desde 1974, tem sido parte das atribuições dos legisladores aprovar periodicamente uma lei de Autoridade de Promoção Comercial (TPA, mais conhecida como *fast track*), que concede autoridade temporária ao presidente para negociar com outros países e limita o papel do Congresso à aprovação ou rejeição dos tratados em um prazo de noventa dias, sem a possibilidade de apresentar emendas. Embora tais restrições tenham gerado questionamentos de críticos das negociações de livre comércio, os parlamentares norte-americanos ainda detêm consideravelmente mais poder do que seus colegas latino-americanos. Por meio da TPA, os legisladores podem especificar objetivos que esperam que os negociadores busquem e introduzir critérios que devem ser seguidos para que os acordos sejam aprovados. Para as OSCs, a necessidade de aprovar a TPA em bases periódicas dá-lhes a oportunidade de debater custos e vantagens da política de comércio proposta. Por fim, o presidente deve notificar o Congresso antes de fechar um acordo e consultar suas comissões durante as negociações.

Essas diferentes regras de formulação de políticas oferecem aos atores variadas lógicas no que se refere a seus alvos, à necessidade de apresentar alternativas, ao teor dessas alternativas e às formas de criar oportunidades de ação. Nos Estados Unidos, os esforços para influenciar a elaboração de políticas comerciais dividem-se entre pressionar o Congresso – em especial, durante as votações do *fast track* e de acordos de comércio – e o órgão do Executivo encarregado

15 No Brasil, um ator-chave na negociação é o Ministério das Relações Exteriores, mas outros órgãos também se envolvem, em especial o Ministério do Desenvolvimento, Indústria e Comércio Exterior e o da Agricultura. No Chile, as negociações de comércio são igualmente centralizadas no Ministério das Relações Exteriores, em especial na Direção Geral de Relações Econômicas Internacionais (Direcon). No México, o papel mais importante é desempenhado pelo Ministério de Assuntos Econômicos.

das negociações, o US Trade Representative (USTR) – em particular, durante as negociações de acordos comerciais. No entanto, na América Latina, a maioria das tentativas de críticos de acordos comerciais de influenciar as negociações era direcionada aos órgãos do Executivo responsáveis. Desse modo, mudanças nas relações de poder no Congresso têm maior impacto nas políticas comerciais e nas estratégias das OSCs nos EUA do que na América Latina. A eleição de novos presidentes, por sua vez, pode levar a transformações mais importantes na América Latina.

"Efeito bumerangue" e "sabotagem" em ambientes políticos dinâmicos

Durante as negociações do Nafta, a estratégia desenvolvida em conjunto entre os atores mexicanos e norte-americanos foi um caso exemplar do que Margaret Keck e Kathryn Sikkink chamaram de "efeito bumerangue" (Keck e Sikkink, 1998), que Thomas Risse e Kathryn Sikkink posteriormente expandiram para o termo "modelo espiral" (Risse e Sikkink, 1999). Na época das negociações, o México tinha um sistema político altamente centralizado, com uma presidência poderosa que ofuscava o Congresso e um sistema de corporativismo estatal que vinculava as maiores organizações sindicais e empresariais ao partido então no poder. Enfrentando a repressão e a falta de canais de comunicação e negociação com seu próprio país, um grupo de OSCs mexicanas, com a ajuda de aliados nos Estados Unidos, levou suas reivindicações diretamente ao Congresso desse país.[16] Simultaneamente, organizações norte-americanas e canadenses forneciam aos aliados mexicanos informações sobre o progresso das negociações, às quais eles não teriam acesso de outra maneira.

16 Líderes de OSCs mexicanas participaram de vários tipos de atividades: audiências públicas, debates, coletivas de imprensa e reuniões com deputados norte-americanos e seus assessores no Congresso dos Estados Unidos.

Apesar das importantes diferenças que existem entre os sistemas políticos chileno e mexicano, uma dinâmica Norte-Sul semelhante foi reproduzida durante as negociações do acordo de livre comércio Estados Unidos-Chile. A primeira minuta do tratado foi disponibilizada às OSCs chilenas pela ART, que a enviou à Aliança Chilena para um Comércio Justo e Responsável (ACJR).[17]

Durante as negociações da Alca, ocorreram interações do tipo bumerangue, mas, em vez de as organizações do Sul buscarem no Norte informações e influência na tomada de decisões, houve uma interação bem mais equilibrada entre os dois hemisférios e, em determinados momentos, até uma inversão da direção dos primeiros "bumerangues".[18] Em contraste com a situação política no México durante as negociações do Nafta, países como Argentina, Brasil e Chile haviam ido mais longe na consolidação de suas democracias em meados da década de 1990. Em particular após a eleição de Luiz Inácio Lula da Silva no Brasil (em 2002), Néstor Kirchner na Argentina (em 2003) e Hugo Chávez na Venezuela (em 1998), críticos dos acordos de livre comércio nesses países muitas vezes tinham melhor acesso aos formuladores de política dos que os norte-americanos sob uma gestão do Partido Republicano. Esses novos governos latino-americanos viam os potenciais ganhos da Alca com olhar mais cético do que os anteriores.

Nesse novo ambiente político, as OSCs nos Estados Unidos buscaram formar laços com autoridades governamentais de outros países potencialmente simpáticas às suas ideias, usando aliados da sociedade civil locais como intermediadores informais. Por exemplo, representantes das OSCs brasileiras que tinham a chance de

---

17 Entrevista com Coral Pey, então diretora-executiva da ACJR, Santiago do Chile, jun. 2005.

18 A inversão da direção do bumerangue contraria a ideia de que esse tipo de tática tem mais sucesso quando enviada do Sul para o Norte. Para uma crítica a essa noção estreita do bumerangue como uma tática tradicionalmente usada por atores de países em desenvolvimento, ver Keck (2006).

fazer parte das delegações oficiais[19] passaram a ser uma fonte de informações para atores de outros países, assim como as OSCs norte-americanas e canadenses haviam sido fontes de informação para as mexicanas e chilenas durante as negociações do Nafta e dos acordos de livre comércio Canadá-Chile e Estados Unidos-Chile. Como um dos informantes norte-americanos explicou:

> O acesso das ONGs a negociadores vem diminuindo consideravelmente [durante a gestão do presidente George W. Bush], e o acesso que temos eventualmente é mais para um evento de relações públicas do que para um verdadeiro debate [...] Quando necessitamos de informações sobre a Alca, recorremos às equipes de negociadores brasileiros ou venezuelanos, porque temos muito pouco acesso aos negociadores norte-americanos.[20]

Por meio dessas trocas de informações, as OSCs norte-americanas esperavam causar um impacto direto e desestabilizador nas negociações. Por exemplo, um participante dos Estados Unidos da reunião ministerial da Alca de 2003 usou o acesso aos negociadores de seu país para fornecer à delegação brasileira informações que ele considerava que gerariam novos obstáculos para as negociações:

> Havia cooperação com os negociadores brasileiros. Eu realmente canalizei informações [a estes] porque participei de algumas reuniões com negociadores norte-americanos, que falavam coisas inacreditáveis sobre o Brasil.[21]

---

19 Representantes de OSCs brasileiras participaram de delegações oficiais do país na reunião ministerial da Alca de 2003, realizada em Miami, nas reuniões da OMC que ocorreram em Cancún (2003) e em Hong Kong (2005), e em várias outras reuniões entre negociadores da Alca.

20 Entrevista com Alexandra Spieldoch, na época Senior Program Associate, Center of Concern, Washington, D.C., maio 2004.

21 Entrevista com um participante anônimo dos Estados Unidos, Washington, D.C., jul. 2004.

Essa tática desestabilizadora ou, como alguns atores preferiam chamá-la, de "sabotagem", foi elevada a outro patamar pela ONG Public Citizen, que buscava explorar as tensões existentes entre os negociadores enviando-lhes mensagens díspares:

> Por um lado, dizemos que o *fast track* será terrível [para os interesses nacionais dos Estados Unidos], que o país vai abrir mão de tudo e que o Congresso não terá controle de nada. E, por outro, temos o memorando [que escrevemos] para os negociadores brasileiros dizendo: "Adivinhem o que aconteceu? No *fast track*, o Congresso restringiu o poder da USTR [órgão de representação do comércio norte-americano], que não pode mais negociar o tema dos subsídios agrícolas".[22]

Nem a tática "bumerangue" nem a "sabotadora" são novas. O uso de alavancagem com outros atores é bem conhecido no repertório da ação coletiva,[23] assim como a adaptação de enquadramentos de acordo com os objetivos. No entanto, nenhuma dessas táticas pode ser inserida em um modelo de jogo de dois níveis que pressuponha que atores não estatais limitem suas ações fundamentalmente à escala doméstica. Fazem parte de um repertório de ações que é mais bem compreendido a partir de uma análise mais abrangente da ação coletiva, que considere a interação entre escalas. Além disso, a mudança nas origens do fluxo de informações do Norte para o Sul significa que os países do Sul deixaram de ser meros locais onde são sentidos os impactos das decisões tomadas no Norte; em vez disso, passaram a ser percebidos como locais de tomada de decisão.

Outros tipos de vínculos com o sistema político são os estabelecidos entre ativistas de OSCs e partidos. Coalizões como a ASC não admitem a presença formal de representantes de agremiações políticas, mas muitos integrantes daquela são filiados a estas,

22 Entrevista com Timi Gerson, coordenadora para a Alca, Public Citizen, Washington, D.C., maio 2004.

23 Para uma das primeiras descrições sobre estratégias transnacionais semelhantes ao bumerangue, ver Singer (1969, p.25-26).

garantindo ao menos uma presença informal na aliança.[24] No âmbito dos capítulos nacionais da Campanha contra a Alca, era comum a participação de partidos políticos. No caso brasileiro, várias agremiações de esquerda participavam ativamente da campanha nas escalas nacional e local, mas foi-lhes negada qualquer função formal na organização do plebiscito (Midlej e Silva, 2008, p.95, nota 42). O Partido Comunista Cubano foi um ator-chave na campanha, em especial durante os Encontros Hemisféricos realizados em Cuba.

De modo geral, porém, na América Latina nem os partidos políticos nem os deputados foram atores proeminentes nos debates da Alca. Na realidade, uma das estratégias dos críticos no Brasil, Chile e México foi pressionar deputados e partidos a participarem de forma mais ativa, porém essas iniciativas tiveram êxito limitado. Uma exceção foi o Partido Socialista dos Trabalhadores Unificado (PSTU), que não só participou da Campanha Brasileira contra a Alca, como também fez da rejeição ao acordo a principal plataforma política de sua candidatura presidencial às eleições de 2002 (Midlej e Silva, 2008, p.86). No entanto, trata-se de um partido pequeno que representou menos de 0,5% do total de votos válidos naquele ano.[25]

Apesar da tendência à politização dos acordos comerciais, e do fato de que estes passaram a incluir cada vez mais questões políticas domésticas altamente delicadas, os deputados latino-americanos tenderam a ser meros espectadores das negociações. A maioria dos parlamentos da região assumiu uma posição passiva, no sentido de intervir somente quando os resultados eram submetidos a sua aprovação, após concluídas as negociações (Sáez, 2005, p.12-13). No Brasil, as OSCs pressionaram pela criação de uma comissão parlamentar para acompanhar as negociações da Alca na Câmara dos Deputados. No entanto, esse fórum nunca foi muito ativo e,

---

24 Entrevista com Gonzalo Berrón, assessor, Confederação Sindical de Trabalhadores e Trabalhadoras das Américas (CSA), São Paulo, fev. 2008.

25 Cf. <http://www.tse.gov.br/internet/eleicoes/2002/quad_part_cargo_blank.htm>.

após a paralisação das negociações, desapareceu.[26] Mesmo no caso das negociações do Mercado Comum do Sul, foi somente após a instituição do Parlamento do Mercosul, em 2007, que alguns deputados brasileiros começaram a prestar mais atenção a seu papel no processo de integração.[27]

As novas oportunidades para a ação doméstica representam novas ameaças à ação transnacional?

Na América Latina, a eleição de novos presidentes mais céticos que seus antecessores em relação às vantagens dos acordos de comércio apresentava às OSCs novas oportunidades, mas também novos desafios. Mais especificamente, essa mudança deslocou as fronteiras entre os grupos que Bill Smith e Patricio Korzeniewicz chamavam de "os de dentro" e "os de fora", isto é, aqueles que aceitavam o diálogo com autoridades governamentais e se concentravam, sobretudo, em apresentar demandas para democratizar as negociações e modificar parte do teor dos acordos, e aqueles para quem as negociações de comércio eram uma oportunidade para gerar contestação (Korzeniewicz e Smith, 2003b; Smith e Korzeniewicz, 2007). Havia interpretações contraditórias sobre as expectativas de atuação desses novos governos em negociações de comércio, as quais coexistiam no âmbito de cada país e entre as OSCs de diferentes países, ameaçando a sobrevivência das coalizões formadas nas duas décadas anteriores. Como o caso – tratado no início deste capítulo – do acordo de livre comércio Estados Unidos-Peru mostrou, as OSCs norte-americanas também tiveram de enfrentar tensões semelhantes

26 Entrevista com assessor legislativo brasileiro, anônimo, Câmara dos Deputados, Brasília, dez. 2004. Ver também Midlej e Silva (2008, p.112-113).

27 Os partidos políticos brasileiros não incorporaram o processo de integração regional do Cone Sul como parte de suas prioridades. Isso permanece, para eles, uma questão de política externa e, assim, da alçada do Poder Executivo (Vigevani et al., 2001).

depois que os democratas reconquistaram a maioria dos assentos no Congresso de seu país.

A eleição do líder do Partido dos Trabalhadores, Luiz Inácio Lula da Silva, como presidente do Brasil é outro bom exemplo dessas tensões, por causa dos fortes laços entre esse partido político e muitas das mais ativas OSCs no capítulo nacional da ASC e na Campanha Brasileira contra a Alca.[28] Muitos críticos dos acordos comerciais, brasileiros ou não, acreditavam que o novo governo se retiraria das negociações da Alca e da OMC, mas isso não ocorreu. Lori Wallach, da ONG Public Citizen, expressou assim o seu desapontamento: "Primeiramente, pensamos: 'é um milagre! [O presidente] Lula é eleito no país que vai decidir o destino da globalização!' E, agora: 'Epa, Lula está no país que vai decidir o destino da globalização'".[29]

Embora alguns brasileiros compartilhassem esse sentimento, outros discordavam. Na realidade, uma das principais tensões internas na Campanha Brasileira contra a Alca dizia respeito às diversas interpretações sobre o que a eleição do presidente Lula representava para o país (Midlej e Silva, 2008, p.188-190). Na Argentina, Bolívia, Equador e Nicarágua, apesar das muitas diferenças importantes entre esses casos, os capítulos nacionais da Campanha e da ASC dividiram-se de maneira semelhante, entre grupos que simpatizavam com os novos governos e os que eram mais críticos em relação a estes.[30] Na escala hemisférica, essa tensão refletiu-se na supressão de referências claras aos novos governos nos documentos produzidos pela Campanha Continental contra a Alca, como um participante brasileiro esclarece:

---

28 A fundação do PT teve o apoio de muitos líderes sindicais que também fundaram a CUT, incluindo o próprio presidente Luiz Inácio Lula da Silva. Outros opositores da Alca, como o MST, também tinham vínculos historicamente estreitos com o PT. Para uma análise das relações entre o PT e os movimentos sociais brasileiros desde o início da década de 1980, ver Doimo (1995) e Sader (1988).

29 Entrevista com Lori Wallach, Global Trade, Public Citizen, Washington, D.C., set. 2005.

30 Entrevista com Gonzalo Berrón, conselheiro, Confederação Sindical de Trabalhadores das Américas, São Paulo, fev. 2008.

> Em Havana [durante o Encontro Hemisférico contra a Alca], a CUT e a Rebrip solicitou que Lula e Kirchner figurassem [na declaração final] como exemplos de governos progressistas que bloquearam a Alca, mas não houve consenso, e a declaração final foi bem mais genérica.[31]

Essas divergências ficaram ainda mais explícitas durante a terceira Cúpula dos Povos, organizada em paralelo à Cúpula das Américas de Mar del Plata, em 2005. Pela primeira vez, o evento da sociedade civil teve participação ativa de líderes de partidos políticos e governos que simpatizavam com os argumentos contra a Alca. Fizeram parte desse grupo o presidente da Venezuela, Hugo Chávez, e políticos argentinos e cubanos. Entretanto, os organizadores da Cúpula dos Povos não estavam preparados para lidar com esses atores, como um deles mais tarde lembrou:

> O que aconteceu em Mar del Plata nos obrigou a pensar estrategicamente sobre as delicadas e complexas relações entre governos, forças políticas e movimentos sociais. À medida que mais governos do Sul que pretendem fazer parte do campo popular são eleitos [...] como podemos tirar proveito de pontos de concordância e oportunidades de diálogo e até de interação, mas impedi-los de tentar controlar os movimentos sociais, ignorando suas organizações e repertórios de ação e violando seus objetivos? (de la Cueva, 2005, p.91)[32]

Novamente, pode-se traçar um paralelo com o que ocorre nos debates sobre o Fórum Social Mundial. Após a edição de 2003, em que os presidentes de Brasil e Venezuela tiveram muita visibilidade, uma ativista importante expressou sua frustração com veemência:

---

31 Entrevista com Roberto Leher, Sindicato Nacional dos Docentes das Instituições de Ensino Superior (Andes-SN), Rio de Janeiro, maio 2005.

32 Tradução da autora.

> Como é possível que um encontro que deveria ser uma vitrine para novos movimentos de base se torne uma celebração de homens com uma queda para discursos de três horas sobre a destruição da oligarquia? [...] Para alguns, o sequestro do Fórum Social Mundial por partidos políticos e homens poderosos comprova que os movimentos contra a globalização corporativa estão finalmente amadurecendo e "ficando sérios". Mas será que é realmente tão sério assim, no meio do cemitério de projetos políticos de esquerda fracassados, acreditar que a mudança virá ao se votar em mais um líder carismático e depois cruzar os dedos e torcer pelo melhor?[33]

Em alguns casos, o ceticismo de ativistas e pesquisadores sobre as perspectivas dos novos governos de centro-esquerda reflete uma visão excessivamente idealizada de uma ação coletiva transnacional que poderia ser separada dos sistemas políticos. Por exemplo, em sua análise das mobilizações contra os acordos de livre comércio, Yahia Said e Meghnad Desai argumentaram que aquilo que caracterizam como "movimento anticapitalista":

> tem atraído alguns tipos desprezíveis que buscam tomar carona, disfarçados de líderes nacionalistas, multinacionais do Terceiro Mundo e velhos gurus da esquerda. Eles estão tentando sequestrar o movimento e obscurecer suas características mais atraentes – abertura, cosmopolitismo, informalidade e apelo popular. (Said e Desai, 2003, p.82)

No entanto, este capítulo mostrou que a maioria dos críticos de acordos comerciais mantém vínculos com líderes de partidos políticos e autoridades governamentais e não estão propensos a rompê-los. Ao mesmo tempo, também vimos que uma importante fonte de tensões nas redes desses atores está associada às tentativas de lidar com pressões domésticas e com a cooperação contínua com aliados estrangeiros.

33 Cf. Klein (2003).

O novo cenário político da América Latina nos primeiros anos do século XXI ajuda-nos a entender que, apesar da existência de diferentes marcos institucionais de formulação de políticas comerciais, as OSCs do Norte e do Sul enfrentaram essas tensões de modo semelhante. Novamente, o caso dos sindicatos é esclarecedor. A literatura de Economia Política sobre as origens do poder dos sindicatos costuma identificar a maior presença de partidos aliados ao movimento sindical nos poderes Legislativo e Executivo como um recurso essencial e positivo (Robinson, 1994, p.659). Não obstante, o fortalecimento desses aliados políticos pode oferecer tanto oportunidades como ameaças no que se refere à ação coletiva transnacional.

O caso da posição da ALF-CIO em relação ao acordo de livre comércio Estados Unidos-Peru foi um bom exemplo disso, e não se trata, de modo algum, de uma exceção. Como admitiu um participante sindical do Brasil, as negociações comerciais no contexto da ascensão à presidência da aliança eleitoral liderada pelo Partido dos Trabalhadores poderia apresentar à CUT-Brasil escolhas igualmente difíceis:

> Vamos imaginar por um momento que o governo norte-americano aceite as principais exigências brasileiras sobre subsídios e tarifas agrícolas. Apresenta uma proposta que os sindicatos considerem aceitável, mas a condiciona à inserção de uma cláusula social no acordo. O governo do presidente Lula vai se opor à cláusula social porque essa tem sido a posição tradicional do governo brasileiro. Nesse caso, a CUT se veria em uma situação complicada.[34]

A CUT-Brasil poderia se ver em uma situação complicada por causa de sua resistência em criticar abertamente a gestão Lula, mas seria pressionada a fazer isso por seus aliados dentro e fora do país. Naturalmente, essa situação nunca deixou o plano das conjeturas, mas é interessante observar como esse ex-líder sindical tinha

34 Entrevista com Kjeld Jakobsen, ex-secretário de Relações Internacionais da CUT-Brasil, Brasília, jan. 2008.

consciência das pressões contraditórias que os atores podem enfrentar como fruto de sua inserção em redes sociais e sistemas políticos através das fronteiras nacionais.

Os casos da AFL-CIO e da CUT-Brasil são exemplos muito claros dessas tensões por causa de seus vínculos de longa data com o Partido Democrata e o Partido dos Trabalhadores, respectivamente, mas outras organizações de movimentos sociais que também têm forte inserção política podem ver-se em situações parecidas. Em um contexto de redes cada vez mais plurais, em que diferentes OSCs se empenham em cruzar fronteiras setoriais, expandindo suas agendas e demandas, o que inicialmente pode ser visto como uma mudança positiva no contexto político pode colocar em risco essas iniciativas de formação de coalizões amplas.

11
Conclusão
Agência, redes e ação coletiva

Os contornos dinâmicos da ação coletiva transnacional resultam da contínua negociação e reavaliação das escolhas feitas pelos atores, à medida que passam a formar parte de novas redes e reagem a mudanças em contextos políticos. Esses processos de negociação e reavaliação ocorrem no âmbito das OSCs e também entre estas, bem como dentro e fora das fronteiras nacionais. Seus resultados não podem ser predeterminados a partir de um conjunto de estruturas econômicas e políticas. Embora possam ajudar a explicar a relevância cada vez maior da ação coletiva transnacional, análises estruturais dos processos de globalização ou do capitalismo oferecem poucas pistas sobre por que as OSCs diferem na forma como buscam participar de um mundo globalizado e como esses caminhos variam ao longo do tempo.

A abordagem que usamos neste livro, centrada na agência, realça dimensões da ação coletiva transnacional que não podemos ignorar se pretendemos compreender como e por que os repertórios de ação contenciosa da sociedade civil estão mudando. Nesta conclusão vamos salientar duas delas, cuja importância foi asseverada repetidas vezes no decorrer deste volume: (1) a dimensão nacional, ou doméstica, e (2) a dimensão da assimetria. Consideramos ambas constitutivas da ação transnacional coletiva. Essas dimensões tornaram-se visíveis por causa do foco da pesquisa na inserção relacional e política das OSCs, isto é, a importância dada à análise das redes de atores e às mudanças nas suas interações, além da relevância atribuída aos contextos políticos específicos em que eles formam alianças, definem seus objetivos e articulam seus enquadramentos.

A dimensão nacional

As organizações mais centrais nas redes mapeadas são OSCs domésticas que mantiveram suas raízes nacionais mesmo ao se engajarem cada vez mais na ação coletiva transnacional por meio da participação nos debates sobre os acordos comerciais. O comércio não era um assunto que a maioria delas acompanhava com atenção antes da década de 1990, nem na arena doméstica nem na internacional. Os dados de redes sociais confirmam que os vínculos transnacionais entre os críticos dos acordos comerciais aumentaram em número e também em diversidade recentemente em função de atividades relacionadas com o comércio, uma descoberta que foi confirmada pela literatura e pela análise de documentos.

A pesquisa também mostrou que, apesar desse maior nível geral de engajamento, poucos desses atores seguiram um caminho sustentável de transnacionalização, em que priorizassem a criação de alianças transnacionais de longo prazo e participassem de esforços para produzir programas de ação conjunta. Muitos deles mantiveram o foco nos objetivos domésticos, ainda que participassem aleatoriamente de ações transnacionais, em um movimento de ioiô que os levava para cima e para baixo por meio das escalas doméstica e internacional. Mais importante ainda, mesmo entre aqueles que adotaram o caminho da transnacionalização contínua, a percepção de novas oportunidades políticas de barganhar na escala doméstica pode colocar em risco sua cooperação transnacional.

Como podemos entender essa situação paradoxal de maior engajamento na ação coletiva transnacional por parte de OSCs que permanecem enraizadas na arena doméstica?

O marco analítico utilizado neste livro permite a reconciliação desses achados empíricos aparentemente díspares. O debate sobre as interações entre escalas obriga-nos a buscar um melhor entendimento da localização da atuação política em geral, e da ação coletiva em particular. Os pesquisadores continuam limitados a um marco de análise dicotômico, segundo o qual os postulados políticos são orientados ou a uma comunidade política territorialmente delimitada ou a valores universais. A solução não é simplesmente trazer o nacional de volta para a nossa análise como um local separado de ação, nem eliminar as fronteiras entre os níveis de análise, como se o ponto de origem não importasse. O desafio consiste em focar as interações dinâmicas e as influências que cruzam as escalas doméstica e internacional porque, na maior parte do tempo, a ação coletiva transnacional acarreta uma combinação ambígua de alvos, redes, discursos e objetivos que são tanto domésticos como internacionais.

Abordamos esse desafio por meio da análise dos múltiplos caminhos que os atores usavam para cruzar fronteiras e da identificação dos mecanismos que as OSCs lançavam mão nos seus esforços por gerar e dar sustentabilidade à ação coletiva. Esses mecanismos são respostas deliberadas dadas pelos atores à medida que se empenhavam em encontrar terreno comum em alianças bastante heterogêneas. Os mecanismos de extensão, supressão e transformação de enquadramentos são tentativas de criar uma plataforma compatível para transpor diferenças. Embora contradições e conflitos persistam, os atores aprenderam a ter maior sensibilidade para combinar os variados graus de internacionalização em diferentes momentos no tempo, e assim evitar rupturas. A ação coletiva transnacional tende a se tornar menos autônoma em relação à política internacional, e as OSCs das Américas ganharam consciência disso por meio dos debates sobre negociações de acordos comerciais multilaterais.

O documento "Alternativas para as Américas", analisado neste livro, traz exemplos desses mecanismos em ação, porque mostra como um grupo de atores faz diversas tentativas de criar um projeto transnacional comum de mudança. Embora não haja evidência de que esse documento tenha se provado útil como um modelo alternativo a ser apresentado pelas OSCs em negociações específicas, o diálogo que levou a esse documento mostrou a predisposição e a capacidade de um amplo agrupamento de OSCs das Américas de atingir acordos básicos e provisórios sobre um conjunto compartilhado de temas.

O mecanismo de difusão exemplifica outro tipo de tentativa de encontrar compatibilidade entre escalas. Nas duas décadas de mobilizações analisadas neste livro, os repertórios de atuação contenciosa e ideias viajaram em muitas direções: verticalmente, do doméstico para o internacional e do internacional para o doméstico, e horizontalmente, entre arenas domésticas de ação coletiva. A difusão de uma forma de criação de alianças inicialmente posta em ação no Canadá para outros países de todo o hemisfério (primeiro para Estados Unidos e México e depois para outros) só foi possível por causa da inserção dos atores em novas redes transnacionais. A Aliança Social Continental (ASC), que reuniu esses arranjos organizativos sob um guarda-chuva internacional, resultou de uma difusão vertical dessa forma de criação de alianças a fim de possibilitar a coordenação de ações em uma escala mais elevada. A viagem de ideias de um país para outro – por exemplo, a influência da posição do Plenário Intersindical de Trabalhadores-Convenção Nacional de Trabalhadores (PIT-CNT) do Uruguai sobre o Mercosul nos debates internos da CUT do Brasil – e da arena doméstica para a internacional – a decisão da ASC de se opor às negociações da Alca – fornece outros exemplos de difusão por meio de redes sociais.

No entanto, a difusão não é um mecanismo automaticamente desencadeado por redes sociais. Algumas ideias e repertórios fluem bem através de fronteiras, mas outros não. Algumas OSCs optam por adotá-los, ao passo que outras oferecem resistência. Além disso, a difusão não implica simples reprodução. Como a comparação do funcionamento dos capítulos nacionais da ASC mostrou, em cada caso, atores adaptavam o formato organizacional a seus contextos específicos, com resultados diferentes. As redes que formavam a base dessas coalizões eram ao mesmo tempo resultantes da história de relações que já existiam dentro de um país e dos novos laços criados pelo contexto político de crítica aos acordos comerciais. A institucionalização do diálogo entre as escalas por meio de intermediadores ajudou a sustentar o fluxo de informações e recursos entre um grande número de atores, mas também levou à introdução de assimetrias entre os atores engajados na ação coletiva transnacional.

A dimensão da assimetria

Uma segunda dimensão constitutiva da ação coletiva transnacional está ligada às assimetrias que caracterizam as relações entre atores. Novamente, a pesquisa produziu conclusões aparentemente díspares. Por um lado, os dados de rede confirmaram o que a literatura sobre transnacionalismo tem defendido: que vínculos intersetoriais e multitemáticos tornaram-se mais comuns nas últimas décadas, refletindo a maior presença na arena internacional de um conjunto mais plural de atores que pode ser ou não de base associativa, que vem do Norte e também do Sul, e que tem interesses e objetivos diversos. Por outro lado, não há nenhum apoio empírico à ideia de que as relações entre esses atores sejam horizontais ou recíprocas. Como os sociogramas de redes entre aliados próximos mostraram nos casos de Brasil, Chile, México e Estados Unidos, embora alguns atores tenham adquirido maior visibilidade, ocupando o centro das redes, outros permaneceram na periferia e outros estavam ausentes.

A análise dos esforços para institucionalizar esses vínculos por meio da formação de alianças complementou os dados sobre assimetrias obtidos pelos mapas de redes sociais. Essa análise revelou que os desequilíbrios de poder entre atores permeavam as várias tentativas, mas eram mais explícitas nos casos de alianças baseadas na filiação de membros. No âmbito dessas alianças, os atores desempenhavam papéis distintos e tinham acesso diferenciado a informações e recursos. No Brasil, Chile, México e Estados Unidos, novos arranjos organizacionais superaram, ao menos temporariamente, as tradicionais dificuldades de cooperação multissetorial. Ao mesmo tempo, tiveram de enfrentar a crescente crítica daqueles que se sentiam excluídos dos processos decisórios internos e do acesso a recursos financeiros. As dificuldades de adaptar arranjos organizacionais de modo a garantir uma participação plural e sustentável de críticos dos acordos comerciais foram as principais razões por trás da crise dos capítulos nacionais da ASC em países como Chile e México.

Na escala doméstica, as tensões colocaram em lados opostos OSCs sediadas nas capitais e atores locais, seja por causa da tendência à realização de reuniões e eventos nessas cidades, seja por causa da atitude "de cima para baixo" que algumas dessas organizações adotam quando viajam pelo país para pôr em prática suas estratégias. Esse tipo de disputa foi mais fortemente sentido nos casos dos Estados Unidos e do México.

Uma segunda fonte de tensão foi a relação entre ONGs e organizações de base associativa. Causada pela questão da representação, essa tensão tornou-se mais visível à medida que se criavam novas arenas transnacionais e aumentava o número de eventos internacionais a exigir a participação de representantes. A decisão sobre quem poderia falar em nome de alianças tão heterogêneas em eventos internacionais levou a episódios de discórdia entre os críticos dos acordos comerciais em todos os países pesquisados, mas em especial no Chile e no México. Apesar dos esforços das OSCs de superar essas divergências, e apesar de diferenças significativas no modo como esses esforços se desenrolaram em cada país, elas persistem como os principais desafios de qualquer projeto sustentável e multissetorial de formação de alianças.

No entanto, as fontes de assimetrias variam ao longo do tempo, à medida que os atores tentam lidar com estas e à medida que tanto os relacionamentos como os contextos políticos mudam. No âmbito da ASC, procurou-se gerar uma melhor coordenação através de fronteiras, sem a criação de novas burocracias centralizadas, por meio da atuação de intermediadores [*brokers*] – papel que foi desempenhado por organizações a cargo das secretarias dos capítulos nacionais. Esses intermediadores atuariam como ponte para contatos e informações do exterior. A comparação entre o funcionamento dos quatro capítulos domésticos da ASC revelou que as ONGs encarregadas dos capítulos brasileiro e norte-americano foram mais bem-sucedidas em seu papel intermediador, não só porque estavam dispostas a coordenar a ação coletiva, mas também porque tinham o cuidado de não falar em nome de terceiros. Nesses casos, alcançou-se um equilíbrio negociado entre a necessidade de atuar com base no consenso de todos os membros da coalizão e o respeito à autonomia de cada organização para defender posições específicas, por conta própria ou em conjunto com outros aliados.

No que se refere às assimetrias além das fronteiras nacionais, este livro mostrou a importância cada vez maior das organizações do Sul e dos vínculos Sul-Sul na construção da rede transnacional de críticos dos acordos comerciais. Como argumentamos na Introdução, a literatura sobre o ativismo transnacional tende a focar sua atenção nas organizações do Norte. Em parte, esse viés resulta de uma tendência a confundir o poder dos Estados nacionais no sistema internacional com o poder das sociedades civis nacionais. Além disso, há um pressuposto não confirmado em parte da literatura de que qualquer tentativa de influenciar negociações multilaterais será mais eficaz se focada nos atores e nas arenas decisórias dos países mais desenvolvidos e, portanto, laços com OSCs do Norte serão os mais relevantes. No entanto, isso nem sempre é verdade.

Ao longo da década de 1990, as OSCs do Sul foram progressivamente tornando-se muito ativas nas redes de críticos dos acordos comerciais. A difusão de experiências e informações não fluía somente do Norte para o Sul, mas também do Sul para o Sul e do Sul para o Norte. Assim, embora no início dos anos 1990 as diferenças Norte-Sul representassem a principal fonte de assimetria nas redes de críticos dos acordos comerciais nas Américas, em meados da primeira década do século XXI a participação tornou-se mais equilibrada entre ambas as regiões. Isso não quer dizer que as diferenças Norte-Sul tenham sido eliminadas, mas as origens geográficas das OSCs não são o principal critério analítico para o estudo das relações de poder entre esses atores.

Para estudar as continuidades e transformações na dimensão da assimetria da ação coletiva transnacional, foi essencial usar lentes empíricas mais amplas, que fornecessem não só um mapeamento de participantes e suas redes, mas também informações sobre a variação da participação ao longo do tempo. Por meio de uma combinação de dados de redes sociais e informações qualitativas, foi possível pesquisar o fluxo dos vínculos e compreender a construção de redes transnacionais como um processo ao longo de duas décadas. Se esta pesquisa tivesse se limitado a analisar o caso de uma campanha específica, não teria sido possível compreender a importância dos relacionamentos passados e das lições aprendidas anteriormente, nem das sobreposições de laços criados em diversos contextos e iniciativas relacionadas aos acordos comerciais.

Por exemplo, se esta pesquisa tivesse se limitado a analisar o caso da Campanha Continental contra a Alca, teria abarcado um conjunto bem mais restrito de atores, uma vez que muitos participantes do campo dos críticos dos acordos comerciais não foram membros ativos dessa iniciativa. Na realidade, a maioria dos atores chilenos e mexicanos teria sido excluída desse estudo de caso, dada a baixa prioridade que a Alca tinha em suas agendas. Outros, como a Confederação Geral do Trabalho (CGT) e a Força Sindical, do Brasil, foram participantes ativos nos debates sobre o Mercosul, mas não na campanha contra a Alca. O fato de diferentes organizações seguirem diferentes trajetórias nas várias arenas de negociação fornece uma pista importante sobre as potencialidades da ação coletiva transnacional sustentável.

Um aspecto ainda mais importante a se destacar é que uma pesquisa que estivesse baseada em uma única campanha teria deixado escapar a variedade de caminhos organizacionais e ideacionais mapeados. Estudos de caso de campanhas de breve duração e escopo restrito tornam mais difícil a análise de conflitos entre seus membros. Por definição, essas campanhas são estruturadas em torno de objetivos comuns e contra alvos comuns. Uma abordagem de mais longo prazo oferece a possibilidade de examinar como essas campanhas se relacionam com experiências anteriores, quão sustentáveis são as relações criadas em torno das campanhas e se a interação modifica o modo de pensar dos atores sobre si mesmos e sobre os objetivos e alvos da ação coletiva.

Os acordos comerciais foram longe demais?

A onda de negociações de livre comércio nas Américas apresentou novos desafios importantes tanto para ativistas da sociedade civil como também para pesquisadores que analisam a formulação de políticas comerciais e a ação coletiva transnacional. Embora a liberalização dos fluxos internacionais de bens e serviços permanecesse na essência desses acordos, novas negociações incluíam regulamentações sobre praticamente todas as arenas de política pública. Essa mudança transformou o debate sobre livre comércio e suas alternativas em uma discussão muito mais ampla sobre desenvolvimento e governança global. A politização do comércio era, ao mesmo tempo, causa e efeito da incorporação do tema à agenda de um conjunto mais diverso de OSCs. Os próprios atores da sociedade civil contribuíram para a expansão do que se compreendia como tema "relacionado ao comércio", ao analisarem os potenciais impactos das negociações sob uma perspectiva cada vez mais abrangente, variando de questões como acesso a medicamentos a debates sobre o papel de investidores internacionais no desenvolvimento.

Nesse contexto, a literatura acadêmica sobre formulação de políticas comerciais como um jogo de dois níveis não podia explicar a dinâmica mais complexa de interação entre negociadores e atores não estatais que passou a caracterizar as negociações nas Américas (e também na escala global). De modo análogo, a literatura sobre formação de alianças que se concentra na polarização entre adeptos do livre comércio e protecionistas com interesses claros e fixos não apresenta uma visão acurada da realidade mais complexa da interação entre atores da sociedade civil. Embora sindicatos de trabalhadores e organizações empresariais continuem a ser atores importantes, a entrada no debate de organizações rurais, ONGs multitemáticas e outros atores apresenta muitas possibilidades novas de combinações diferentes de atores e demandas nas escalas doméstica e internacional.

Em um ambiente tão heterogêneo, não surpreende que opositores de acordos comerciais não tenham conseguido apresentar uma alterativa comum aos tratados em negociação na região. Entretanto, eles conseguiram encontrar terrenos comuns sobre assuntos específicos. De modo geral, os críticos dos acordos compartilhavam a visão de que as negociações de livre comércio estavam indo longe demais. A crítica coletiva mais comum apresentada por esses atores relacionava-se com o chamado déficit democrático nas negociações, seguida por demandas por maior transparência nos processos decisórios. A esse respeito, tiveram certo sucesso. No Brasil, por exemplo, mesmo antes do governo de Luiz Inácio Lula da Silva, as OSCs haviam podido ampliar seus canais de comunicação com autoridades estatais. Os espaços de participação que surgiram na década de 1990 no âmbito das instituições do Mercosul, embora primordialmente dirigidos a representantes de sindicatos e associações empresariais, persistem como um exemplo único na região de diálogo sustentado entre Estado e sociedade civil sobre integração regional e seus impactos.

Uma segunda questão que uniu a maioria dos críticos de acordos comerciais nas Américas referia-se aos direitos dos investidores. Graças às experiências na região do Nafta com casos de disputas entre Estado e investidores e as subsequentes mobilizações contra o Acordo Multilateral de Investimentos (AMI), a única demanda que obteve forte apoio em todas as redes de críticos foi a exclusão dessa questão das negociações de comércio. Mesmo assim, não houve consenso sobre a linguagem alternativa a ser adotada pelos negociadores.

A partir do processo de elaboração do documento "Alternativas para as Américas", membros da ASC conseguiram fechar acordos provisórios sobre um conjunto mais amplo de tópicos. No entanto, não houve consenso entre os sindicatos do hemisfério sobre como negociar com as autoridades nacionais a inclusão de uma cláusula social. Também não havia consenso sobre como essa demanda relacionava-se com o teor de outros acordos que ao menos alguns desses atores (e seus aliados) também rejeitavam.

Após duas décadas de mobilizações, a progressiva abertura de novos canais de negociação e diálogo entre sociedade civil e Estado pôs em evidência as críticas cada vez mais sofisticadas ao teor dos acordos comerciais, mas, ao mesmo tempo, mostrou a ausência de um modelo que pudesse servir como alternativa para as negociações hemisféricas. Um dos principais obstáculos ao estabelecimento de um conjunto comum de demandas é a tensão não resolvida entre os argumentos a favor de uma governança mais global e os favoráveis à preservação da soberania nacional e ao fortalecimento dos Estados-nação. Atores localizados a centro-esquerda do espectro político, no Norte e também no Sul, tendem a situar essa discussão no marco do debate sobre a democracia. Embora a necessidade de preservar e fortalecer a democracia nacional desse a atores com posicionamentos diferentes uma plataforma comum sobre a qual todos poderiam concordar, não desenredava as controvérsias sobre o futuro da governança global. Essas divergências tornavam-se mais nítidas quando os atores alegavam que os acordos de livre comércio haviam ido longe demais por incluírem temas que deveriam continuar desvinculados do comércio, como os direitos dos investidores, enquanto, ao mesmo tempo, pressionavam pela introdução de outros, como os direitos trabalhistas e as regras de proteção ambiental.

O futuro da ação coletiva relacionada ao comércio permanece incerto. Este livro dá crédito às visões mais cautelosas sobre os potenciais impactos da ação coletiva transnacional, oferecendo pouca evidência empírica para as visões mais otimistas sobre o surgimento de uma poderosa "sociedade civil global". Críticos dos acordos comerciais continuam divididos em relação às reformas necessárias à governança do comércio mundial, e os limitados acordos fechados por eles no nível hemisférico são frágeis. As dificuldades encontradas pelas alianças em torno do tema parecem confirmar o ceticismo dos pesquisadores que enfatizam os obstáculos à formação de coalizões duradouras através das fronteiras nacionais. Em parte, essas dificuldades estão relacionadas com o caráter primordialmente reativo da ação coletiva transnacional. As negociações comerciais ocupam a agenda política de forma circunstancial, provocando momentos de alta mobilização seguidos por declínios acentuados na atenção dedicada ao tema pelas OSCs e a opinião pública em geral. Ainda que os caminhos para a transnacionalidade variassem, a Alca foi um ponto focal comum para os críticos dos acordos comerciais. Nos anos subsequentes a estes, tem sido mais difícil manter uma base hemisférica para a ação coletiva.

Ao mesmo tempo, este livro contém evidências empíricas da criação de novas formas de organização transnacional e agendas comuns que não existiam há vinte anos. Mostramos que modos inovadores de cooperação Norte-Sul foram estabelecidos, propiciando uma base para a ação hemisférica que, embora frágil, era inimaginável no passado. Mais especificamente, coalizões formadas no contexto dos debates sobre comércio compartilhavam uma característica: eram sustentadas por uma ampla variedade de tipos de organização, variando desde pequenas ONGs a organizações com milhões de membros. Por causa da interação entre esses atores, agendas particulares foram estendidas, questões sobre as quais não havia consenso foram suprimidas e/ou tiveram seu teor modificado. A análise elaborada neste livro mostrou que essas mudanças não foram fáceis e que nem todas as OSCs sentiram a necessidade de se engajar em negociações com outros tipos de organização. No entanto, entre aquelas que o fizeram estavam algumas das mais poderosas do continente.

As iniciativas de formação de alianças parecem produzir melhores resultados, no que diz respeito a sua durabilidade, quando os atores conseguem adaptar redes sociais, repertórios e recursos preexistentes para enfrentar novos desafios. Foi esse o caso da Coordenadora de Centrais Sindicais do Cone Sul (CCSCS), que se tornou o espaço mais relevante (embora não o único) para diálogo sobre questões trabalhistas na região do Mercosul; também foi o caso da Campanha Jubileu Sul, que incorporou a Campanha contra a Alca no Brasil, agregando-a a uma agenda previamente negociada. Nos casos da criação de novas alianças domésticas, a experiência mostrou que as ameaças que enfrentaram eram contornadas com mais eficácia quando sediadas em uma organização já existente, com boa reputação entre os grupos que confrontavam as negociações de livre comércio – como o Grupo de Desenvolvimento para Políticas Alternativas (D-Gap) nos Estados Unidos ou a Federação de Órgãos para Assistência Social e Educacional (Fase) no Brasil.

Esta pesquisa pressupôs que as fronteiras entre política comparada, relações internacionais e estudos transnacionais deixaram há muito tempo de ser importantes. Assim, a análise buscou um amplo diálogo entre disciplinas, que também incluiu as contribuições de sociólogos à análise de redes e movimentos sociais. Uma abordagem multidisciplinar, baseada na agência de atores que se engajam em ação coletiva transnacional ao longo do tempo, ajuda-nos a transcender a polarização de certo modo inócua – ainda que popular – entre relatos que celebram um novo mundo de ação coletiva global e outros que negam que quaisquer transformações fundamentais estejam ocorrendo. O caso dos críticos de acordos comerciais nas Américas revelou simultaneamente as conquistas desses atores e os dilemas que dificultam a ação coletiva transnacional. O caminho intermediário entre a desilusão e a euforia pode não ser o mais fácil a tomar, mas é o mais fecundo no longo prazo.

Referências bibliográficas

AARONSON, S. A. *Taking Trade to the Streets*: the lost history of public efforts to shape globalization. Ann Arbor: University of Michigan Press, 2001.

ADAMOVSKY, E. The World Social Forum's New Project: the Network of the World's Social Movements. Disponível em: <http://www.nadir.org/nadir/initiativ/agp/free/wsf.htm>. Acesso em: 19 jan. 2006.

ADLER, G.; MITTELMAN, J. H. Reconstituting "Common-Sense" Knowledge: representations of globalization protests. *International Relations*, v.18, n.2, 2004, p.189-211.

AGNEW, J. The Territorial Trap: the geographical assumptions of international relations theory. *Review of International Political Economy*, v.1, n.1, 1994, p.53-80.

AKÇA, I. "Globalization" and Labour Strategy: towards a social movement unionism. In: LAXER, G.; HALPERIN, S. (ed.). *Global Civil Society and its Limits*. Hampshire: Palgrave Macmillan, 2003, p.210-28.

ALTERNATE FORUM FOR RESEARCH IN MINDANAO et al. *Joint NGO Statement on the MAI*. Paris: 27 out. 1997. Disponível em: <http://www.c3.hu/~bocs/igaz-a-1.htm>. Acesso em: 1 mar. 2009.

ANHEIER, H.; GLASIUS, M.; KALDOR, M. Introducing Global Civil Society. In: ANHEIER, H.; GLASIUS, M.; KALDOR, M. (ed.). *Global Civil Society 2001*. Oxford: Oxford University Press, 2001, p.3-23.

ANHEIER, H.; THEMUDO, N. Organizational Forms of Global Civil Society: implications of going global. In: GLASIUS, M.; KALDOR, M.;

ANHEIER H. (ed.). *Global Civil Society 2002*. Oxford: Oxford University Press, 2002, p.191-216.

ANNER, M. Industrial Structure, the State and Ideology: shaping labor transnationalism in the Brazilian auto industry. *Social Science History*, v.27, n.4, 2003, p.603-34.

ANNER, M.; EVANS, P. Building Bridges Across a Double Divide: alliances between U.S. and Latin American labour and NGOs. *Development in Practice*, v.14, n.1&2, 2004, p.34-47.

AYRES, J. M. *Defying Conventional Wisdom*: political movements and popular contention against North American Free Trade. Toronto: Toronto University Press, 1998.

BALASSA, B. *The Theory of Economic Integration*. Homewood, IL: Richard D. Irwin, 1961.

BECK, U. The Analysis of Global Inequality: from National to Cosmopolitan Perspective. In: KALDOR, M.; ANHEIER, H.; GLASIUS, M. (ed.). *Global Civil Society 2003*. Oxford: Oxford University Press, 2003, p.45-55.

BÉDOYAN, I.; AELST, P. V.; WALGRAVE, S. Limitations and Possibilities of Transnational Mobilization: the case of EU Summit protesters in Brussels, 2001. *Mobilization*, v.9, n.1, 2004, p.39-54.

BELLO, W. *Deglobalization*: ideas for a new world economy. London: Zed Books, 2002.

______. The Oxfam Debate: from controversy to common strategy. 2002. Disponível em: <http://www.maketradefair.com>. Acesso em: 18 set. 2006.

______. What's Wrong with the Oxfam Trade Campaign. 2002. Disponível em: <http://www.maketradefair.com>. Acesso em: 18 set. 2006.

BENNETT, W. L. Social Movements Beyond Borders: understanding two eras of transnational activism. In: DELLA PORTA, D.; TARROW, S. (ed.). *Transnational Protest and Global Activism*. Landham: Rowman and Littlefield, 2005, p.203-26.

BENSUSÁN, G.; VON BÜLOW, M. Reforma de los sistemas de relaciones laborales en México y Brasil. *Perfiles Latinoamericanos*, n.11, 1997, p.185-229.

BERRÓN, G. *Identidades e estratégias sociais na arena transnacional*: o caso do movimento social contra o livre comércio nas Américas. São Paulo, 2007. Tese não publicada – Departamento de Ciência Política, Universidade de São Paulo.

BETHELL, L. (ed.). *The Cambridge History of Latin America: from Independence to c. 1870*. Cambridge: Cambridge University Press, 1985.

BIELSCHOWSKY, R. Cincuenta años del pensamiento de la Cepal: una reseña. In: BIELSCHOWSKY, R. (ed.). *Cincuenta años de pensamiento en la Cepal*: textos seleccionados. Santiago, Cepal/Fondo de Cultura Económica, 1998, 1, p.9-61.

BLEYER, P. *Cross-Movement Coalitions and Political Agency*: the popular sector and the pro-Canada/Action Canada Network. London, 2001. Tese não publicada – London School of Economics and Political Science.

BLYTH, M. *Great Transformations*: economic ideas and political change in the twentieth century. Cambridge: Cambridge University Press, 2002.

BOGNANNO, M. F.; LU, J. Nafta's Labor Side Agreement: withering as an effective labor law enforcement and MNC compliance strategy? In: COOKE, W. (ed.). *Multinational Companies and Global Human Resource Strategies*. Westport, CT: Quorum Books, 2003. p.396-9.

BORGATTI, S. P. et. al. *Ucinet for Windows*: software for social network analysis. Harvard, MA: Analytic Technologies, 2002.

BORGATTI, S. P.; FOSTER, P. C. The Network Paradigm in Organizational Research: a review and typology. *Journal of Management*, v.29, n.6, 2003, p.991-1013.

BORRAS JR., S.; EDELMAN, M.; KAY, C. Transnational Agrarian Movements: origins and politics, campaigns and impact. *Journal of Agrarian Change*, v.8, n.2&3, 2008, p.169-204.

BROOKS, D.; FOX, J. Movements Across the Border: an overview. In: BROOKS, D. L.; FOX, J. (ed.). *Cross-Border Dialogues*: U.S.-Mexico social movement networking. San Diego: Center for U.S. Mexican Studies at the University of California, 2002. p.1-68.

BROWN, L. D.; FOX, J. Accountability within Transnational Coalitions. In: FOX, J.; BROWN, L. D. (ed.). *The Struggle for Accountability*: the World Bank, NGOs, and grassroots movements. Cambridge, MA: MIT Press, 1998. p.439-83.

BUFFENBARGER, R. T. Letter by IAM's International President to the U.S. Congress. Washington, D.C., 2 ago. 2007.

CARTER, M. *The Landless Workers Movement (MST) and Democracy in Brazil*. Oxford: Centre for Brazilian Studies Working Paper CBS-60-05, University of Oxford, 2005.

CASTELLS, M. Materials for an Exploratory Theory of the Network Society. *British Journal of Sociology*, v.51, n.1, 2000, p.5-24.

CCSC. Projeto de carta dos direitos fundamentais do Mercosul. Buenos Aires, 23 out. 1993.

CEPAL. *Estudio Económico de América Latina*. Santiago: Naciones Unidas, 1949.

______. *El Mercado Común Latinoamericano*. Santiago: Naciones Unidas, 1959.

CGT. *Conclusiones*. Seminario sobre el Mercosur, Buenos Aires, Argentina, nov. 1992.

CHAISON, G. The AFL-CIO Split: does it really mattter? *Journal of Labor Research*, v.28, n.2, 2007, p.301-11.

CHARNOVITZ, S. Opening the WTO to Non-Governmental Interests. *Fordham International Law Journal*, v.24, 2000, p.173-216.

CLEMENS, E. S. Two Kinds of Stuff: the current encounter of social movements and organizations In: DAVIS, G. F.; MCADAM, D.; SCOTT, R. W.; ZALD, M. N. (ed.). *Social Movements and Organization Theory*. Cambridge: Cambridge University Press, 2005. p.351-365.

COLÁS, Alejandro *International Civil Society*: social movements in world politics. Cambridge: Polity, 2002.

COMPARATO, B. K. A ação política do MST. *São Paulo em Perspectiva*, v.15, n.4, 2001, p.115-8.

CONTINENTAL CAMPAIGN AGAINST THE FTAA. Estrategia de lucha contra el Alca. II Encontro Hemisférico contra a Alca, Havana, 28 nov. 2002.

COSTA, H. A. A política internacional da CGTP e da CUT: etapas, temas e desafios. *Revista Crítica de Ciências Sociais*,n.71, 2005, p.141-61.

______. Sindicalismo global ou metáfora adiada? Os discursos e as práticas transnacionais da CGTP e da CUT. Coimbra, 2005. Tese não publicada – Universidade de Coimbra.

CURTIS, R. L.; ZURCHER, L. A. Stable Resources of Protest Movements: the multi-organizational field. *Social Forces*, v.52, 1973, p.53-61.

CUT. Resolução do 4° Congresso Nacional da Central Única dos Trabalhadores, São Paulo, 1991.

______. O sindicalismo continental e a Alca. *Textos para Debate Internacional* n.9, 1997, p.2-8.

DAGNINO, E. (ed.). *Sociedad civil, esfera pública y democratización en América Latina*: Brasil. Cidade do México: Editora Unicamp e Fondo de Cultura Económica, 2002.

DALTON, R. *The Green Rainbow*: environmental groups in Western Europe. New Haven: Yale University Press, 1994.

DE LA CUEVA, H. Mar del Plata: el Alca no pasó – una victoria de la Cumbre de los Pueblos. *Osal*, ano 6, n.18, p.81-91.

DEGENNE, A.; FORSÉ, M. *Introducing Social Networks*. London: Sage Publications, 1999.

DELLA PORTA, D. Multiple Belongings, Tolerant Identities and the Construction of "Another Politics": between the European Social Forum and the local social for a. In: DELLA PORTA, D.; TARROW, S. (ed.). *Transnational Protest and Global Activism*. Lanham, MD: Rowman & Littlefield, 2005. p.175-202.

DELLA PORTA, D.; TARROW, S. Transnational Processes and Social Activism: an introduction. In: DELLA PORTA, D.; TARROW, S. (ed.). *Transnatinal Protest and Global Activism*. Lanham, MD: Rowman & Littlefield, 2005. p.1-17.

______. *Transnational Protest and Global Activism*. Lanham, MD: Rowman & Littlefield, 2005.

DESAI, M.; SAID, Y. The New Anti-Capitalist Movement: Money and Global Civil Society. In: ANHEIER, H.; GLASIUS, M.; KALDOR, M. (ed.). *Global Civil Society 2001*. Oxford: Oxford University Press, p.51-78.

DESMARAIS, A.-A. The Vía Campesina: consolidating an international peasant and farm movement. *Jounal of Peasant Studies*, v.29, n.2, 2002. p.91-124.

______. *The Vía Campesina*: peasants resisting globalization. Calgary, 2003. Tese não publicada – Departamento de Geografia, University of Calgary.

DESTLER, I. M. American Trade Politics in 2007: building bipartisan compromise. In: *Policy Brief*. Washington, D.C.: Peterson Institute for International Economics, 2007.

DESTLER, I. M.; BALINT, P. J. *The New Politics of American Trade*: Trade, Labor and the Environment. Washington, D.C.: Peterson Institute for International Economics, 1999.

DEVLIN, R.; GIORDANO, P. The Old and New Regionalism: benefits, costs, and implications for the FTAA. In: ESTEVADEORDA, A. et al. (ed.). *Integrating the Americas*: FTAA and beyond. Cambridge, MA: Harvard University David Rockefeller Center for Latin American Studies, 2004. p.143-86.

DIANI, M. Introduction: Social Movements, Contentious Actions and Social Networks: "from metaphor to substance"? In: DIANI, M.; MCADAM, D. (ed.). *Social Movements in Networks*: relational approaches to collective action. Oxford: Oxford University Press, 2003. p.1-18.

______. "Leaders" or Brokers? Positions and influence in social movement networks. In: DIANI, M.; MCADAM, D. (ed.). *Social Movements in*

Networks: relational approaches to collective action. Oxford: Oxford University Press, 2003. p.105-22.

DIANI, M. *The Structural Bases of Movement Coalitions*: multiple memberships and networks in the February 15th 2003 peace demonstrations. In: AMERICAN SOCIOLOGICAL ASSOCIATION CENTENARY MEETING, 13-16 ago. 2005, Filadelfia.

DIEBOLD JR., W. The End of the WTO. In: ANDERSON, K.; HOEKMAN, B. (ed.). *The Global Trading System*: the genesis of the GATT. London: I. B. Tauris, 1, 1993 (1952), p.81-111.

DOIMO, A. M. *A vez e a voz do popular*: movimentos sociais e participação política no Brasil pós-70. Rio de Janeiro: Relume Dumará, 1995.

DOUCET, M. G. Territoriality and the Democratic Paradox: the Hemispheric Social Alliance and its Alternatives for the Americas. *Contemporary Political Theory*, v.4, n.3, 2005, p.275-95.

DOYLE, M. W. Stalemate in the North-South debate: strategies and the new international economic order. *World Politics*, v.35, n.3, 1983, p.426-64.

DREILING, M. *Solidarity and Contention*: the politics of security and sustainability in the NAFTA conflict. New York: Garland Publishing, 2001.

DREILING, M.; ROBINSON I. Union Responses to NAFTA in the U.S. and Canada: explaining intra and international variation. *Mobilization*, v.3, n.2, 1998, p.163-84.

EADE, D.; LEATHER, A. (ed.). *Development NGOs and Labor Unions*: Terms of Engagement. Bloomfield: Kumarian Press, 2005.

EDELMAN, M. Transnational Peasant and Farmer Movements and Networks. In: KALDOR, M.; ANHEIER, H.; GLASIUS, M. (ed.). *Global Civil Society Yearbook 2003*. Oxford: Oxford University Press, 2003. p.185-93.

______. Bringing the Moral Economy Back in... to the Study of 21st Century Transnational Peasants Movements. *American Anthropologist*, v.107, n.3, 2005, p.331-45.

ELLIOTT, K. A. Treatment of Labor Issues in U. S. Bilateral Trade Agreements. In: *Policy Brief 07-5*. Washington, D.C.: Peterson Institute for International Economics, 2007.

EMIRBAYER, M.; GOODWIN, J. Network Analysis, Culture and the Problem of Agency. *American Journal of Sociology*, v.99, n.6, 1994, p.1411-54.

EMIRBAYER, M.; MISCHE, A. What is agency? *American Journal of Sociology*, v.103, n.4, 1998, p.962-1023.

EZZAT, H. R. Beyond Methodological Modernism: towards a multicultural paradigma shift in the social sciences. In: ANHEIER, H.; GLASIUS, M.;

KALDOR, M. (ed.). *Global Civil Society 2004/5*. London: Sage Publications, 2005. p.40-58.

FCES (Foro Consultivo Econômico-Social do Mercosul). Recomendação n1/97 Tema: ALCA. Assunção, 22 abr. 1997.

FOSTER, J. The Trinational Alliance against NAFTA: sinews of solidarity. In: BANDY, J.; SMITH, J. (ed.). *Coalitions across Borders*: transnational protest and the neoliberal order. Lanham: Rowman & Littlefield Publishers, 2005. p.209-29.

FOX, J. Lessons from Mexico-U.S. Civil Society Coalitions. In: BROOKS, D.; FOX, J. (ed.). *Cross-Border Dialogues*: U.S.-Mexico social movement networking. San Diego: Center for U.S.-Mexican Studies, University of California, 2002. p.341-418.

______. Unpacking "transnational citizenship". *Annual Review of Political Science*, v.8, 2005, p.171-201.

FOX, J.; BROWN, L. D. (ed.). *The Struggle for Accountability*: The World Bank, NGOs, and grassroots movements. Cambridge, MA: MIT Press, 1998.

FRANCIA, P. *The Future of Organized Labor in American Politics*. New York: Columbia University Press, 2006.

FREEMAN, L. C. *The Development of Social Network Analysis*: a study in the Sociology of Science. Vancouver: Empirical Press, 2004.

FRENCH, J. NAFTA and the Mexican Labor. In: FRENCH, J.; COWIE, J.; LITTLEHALE, S. (ed.). *Labor and NAFTA*: a briefing book. Material preparado para a Conferência "Labor, Free Trade and Economic Integration in the Americas: national labor union responses to a transnational world". Durham, 1994, p.120-54.

FRIEDMAN, D.; MCADAM, D. Collective Identity and Activism: networks, choices, and the life of a social movement. In: MORRIS, A.; MUELLER, C. M. (ed.). *Frontiers in Social Movement Theory*. New Haven: Yale University Press, 1992. p.156-73.

FRIEDMAN, E. J.; HOCHSTETLER, K.; CLARK, A. M. *Sovereignty, Democracy, and Global Civil Society*. Albany: State University of New York, 2005.

FURTADO, C. *Economic Development of Latin America*: historical background and contemporary problems. Cambridge: Cambridge University Press, 1976.

GARCIA, F. J. *Trade, Inequality and Justice*: toward a liberal theory of just trade. Ardsley: Transnational Publishers, 2003.

GIUGNI, M.; BLANDLER, M.; EGGERT, N. *The Global Justice Movement*: how far does the classic social movement agenda go in explaining transnational contention? Civil Society and Social Movements Programme n.24. Geneva, United Nations Research Institute for Social Development.

GLASIUS, M.; KALDOR, M.; ANHEIER, H. Introduction. In: GLASIUS, M.; KALDOR, M.; ANHEIER, H. (ed.). *Global Civil Society 2005/6*. London, Sage Publications, 2005. p.1-34.

GLICK SCHILLER, N. The Situation of Transnational Studies. *Identities*, v.4, n.2, 1997, p.155-66.

GOODWIN, J.; JASPER, J. Caught in a Winding, Snarling Vine: the structural bias of political process theory. *Sociological Forum*, v.14, n.1, 1999, p.27-54.

______. Trouble in Paradigms. *Sociological Forum*, v.14, n.1, 1999, p.107-25.

GOULD, K. A.; LEWIS, T.; ROBERTS, J. T. blue-Green Coalitions: constraints and possibilities in the post 9-11 political environment. *Journal of World-Systems Research*, v.10, n.1, 2004, p.91-116.

GOULD, R.; FERNÁNDEZ, R. M. Structures of Mediation: a formal approach to brokerage in transaction networks. *Sociological Methodology*, v.19, 1989, p.89-126.

GRANOVETTER, M. Economic Action and Social Structure: the problem of embeddedness. *American Journal of Sociology*, v.91, n.3, 1985, p.481-510.

GRASSROOTS GLOBAL JUSTICE. Briefing Paper For Lessons of Trade Campaign Meeting, 14-15 out. 2005. Disponível em: <http://www.ggjalliance.org/system/files/ggjbriefing paperfall05.doc>. Acesso em: 1 mar. 2009.

HALPERIN, S.; LAXER, G. Effective Resistance to Corporate Globalization. In: LAXER, G.; HALPERIN, S. (ed.). *Global Civil Society and its Limits*. Hampshire: Palgrave Macmillan, 2003. p.1-21.

HATHAWAY, D. *Allies across the Border*: Mexico's "Authentic Labor Front" and global solidarity. Cambridge, MA: South End Press, 2000.

HEMISPHERIC SOCIAL ALLIANCE. Alternatives for the Americas. Mimeo, 1998.

______. Alternatives for the Americas. Mimeo, 2001.

______. Alternatives for the Americas. Mimeo, 2002.

______. Alternativas para las Américas. Mimeo, 2005.

______. Conclusiones de la Reunión del Consejo Hemisférico de la ASC. São Paulo, 15-17 fev. 2007.

HEMISPHERIC SOCIAL ALLIANCE. Propuesta de Tesis para la Nueva Etapa de la Alianza Social Continental. Havana, 3-5 maio 2007.

HERKENRATH, M. *Unity and Diversity in Transnational Social Movement Networks*: a case study on the Hemispheric Campaign against the FTAA. In: INTERNATIONAL STUDIES ASSOCIATION ANNUAL MEETING, 22-25 mar. 2006, San Diego, CA.

HERNÁNDEZ NAVARRO, L. Globalization and Transnational Coalitions in the Rural Sector. In: BROOKS, D.; FOX, J. (ed.). *Cross-Border Dialogues*: U.S.-Mexico social movement networking. La Jolla: Center for U.S.--Mexican Studies, University of California, 2002. p.145-416.

HERTEL, S. *Unexpected Power*: conflict and change among transnational activists. Ithaca: Cornell University Press, 2006.

HISCOX, M. J. *International Trade and Political Conflict*: commerce, coalitions and mobility. Princeton: Princeton University Press, 2002.

HOBSBAWN, E. J. Working-Class Internationalism. In: VAN HOLTHOON, F.; VAN DER LINDEN, M. (ed.). *Internationalism in the Labour Movement 1830-1940*. Leiden: E. J. Brill, 1, 1988, p.3-16.

HOCHSTETLER, K. Fading Green: environmental politics in the Mercosur Free Trade Agreement. *Latin American Politics and Society*, v.45, n.4, 2003, p.1-32.

HUYER, S. Challenging Relations: a labor-NGO coalition to oppose the Canada-U.S. and North American Free Trade Agreements, 1985-1993. In: EADE, D.; LEATHER, A. (ed.) *Development NGOs and Labor Unions*: terms of engagement. Bloomfield: Kumarian Press, 2005. p.51-67.

ILO (INTERNATIONAL LABOUR ORGANIZATION). Origins and History. Disponível em: <http://www.ilo.org/global/About_the_ILO/Origins_and_history/lang--en/index.htm>. Acesso em: 17 fev. 2006.

IMIG, D.; TARROW, S. (ed.). *Contentious Europeans*: protest and politics in an emerging polity. Lanham, MD: Rowman & Littlefield, 2001.

JAKOBSEN, K. Uma visão sindical em face da Alca e de outros esquemas regionais. In: CHALOULT, Y.; ALMEIDA, P. R. (ed.). *Mercosul, Nafta e Alca*: a dimensão social. São Paulo: LTr, 1999. p.232-48.

______. A rede da Aliança Social Continental: um estudo de caso. São Paulo, 2007. Tese não publicada.

JASPER, W. F. Erasing our Borders. *New American*, v.18, n.9, 2002.

JURIS, J. S. Spaces of Intentionality: race, class and horizontality at the United States Social Forum. *Mobilization*, v.13, n.4, 2008, p.353-71.

KAISER, K. Transnationale Politik: Zu einer Theorie der Multinationale Politik. In: CZEMPIEL, E. O. (ed.). *Die Anachronistische Souveränität*:

zum verhältnis von innen- und aussen-politik. Köln: Westdeutscher Verlag, 1969. p.80-109.

KAISER, K. Transnational Relations as a Threat to the Democratic Process. *International Organization*, v.25, n.3, 1971, p.706-20.

KALDOR, M.; ANHEIER, H.; GLASIUS, M. Introduction. In: ANHEIER, H.; GLASIUS, M.; KALDOR, M. (eds). *Global Civil Society 2004/5*. London: Sage Publications, 2005. p.1-22.

KECK, M. Review of Sidney Tarrow's "The New Transnational Activism". *Mobilization*, v.11, n.1. 2006, p.117-9.

KECK, M.; SIKKINK, K. *Activists beyond Borders*: advocacy networks in international politics. Ithaca: Cornell University Press, 1998.

KELLY, D.; GRANT, W. (ed.). *The Politics of International Trade in the Twentieth-First Century*: actors, issues and regional dynamics. Hampshire: Palgrave Macmillan, 2005. p.1-10.

KEOHANE, R. O.; NYE, J. (ed.). *Transnational Relations and World Politics*. Cambridge, MA: Harvard University Press, 1971.

KLEIN, N. Cut the Strings. In: *The Guardian*, 1 fev. 2003. Disponível em: <http://www.guardian.co.uk/politics/2003/feb/01/greenpolitics.globalisation>. Acesso em: 1 de mar. 2009.

KLOTZ, A. Transnational Activism and Global Transformations: the anti--apartheid and abolitionist experiences. *European Journal of International Relations*, v.8, n.1, 2002, p.49-76.

KOBRIN, S. J. The MAI and the Clash of Globalizations. *Foreign Policy*, n.112, 1998, p.97-109.

KOO, J. H. *Maintaining an International Social Movement Coalition*: the case of the Hemispheric Social Alliance. 2001. Tese não publicada – School of Social Work, McGill University.

KORZENIEWICZ, R. P.; SMITH, W. C. *Mapping Regional Civil Society Networks in Latin America*. Report for the Ford Foundation, 2003.

______. Redes transnacionales de la sociedad civil: entre la protesta y la colaboración. In: TUSSIE, D.; BOTTO, M. (ed.). *El Alca y las Cumbres de las Américas*: una nueva relación público-privada? Buenos Aires: Editorial Biblos e Flacso/Argentina, 2003. p.47-74.

KRASNER, S. *The Third World against Global Liberalism*: a structural conflict. Berkley: University of California Press, 1985.

KRIESE, H. et al. *New Social Movements in Western Europe*: a comparative analysis. Minneapolis: University of Minnesota Press, 1995.

LAMBERT, J. *Latin America*: social structure and political institutions. Berkley: University of California Press, 1968.

LAURIE, P. Ah-hah! GATT-fly. *New Internationalist*, n.204, 1990.

LAXER, G. The Defeat of the Multilateral Agreement on Investment: national movements confront globalism. In: LAXER, G.; HALPERIN, S. (ed.). *Global Civil Society and its Limits*. Hampshire: Palgrave Macmillan, 2003. p.169-88.

LEHMAN, K. Farmer Organizations and Regional Integration in North America. In: BROOKS, D.; FOX, J. (ed.). *Cross-Border Dialogues*: U.S.-Mexico social movement networking. La Jolla: Center for U.S.-Mexican Studies, University of California, 2002. p.167-86.

LENIN, V. I. *What Is to Be Done?* burning questions of our movement. New York: International Publishers, 1969 (1902).

LIPSCHUTZ, R. Power, Politics and Global Civil Society. *Millenium*, v.33, n.3, 2005, p.747-69.

MACDONALD, L. Gendering Transnational Social Movement Analysis: women's groups contest free trade in the Americas. In: BANDY, J.; SMITH, J. (ed.). *Coalitions across Borders*: transnational protest and the neoliberal order. Lanham: Rowman & Littlefield Publishers, 2005. p.21-41.

MARSDEN, P. Brokerage Behavior in Restricted Exchange Networks. In: MARSDEN, P. V.; LIN, N. (ed.). *Social Structure and Network Analysis*. Beverly Hills, CA: Sage, 1982. p.201-18.

______. Network Data and Measurement. *Annual Review of Sociology*, v.16, 1990, p.435-63.

______. Recent Developments in Network Measurement. In: CARRINGTON, P.; SCOTT, J.; WASSERMAN, S. (ed.). *Models and Methods in Social Network Analysis*. Cambridge: Cambridge University Press, 2005. p.8-30.

MARX, K.; ENGELS, F. *The Communist Manifesto*. New York: Signet Classic, 1998 (1847).

MASSICOTE, M. J. "Local" Organizing and "Global" Struggles: coalition-building for social justice in the Americas. In: LAXER, G.; HALPERIN, S. (ed.). *Global Civil Society and its Limits*. Hampshire: Palgrave Macmillan, 2003. p.105-25.

______. *Mexican Sociopolitical Movements and Transnational Networking in the Context of Economic Integration in the Americas*. 2004. Tese não publicada – Department of Political Science, York University.

MCADAM, D. *Political Process and the Development of Black Insurgency, 1930-1970*. Chicago: University of Chicago Press, 1999.

MCADAM, D.; TARROW, S.; TILLY, C. *Dynamics of Contention*. Cambridge: Cambridge University Press, 2001.

MCCARTHY, J. D.; Zald, M. N. Resource Mobilization and Social Movements: a partial theory. *American Journal of Sociology*, v.82, 1977, p.1212-41.

MELUCCI, A. *Challenging Codes*: collective action in the information age. Cambridge: Cambridge University Press, 1996.

MEYER, D.; CORRIGALL-BROWN, C. Coalitions and Political Context: U.S. movements against wars in Iraq. *Mobilization*, v.10, n.3, 2005, p.327-46.

MIDFORD, P. International Trade and Domestic Politics: improving on Rogowski's model of political alignments. *International Organization*, v.47, 1993, p.535-64.

MIDLEJ E SILVA, S. *"Ganhamos a batalha, mas não a guerra"*: a visão da Campanha Nacional contra a Alca sobre a não assinatura do acordo. Brasília, 2008. Tese não publicada – Departamento de Sociologia, Universidade de Brasília.

MISCHE, A. Cross-Talk in Movements: reconceiving the culture-network link. In: DIANI, M.; MCADAM, D. (ed.). *Social Movements in Networks*: relational approaches to collective action. Oxford: Oxford University Press, 2003. p.258-80.

______. *Partisan Publics*: communication and contention across Brazilian youth activist networks. Princeton: Princeton University Press, 2008.

MUNCK, R. Global Civil Society: myths and prospects. *Voluntas*, v.13, n.4, 2002, p.349-61.

MURILLO, M. V. *Labor Unions, Partisan Coalitions and Market Reforms in Latin America*. Cambridge: Cambridge University Press, 2001.

MURPHY, C. *The Emergence of the NEIO Ideology*. Boulder: Westview Press, 1984.

MYCONOS, G. *The Globalization of Organized Labour*: 1945-2005. Hampshire: Palgrave Macmillan, 2005.

O'BRIEN, R. et al. *Contesting Global Governance*: multilateral economic institutions and global social movements. Cambridge: Cambridge University Press, 2000.

ONG, A. *Flexible Citizenship*: the cultural logics of transnationality. Durham: Duke University Press, 1999.

ORIT et al. Declaração conjunta do movimento sindical e organizações sociais aprovada pelo Fórum dos Trabalhadores das Américas. Belo Horizonte, 15 maio 1997.

OSTRY, S. (ed.). *The Trade Policy-Making Process Level One of the Two Level Game*: country studies in the Western Hemisphere. Working paper 13. Buenos Aires, Inter-American Development Bank/Munk Centre/Inter-American Dialogue, 2002.

OXFAM. Resposta da Oxfam ao artigo de Walden Bello, 2002. Disponível em: <http://www.maketradefair.com>. Acesso em: 18 set. 2006.

______. *Rigged Rules and Double Standards*: trade, globalisation and the fight against poverty. Oxford: Oxfam International, 2002.

PADRÓN, A. El Foro Consultivo Económico-Social del Mercosur. In: *Participación de la sociedad civil en los procesos de integración*. Montevideo: CLAEH/CEFIR/ALOP, 1998. p.245-54.

PANFICHI, A. (ed.). *Sociedad civil, esfera pública y democratización en América Latina*: Andes y Cono Sur. Ciudad de México: Pontificia Universidad Católica del Perú e Fondo de Cultura Económica, 2002.

PECCI, A. Los trabajadores ante el Mercosur. Asunción: CUT-Paraguai, maio 1994.

PEYTAVI, C. Annie Besant and the 1888 London Matchgirls Strike. Disponível em: <http://anglais.u-paris10.fr/spip.php?article84>. Acesso em: 12 fev. 2008.

PIANTA, M. Parallel Summits of Global Civil Society. In: ANHEIER, H.; GLASIUS, M.; KALDOR, M. (ed.). *Global Civil Society 2001*. Oxford: Oxford University Press, 2001. p.169-94.

______. Parallel Summits of Global Civil Society: an update. In: GLASIUS, M.; KALDOR, M.; ANHEIER H. (ed.). *Global Civil Society 2002*. Oxford: Oxford University Press, 2002. p.371-7.

PORTELLA DE CASTRO, M. S. Mercosul e ação sindical. In: CONFERENCE ON LABOR, FREE TRADE AND ECONOMIC INTEGRATION IN THE AMERICAS: NATIONAL LABOR UNION RESPONSES TO A TRANSNATIONAL WORLD. 25-27 ago. 1994, Durham, N.C.

______. Contribuição ao Grupo de Reflexão Prospectiva sobre o Mercosul: propostas para ação e debate. In: HUGUENEY FILHO, C.; CARDIM, C. H. (ed.). *Grupo de Reflexão Prospectiva sobre o Mercosul*. Brasília: FUNAC-IPRI-Ministério das Relações Exteriores/SGIE-MRE, BID, 2002. p.63-76.

PORTELLA DE CASTRO, M. S. El sindicalismo frente al Mercosur. *Nueva Sociedad*, n.211, 2007, p.66-80.

PORTES, A.; GUARNIZO, L. E.; LANDOLT, P. The Study of Transnationalism: pitfalls and promise of an emergent research field. *Ethnic and Racial Studies*, v.22, n.2, 1999, p.217-37.

POWELL, W. W. Neither Market nor Hierarchy: network forms of organization. *Research in Organizational Behavior*, v.12, 1990, p.295-336.

PREBISCH, R. *Hacia una política comercial en pro del desarrollo*: informe del secretario general de la Conferencia de las Naciones Unidas sobre Comercio y Desarrollo. Nueva York, Naciones Unidas, 1964.

PRIES, L. Configuration of Geographical and Societal Spaces: a sociological proposal between "methodological nationalism" and the "spaces of flows". *Global Networks*, v.5, n.2, 2005, p.167-90.

PUTNAM, R. Diplomacy and Domestic Politics: the logic of two-level games. *International Organizations*, v.42, n.3, 1988, p.427-60.

RAMONET, I. Never Give up on that Other World. *Le Monde Diplomatique*, 8 fev. 2006.

REBRIP. *Balanço do período 2005-2007*: roteiro para avaliação e debate. Rio de Janeiro, 2007.

RISSE, T.; SIKKINK, K. The Socialization of International Human Rights Norms into Domestic Practices. In: RISSE, T.; ROPP, S.; SIKKINK, K. (ed.). *The Power of Human Rights*: international norms and domestic politics. Cambridge: Cambridge University Press, 1999.

RITCHIE, M. Cross-Border Organizing. In: MANDER, J.; GOLDSMITH, E. (ed.). *The Case against the Global Economy and for a Turn toward the Local*. San Francisco: Sierra Club Books, 1996. p.494-500.

RMALC *Memoria de Zacatecas*: resultados do fórum internacional The Public Opinion and the NAFTA negotiations: Citizen's Alternatives. Ciudad de México, fev. 1992.

______. *Nacimiento y desarrollo de la Red Mexicana de Acción Frente al Libre Comercio (RMALC)*. Ciudad de México: 1993.

ROBINSON, I. NAFTA, Social Unionism and Labour Movement Power in Canada and the United States. *Relations Industrielles*, v.49, n.4, 1994, p.657-95.

ROGOWSKI, R. *Commerce and Coalitions*: how trade affects domestic political alignments. Princeton: Princeton University Press, 1989.

ROOF, T. Can the Democrats Deliver for the Base? partisanship, group politics and the case of organized labor in the 110th Congress. *PS: Political Science and Politics*, v.41, n.1, 2008, p.83-7.

ROOTES, C. A Limited Transnationalization? the British environmental movement. In: DELLA PORTA, D.; TARROW, S. (ed.). *Transnational Protest and Global Activism*. Lanham, MD: Rowman & Littlefield, 2005. p.21-43.

ROSENAU, J. Introduction: Political Science in a shrinking world. In: ROSENAU, J. (ed.). *Linkage Politics*: essays on the convergence of national and international systems. New York: Free Press, 1969. p.1-17.

______. Toward the Study of National-international Linkages. In: ROSENAU, J. (ed.). *Linkage Politics*: essays on the convergence of national and international systems. New York: Free Press, 1969, p.44-63.

RUGGIE, J. G. Reconstituting the Global Public Domain: issues, actors and practices. *European Journal of International Relations*, v.10, n.4, 2004, p.499-531.

RÜTTERS, P.; ZIMMERMANN, R. (ed.). *On the History and Policy of the IUF*. Bonn: Friedrich Ebert Stiftung, 2003.

SADER, E. *Quando novos personagens entram em cena*: experiências, falas e lutas dos trabalhadores da Grande São Paulo, 1970-80. Rio de Janeiro: Paz e Terra, 1988.

SÁEZ, S. Trade Policy Making in Latin America: a compared analysis. In: ECONOMIC AND SOCIAL RESEARCH INSTITUTE INTERNATIONAL WORKSHOP ON FREE TRADE AGREEMENTS. 16 mar. 2005, Japan.

SAGUIER, M. I. The Hemispheric Social Alliance and the Free Trade Area of the Americas Process: the challenges and opportunities of transnational coalitions against neo-liberalism. *Globalizations*, v.4, n.2, 2007, p.251-65.

SAID, Y.; DESAI, M. Trade and Global Civil Society: the anti-capitalist movement revisited. In: KALDOR, M.; ANHEIER, H.; GLASIUS, M. (ed.). *Global Civil Society 2003*. Oxford: Oxford University Press, 2003. p.59-85.

SCHOLTE, J. A. *Democratizing the Global Economy*: the role of civil society. Coventry: Centre for the Study of Globalisation and Regionalisation, University of Warwick, 2003.

SHIVA, V. Export at any Cost: Oxfam's free trade recipe for the Third World. 2002. Disponível em: <http://www.maketradefair.com>. Acesso em: 18 set. 2006.

SIKKINK, K. Patterns of Dynamics Multilevel Governance and the Insider-outsider Coalition. In: DELLA PORTA, D.; TARROW, S. (ed.). *Transnational Protest and Global Activism*. Lanham, MD: Rowman & Littlefield, 2005. p.151-73.

SILVER, B. *Forces of Labor*: workers' movements and globalization since 1870. Cambridge: Cambridge University Press, 2003.

SILVERGLADE, B. The WTO Agreement on Sanitary and Phytosanitary Measures: weakening food safety regulation to facilitate trade? In: CONFERENCE ON INCORPORATING SCIENCE, ECONOMICS, SOCIOLOGY AND POLITICS IN SANITARY AND PHYTOSANITARY STANDARDS AND INTERNATIONAL TRADE. Irvine, CA.

SINGER, J. D. The Global System and its Sub-systems: a developmental view. In: ROSENAU, J. (ed.). *Linkage Politics*: essays on the convergence of national and international systems. New York: Free Press, 1969. p.21-43.

SMITH, J. Globalization and Transnational Social Movement Organizations. In: DAVID, F. G.et al. (ed.). *Social Movements and Organization Theory*. Cambridge: Cambridge University Press, 2005.

SMITH, R.; HEALEY, M. Labor and Mercosur: a briefing book. In: CONFERENCE ON LABOR, FREE TRADE AND ECONOMIC INTEGRATION IN THE AMERICAS: NATIONAL LABOR UNION RESPONSES TO A TRANSNATIONAL WORLD. 25-27 ago. 1994, Durham, N.C.

SMITH, W. C.; KORZENIEWICZ, R. P. Insiders, Outsiders and the Politics of Civil Society. In: MACE, G.; THÉRIEN, J. P.; HASLAM, P. (ed.). *Governing the Americas*: assessing multilateral institutions. Boulder: Lynne Rienner Publishers, 2007. p.151-72.

SNOW, D.; BENFORD, R. Ideology, Frame Resonance and Participant Mobilization. In: LANDERMANS, B.; KRIESI, H.; TARROW, S. (ed.). *International Social Movement Research*: from structure to action comparing social movement research across cultures. London, JAI Press, 1988. p.197-217.

SNOW, D. et al. Frame Alignment Processes, Micromobilization and Movement Participation. *American Sociological Review*, n.51, 1986, p.464-81.

STAGGENBORG, S. Coalition Work in the Pro-choice Movement: organizational and environmental opportunities and obstacles. *Social Problems*, v.33, n.5, 1986, p.374-90.

STEDILE, J. P. Landless batallions: the sem terra movement of Brazil. *New Left Review*, v.15, 2002, p.77-104.

STILLERMAN, J. Transnational Activist Network and the Emergence of Labor Internationalism in the NAFTA Countries. *Social Science History*, v.27, n.4), 2003, p.577-601.

TARROW, S. *Power in Movement*: social movements and contentious politics. Cambridge: Cambridge University Press, 1998.

______. Paradigm Warriors: regress and progress in the study of contentious politics. *Sociological Forum*, v.14, n.1, 1999, p.71-7.

______. *The New Transnational Activism*. Cambridge: Cambridge University Press, 2005.

TARROW, S.; DELLA PORTA, D. Conclusion: "Globalization", complex internationalism and transnational contention. In: DELLA PORTA, D.; TARROW, S. (ed.). *Transnational Protest and Global Activism*. Landham: Rowman and Littlefield, 2005. p.227-46.

TAYLOR, R. Interpreting Global Civil Society. *Voluntas*, v.13, n.4, 2002, p.339-47.

TIELEMAN, K. Negotiation as Transformation: tracing the failure of the Multilateral Agreement on Investment (MAI): agency and change in international negotiations. 2002. Tese não publicada – European University Institute.

TILLY, C. *From Mobilization to Revolution*. Reading, MA: Addison-Wesley, 1978.

______. *Big Structures, Large Processes, Huge Comparisons*. New York: Russell Sage Foundation, 1984.

______. Wise Quacks. *Sociological Forum*, v.14, n.1, 1999, p.55-61.

TONELSON, A. *The Race to the Bottom*: why a worldwide worker surplus and uncontrolled free trade are sinking American living standards. Boulder: Westview Press, 2000.

TWYFORD, P. Oxfam's Response to Vandana Shiva's Article. Disponível em: <http://www.maketradefair.com>. Acesso em: 18 set. 2006.

URQUIDI, V. L. Free Trade Experience in Latin America and the Caribbean. *Annals of the American Academy of Political and Social Science*, v.526, 1993, p.58-67.

VIA CAMPESINA. Proposals for Family Farm Based, Sustainable Agriculture. CÚPULA MUNDIAL SOBRE DESENVOLVIMENTO SUSTENTÁVEL. ago. 2002, Joanesburgo.

VIGEVANI, T.; MARIANO, K. P.; OLIVEIRA, M. F. de. Democracia e atores políticos no Mercosul. In: SIERRA, G. de (ed.). *Los rostros del Mercosur*: el difícil camino de lo comercial a lo societal. Buenos Aires: CLACSO, 2001. p.183-228.

VON BÜLOW, M. El medio ambiente y la participación de la sociedad civil. In: TUSSIE, D.; BOTTO, M. (ed.). *El ALCA y las Cumbres de las Américas*: una nueva relación público-privada? Buenos Aires: Editorial Biblos/FLACSO, Argentina, 2003. p.77-103.

VON BÜLOW, M. Labor Organizations in a Changed World: a comparison of labor responses to NAFTA and MERCOSUL. INTERNATIONAL CONGRESS OF THE LATIN AMERICAN STUDIES ASSOCIATION, 29, 27-29 mar. 2003, Dallas.

_______. Networks of Trade Protest in the Americas: toward a new labor internationalism? *Latin American Politics and Society*, v.51, n.2, 2009, p.1-28.

_______. Brokers in Action: transnational coalitions and trade agreements in the Americas. *Mobilization*, v.16, n.2, 2011, p.165-80.

_______. The Politics of Scale Shift and Coalition Building: the case of the Brazilian Network for the Integration of the Peoples. In: SILVA, E. (org.). *Transnational Activism and National Movements in Latin America*: bridging the divide. New York: Routledge, 2013. p.56-79.

WACHENDORFER, A. Hacia una nueva arquitectura sindical en América Latina? *Nueva Sociedad*, n.211, 2007, p.32-49.

WALKER, R. B. J. Social Movements/World Politics. *Millenium*, v.23, n.3, 1994, p.669-700.

WALLACH, L. Introduction: it's not about trade. In: WALLACH, L.; WOODALL, P. (ed.). *Whose Trade Organization?* a comprehensive guide to the WTO. Washington, D.C.: Public Citizen, 2004. p.1-17.

WALLACH, L.; WOODALL, P. (ed.). *Whose Trade Organization?* a comprehensive guide to the WTO. Washington, D.C.: Public Citizen, 2004.

WASSERMAN, S.; FAUST, K. *Social Network Analysis*: methods and applications. Cambridge: Cambridge University Press, 1994.

WHITAKER, C. *Desafios do Fórum Social Mundial*: um modo de ver. São Paulo: Fundação Perseu Abramo/Edições Loyola, 2005.

WHITE, H. C. *Identity and Control*: a structural theory of social action. Princeton: Princeton University Press, 1992.

WILKINSON, R. Managing Global Civil Society: the WTO's engagement with NGOs. In: RANDALL, D.; GERMAIN, M. K. (ed.). *The Idea of Global Civil Society*: politics and ethics in a globalizing era. London: Routledge, 2005. p.156-74.

WILLIAMS, M. Civil Society and the World Trading System. In: KELLY, D.; GRANT, W. (ed.). *The Politics of International Trade in the Twentieth-First Century*: actors, issues and regional dynamics. Hampshire: Palgrave Macmillan, 2005. p.30-46.

ZAHNISER, S.; COYLE, W. *U.S.-Mexico Corn Trade in the NAFTA Era*: new twists to an old story. Washington, D.C.: U.S. Department of Agriculture, 2004.

Índice remissivo

SOBRE O LIVRO

Formato: 14 x 21 cm
Mancha: 23,7 x 42,5 paicas
Tipologia: Horley Old Style 10,5/14
Papel: Off-white 80 g/m² (miolo)
Cartão Supremo 250 g/m² (capa)
1ª edição: 2014

EQUIPE DE REALIZAÇÃO

Capa
Estúdio Bogari

Edição de Texto
Igor Ojeda (Copidesque)
Camilla Bazzoni (Revisão)

Editoração Eletrônica
Sergio Gzeschnik

Assistência Editorial
Alberto Bononi